Aus Freude am Lesen

btb

Buch

Am 10. Mai 1933 brannten in Deutschland Bücher: in vielen deutschen Städten warfen Studenten, Bibliothekare, Professoren und SA-Leute in einer gespenstischen Feierstunde die Bücher, die nicht mit ihrer menschenverachtenden Ideologie vereinbar waren, auf Scheiterhaufen. Unvergessen die Tonbandmitschnitte, die dokumentieren, wie Joseph Goebbels auf dem Platz neben der Berliner Staatsoper mit den Worten »Und wir übergeben den Flammen die Werke von ... « die einzelnen Autoren aufrief, von denen einige sogar anwesend waren. Volker Weidermann erzählt, wie dieser Tag verlief, an dem es trotzig regnete, er erzählt von dem Bibliothekar Herrmann, der die Urliste aller Listen erstellte, nach denen dann die Scheiterhaufen bedient wurden, und er erzählt von den Werken und ihren Autoren. Das Ergebnis sind über 100 Lebens- und Werkgeschichten von Schriftstellern, darunter neben Klassikern wie Kästner, Tucholsky, Zweig, Brecht und Remarque auch völlig vergessene wie Rudolf Braune, ausländische Autoren wie Ernest Hemingway, und sehr viele, wie z.B. Hermann Essig, die unbedingt wiedergelesen werden sollten. Ein Buch über Bücher, Schicksale und ein Land, in dem zuerst Bücher verbrannt wurden und dann Menschen.

Autor

Volker Weidermann, 1969 in Darmstadt geboren, studierte Politikwissenschaft und Germanistik in Heidelberg und Berlin. Er ist Literaturredakteur und Feuilletonchef der Frankfurter Allgemeinen Sonntagszeitung und lebt in Berlin. Mit »Lichtjahre. Eine kurze Geschichte der deutschen Literatur von 1945 bis heute« feierte er im Frühjahr 2006 einen phänomenalen Erfolg beim Publikum und löste eine leidenschaftliche Debatte im Feuilleton aus.

Volker Weidermann bei btb

Lichtjahre. Eine kurze Geschichte der deutschen Literatur von 1945 bis heute (73738)

Volker Weidermann

Das Buch der verbrannten Bücher

btb

FSC

Mix

Produktgruppe aus vorbildlich
bewirtschafteten Wäldern und
anderen kontrollierten Herkünften

Zert.-Nr. GFA-COC-1223
www.fsc.org
© 1996 Forest Stewardship Council

Verlagsgruppe Random House FSC-DEU-0100
Das FSC-zertifizierte Papier *Munken Print* für dieses Buch
liefert Arctic Paper Munkedals AB, Schweden.

1. Auflage
Genehmigte Taschenbuchausgabe August 2009,
btb Verlag in der Verlagsgruppe Random House GmbH, München
Copyright © 2008 by Verlag Kiepenheuer & Witsch, Köln
Umschlaggestaltung: semper smile München, nach einem Entwurf
von Rudolf Linn, Köln
Druck und Einband: CPI – Clausen & Bosse, Leck
MM · Herstellung: SK
Printed in Germany
ISBN 978-3-442-73738-3

www.btb-verlag.de

Inhalt

Vorwort

Was sind das alles für Leute? Was sind das für sonderbare, nie gehörte Namen? Hans Sochaczewer, Otto Linck, Hermann Essig, Maria Leitner, Alfred Schirokauer, Ernst Johannsen, Albert Hotopp, Rudolf Geist, Alex Wedding und viele, viele mehr? Sie alle sind heute vergessen. Sie alle haben Bücher geschrieben, die den nationalsozialistischen Machthabern und ihren Helfershelfern in Deutschland vor fünfundsiebzig Jahren so gefährlich erschienen, dass man sie öffentlich verbrannte. Dass man ihre Werke aus den Büchereien verbannte, aus den Buchhandlungen und den Antiquariaten. Ihre Namen sollten ausgelöscht werden aus den Geschichtsbüchern, ausgelöscht aus dem Gedächtnis des Landes, ihre Bücher sollten spurlos verschwinden – für immer.

Es ist beinahe gelungen. Lange hat es gedauert, bis sich Deutschland nach dem Krieg an seine emigrierten, seine verbrannten Autoren erinnerte. Der Reporter Jürgen Serke hat 1976 einige der Überlebenden besucht und in seinem Buch *Die verbrannten Dichter* (1977) porträtiert. Es war ein großer Erfolg damals und auch so etwas wie ein Schock für ein Land, das fünfundvierzig Jahre nach der Bücherverbrennung erkennen musste, dass die mörderische Strategie der Nazis bis weit in die Nachkriegszeit hinein wirkte. Dass einige jener »verbrannten Dichter« noch lebten, im Verborgenen lebten, in einem Schattenreich des Vergessens, ohne dass sich irgendjemand für sie und ihre Bücher interessierte. Serkes Buch hat einigen, wie etwa der Schriftstellerin Irmgard Keun, sonderbar umjubelte letzte Lebensjahre beschert und die Werke einiger Autoren den Menschen und Lesern wieder in Erinnerung gerufen. Doch die meisten blieben im Schatten. Und Serke hatte nur einen kleinen Ausschnitt gewählt.

Das vorliegende Buch beschreibt keinen Ausschnitt. Ich habe die Spuren ausnahmslos aller Autoren verfolgt, die damals auf der ersten schwarzen Liste der »Schönen Literatur« standen, die als Grundlage für die Verbrennung diente. Vierundneunzig deutschsprachige Autoren stehen darauf und siebenunddreißig fremdsprachige. Nicht jedes Leben konnte zweifelsfrei von der Geburt bis zum Tode rekonstruiert, nicht jedes Werk gefunden werden. Doch es sind nur wenige Lücken, die bleiben, wenige letzte Zweifel über die Identität von Autoren, die ganz und gar aus den Annalen verschwunden sind. Und immer wieder enden Biographien in diesem Buch mit »spurlos verschwunden« oder »der genaue Todestag ist unbekannt«. Es sind die Jahre, in denen Menschen einfach verlorengehen. Ohne Hinweise, ohne letzte Spur. Der Schwerpunkt dieses Buches liegt auf den deutschen Autoren. Für sie war die Verbrennung ihrer Werke existenzbedrohend. Für sie ging es um alles. Die meisten von ihnen verloren ihr Publikum, verloren ihre Heimat und oft genug ihr Leben.

Ich habe bei der Recherche für dieses Buch oft und immer wieder atemlos gelesen. Gelesen in den Lebensgeschichten der Autoren, gelesen in ihren Büchern. Viele dieser Werke sind tatsächlich aus den Bibliotheken verschwunden, und ohne die Such- und Bestellmöglichkeiten im Internet und das wunderbare Riesenreich des Antiquariats Tode in der Berliner Dudenstraße hätte ich dieses Buch in der vorliegenden Form nicht schreiben können. Eine Weile lang klingelte fast täglich am Vormittag der Postbote an meiner Tür, um mir wieder ein besonders vergessenes, seltenes Buch ins Haus zu liefern, das in keiner Bibliothek zu finden war. Und jedes dieser Bücher ist ein Helden-Exemplar, ist ein kleiner Triumph und Beleg eines Widerstandes. Ein Buch, das geblieben ist, obwohl es verschwinden sollte.

Und ich las und las und las. Es gab unendlich viel zu entdecken für mich, eine Vielzahl von Autoren, deren Namen ich noch nie gehört hatte und deren Bücher ich jetzt mit Interesse und oft auch mit Begeisterung las. Natürlich sind einige uninteressante Bücher darunter gewesen. Auch schlecht geschriebene, kitschige, gut gemeinte, schlecht gemachte. Klar – nicht jedes verbrannte Buch war ein Meisterwerk. Und einige der Autoren wären heute sicher auch ohne das Autodafé von 1933 so gut wie vergessen. Aber auch diese Geschichten, auch ihre Lebensgeschichten und Bücher haben mich interessiert. »Ich schätze alle Schriftsteller, die vom III. Reich verbrannt worden sind«, hat Joseph Roth, selbst einer der verbrannten Autoren, 1935 geschrieben, »selbst jene, die mir vorher fremd waren. Denn das Feuer hat sie geläutert, veredelt und mir nahegebracht.«

Das ist das Ziel dieses Buches. Die Vergessenen dem Vergessen zu entreißen, ihr Leben und ihre Bücher Ihnen, den Lesern von heute, wieder nahezubringen. Den Sieg der Bücherverbrenner in eine Niederlage zu verwandeln, die Bücher von damals in einem neuen Licht leuchten zu lassen und die dramatischen Geschichten zahlreicher Schriftstellerleben neu zu schreiben, Leben in der Entscheidung, Leben auf der Flucht, Leben, durch die jene Nacht im Mai wie ein Riss hindurchging. Ein Riss, der niemals ganz zu heilen war.

Mein Buch unternimmt keine literaturwissenschaftlichen Werkanalysen, sondern vermittelt Leseeindrücke, versucht die verbrannten Werke so plastisch wie möglich vor Ihren Augen entstehen zu lassen. Und es erzählt Lebensgeschichten, die allesamt dramatisch waren. Die Kapitel zu den kanonisierten Autoren wie Bertolt Brecht, Lion Feuchtwanger oder Heinrich Mann sind oft kürzer als die Abschnitte über die eher unbekannten Autoren – das liegt daran, dass vieles schon bekannt ist und es hier um Neues geht. Anhand der Seitenzahlen ist nicht die Wertschätzung oder Bedeutung der einzelnen Autoren ablesbar, sondern nur die Menge an neuen, mir interessant erscheinenden Details aus ihrem Leben und Schreiben.

Mir selbst hat die Arbeit an diesem Buch einen neuen Blick auf eine scheinbar abgeschlossene Epoche des Lebens und Schreibens in diesem Land ermöglicht. Ich hoffe, etwas davon findet sich auf den folgenden Seiten.

Einleitung

Da steht eine dicke Frau mit gerötetem Gesicht am Rande der Flammen, blickt einer halb verbrannten Buchseite nach, die der Wind in die Luft gehoben hat, drückt die Hand ihres Mannes im braunen Hemd ganz fest und ruft immer wieder »Schöne Zeit! Schöne Zeit!« in die Menge hinein. Sie steht gleich neben dem Reporter der *Prawda,* der seinen Bericht am nächsten Tag nach Moskau schicken wird. Es ist der 10. Mai 1933, kurz nach Mitternacht. Auf dem Berliner Opernplatz tobt ein Spektakel. Man sieht den Feuerschein schon von weitem. Zehn, zwölf Meter hoch schlagen die Flammen, die Organisatoren haben eine pyrotechnische Firma mit den Vorbereitungen beauftragt. Acht große Stapel wurden aus meterlangen Holzscheiten errichtet, vorher hat man Sand ausgestreut, damit das Pflaster keinen Schaden nimmt. Um 21.30 Uhr beginnt es zu regnen, was unter den Zeremonienmeistern des Feuers zu leichter Panik führt. Immer wieder müssen sie die Holzscheite mühsam trocken reiben, die das Feuer am Brennen halten sollen, solange die Gegenstände, die heute vor allem verbrannt werden sollen, noch nicht zur Verfügung stehen. Trotz des Regens sind viele tausend Menschen gekommen. Die Zeitungen haben in den Tagen zuvor immer wieder auf das Ereignis hingewiesen. Man wusste nicht genau, was das werden würde. Aber die Möglichkeit bestand, dass es so ein erhebendes Großereignis werden könnte wie zehn Tage zuvor, am Tag der Arbeit, als Hitler auf dem Tempelhofer Feld vor einer Million Zuhörer mit spektakulären Lichtarrangements den neuen Zusammenhalt des deutschen Volkes beschworen hatte und selbst der französische Botschafter danach ergriffen berichtete: »Alles atmet gute, frohe Stimmung, allgemeine Freude. Nichts erinnert an Zwang.«

Das neue Regime ist gerade einmal drei Monate an der Macht. Es nutzt alle Mittel des Staates, um seine Macht zu festigen – und die Parteiorganisationen sowie die Einschüchterungstaktiken der SA und SS. Die Deutschen stürmen geradezu in die NSDAP, über anderthalb Millionen Neuzugänge hat die Partei in den letzten drei Monaten zu verzeichnen, die treuen 850 000 Altmitglieder waren in Windeseile in die Minderheit geraten, man fürchtete eine rasante Verbürgerlichung der Partei, sodass am 1. Mai 1933 ein vorläufiger Aufnahmestopp verhängt wird.

Aber es hat auch Misserfolge gegeben. Der erste Judenboykott vom 1. April war gescheitert. Der Umsatz der jüdischen Geschäfte ging kaum zurück, die Bevölkerung verhielt sich passiv, und man beschloss, solche Aktionen vorerst nicht zu wiederholen und die Juden eher unauffällig, durch bürokratische Maßnahmen, aus dem öffentlichen Leben zu verdrängen. Ansonsten setzte man auf positive Gemeinschaftserlebnisse, Reden, Lichter, Fackelzüge.

Es scheint deshalb plausibel und ist in der Forschung inzwischen fast einhellige Meinung, dass die Bücherverbrennung, die am 10. Mai nicht nur in Berlin, sondern in beinahe jeder deutschen Universitätsstadt stattfand, nicht auf die Initiative des Propagandaministers Joseph Goebbels oder gar Adolf Hitlers oder eines anderen Regierungsmitglieds zurückging. Die Idee stammte von der organisierten »Deutschen Studentenschaft« (DSt) und wurde mit großem Aufwand und Elan ausgeführt. In den Universitäten herrschte schon während der Jahre der Weimarer Republik ein ausgesprochen reaktionärer, chauvinistischer, nationalistischer Geist. Und seit dem Sommer 1931 wurde die Deutsche Studentenschaft ganz offiziell und nach demokratischer Wahl von einem Vertreter des Nationalsozialistischen Deutschen Studentenbundes (NSDStB) geführt. Es bedurfte nach dem 30. Januar 1933 nicht viel, um die »studentische Selbstgleichschaltung« zu vollenden. Und als die deutsche Regierung im März die Errichtung eines »Reichsministeriums für Volksaufklärung und Propaganda« beschloss, dauerte es nur wenige Tage, bis auch die Studenten sich ein eigenes »Hauptamt für Presse und Propaganda der Deutschen Studentenschaft« genehmigten. Und gleich in seinem »Rundschreiben No. 1« vom 6. April 1933 kündet der Leiter des Amtes, nachdem er unter Punkt 1 die Gründung des Amtes bekanntgegeben hat, unter Punkt 2 Folgendes an: »Die erste Maßnahme des Propagandaamtes, die die gesamte Studentenschaft und die gesamte deutsche Öffentlichkeit erfassen soll, findet als vierwöchige Gesamtaktion, beginnend am 12. April, endigend am 10. Mai 1933, statt. Näheres über den Inhalt wird noch bekanntgegeben.«

Zwei Tage später wird man in einem zweiten Rundschreiben konkret. Die erste Maßnahme des neuen Amtes wird sein: »Öffentliche Verbrennung jüdischen zersetzenden Schrifttums durch die Studentenschaften der Hochschulen aus Anlaß der schamlosen Hetze des Weltjudentums gegen Deutschland.« In dem Schreiben werden die Studenten erstens dazu aufgefordert, die eigenen Buchbestände »von derartigen durch eigene Gedankenlosigkeit oder Nichtwissen hineingelangten Schriften« zu »säubern«. Zweitens habe jeder Student die Regale seiner Bekannten zu säubern. Drittens sollen die Studentenschaften dafür sorgen, dass öffentliche Büchereien »von derartigem Material befreit« werden. Viertens habe jeder innerhalb seines Einflussbereichs »großzügige Aufklärungsaktion« zu übernehmen.

Und alles sollte schnell gehen. Sehr schnell. In Windeseile wollten die Studenten einen so genannten Artikel-Dienst organisieren. Sie forderten in einem Schreiben Autoren, die ihnen und dem neuen Regime gefällig waren, auf, Propagandatexte als Vorbereitung auf die Aktion *»gegen* den jüdischen Zersetzungsgeist und *für* volksbewußtes Denken und Fühlen im deutschen Schrifttum« zu schreiben. Am 10. April kam die Aufforderung bei den Autoren an, bis zum 12. April sollten sie liefern. Das war selbst den eifrigsten unter den neuen Nationaldichtern zu überstürzt. E. G. Kolbenheyer schrieb barsch: »Das geht natürlich nicht«, und bot den Nachdruck zweier Aufsätze an, »die in Ihre Kampfrichtung wirken«. Und ein durch den Aufbruchswirbel der neuen Zeit ebenso euphorisierter wie erschöpfter Will Vesper teilte den Studenten mit, dass seine »ganze Arbeit ja von jeher diesem Ziel gilt«, doch »leider habe ich mich so überarbeitet, daß mir der Arzt für einige Wochen unbedingte Ruhe verordnet hat«. Das Echo war also dürftig. Doch von Schriftstellern aus der dritten und vierten Reihe und einigen, die gar nicht gefragt worden waren, erhielten die Studenten wenigstens etwas, was sie an die Redaktionen verschicken konnten.

Und die Maschine lief weiter. Am 12. und 13. April wurden

an den deutschen Universitäten die so genannten »12 Thesen wider den undeutschen Geist« der Deutschen Studentenschaft ausgehängt. Als These 5 gab man bekannt: »Schreibt der Jude deutsch, dann lügt er.« Und These 7 lautete: »Wir wollen den Juden als Fremdling achten, und wir wollen das Volkstum ernst nehmen. Wir fordern deshalb von der Zensur: Jüdische Werke erscheinen in hebräischer Sprache. Erscheinen sie in Deutsch, sind sie als Übersetzung zu kennzeichnen. […] Deutsche Schrift steht nur Deutschen zur Verfügung. Der undeutsche Geist wird aus öffentlichen Büchereien ausgemerzt.«

Gegen diesen Wahnwitz, der so absurd klingt, dass er beinahe lustig ist, regte sich praktisch kein Protest. Der Rektor der Berliner Universität, Professor Kohlrausch, gab zu bedenken, die Sätze seien »Übertreibungen, die nur geeignet sind, den Kampf gegen den undeutschen Geist zu diskreditieren«. Und er erklärte, dass er zu der – von ihm selbst gestellten – Frage, ob die Thesen womöglich wieder zu entfernen seien, »die Entscheidung des Herrn Ministers einholen werde«. Er wird wohl nicht im Ernst erwartet haben, dass Minister Goebbels diese Thesen entfernen lassen würde. Und an der Universität in Köln erreichte der Rektor auf Bitten eines Professors beim verantwortlichen Propagandaleiter des Nationalsozialistischen Deutschen Studentenbundes »schriftlich die Zusicherung, daß bei der Verbrennung der zersetzenden jüdischen Bücher am Mittwoch, den 10. Mai die Thesen in den Reden nicht erwähnt werden, in Sonderheit auch die These nicht ›Der Jude lügt, wenn er deutsch schreibt‹.« So war das damals, in den ersten Monaten der neuen Herrschaft. Der Rektor der Universität muss bei Studenten darum bitten, dass eine absurde, verbrecherische, lächerliche These bei der anstehenden Bücherverbrennung doch möglichst nicht verlesen werden möge. Der Student gibt sich großzügig. Und der Senat der Universität Köln gibt bekannt: »Der Senat beschließt, mit dem Rektor geschlossen an der Veranstaltung (d. i. die Bücherverbrennung) teilzunehmen. Anzug: Schwarzer Rock, evtl. Uniform. Rektor ohne Kette.«

Es gab keinen Protest an den deutschen Hochschulen. Nicht von den Studenten und so gut wie keinen von den Professoren. Die Thesen wider den undeutschen Geist, die Vorbereitungen zur Verbrennung der Bücher, all das lief reibungslos und in aller Regel unwidersprochen. Nur in wenigen Städten sorgten sich Professoren um den Bestand der Universitätsbibliothek. Da einigte man sich dann meist so, dass auch das undeutsche Buch »zu Forschungszwecken« in der Bibliothek verbleiben durfte.

Doch es waren nicht nur die Studenten, die die Gunst der Stunde nutzen wollten, um die deutsche Literatur ein für alle Mal von den Büchern zu »befreien«, die sie für undeutsch hielten. Auch der im »Börsenverein« organisierte deutsche Buchhandel hatte früh die Zeichen der Zeit erkannt und am 12. April 1933 ein »Sofortprogramm des deutschen Buchhandels« beschlossen, in dem es heißt: »Der deutsche Buchhandel begrüßt die nationale Erhebung. Er hat seine Bereitwilligkeit zur Mitarbeit an ihren Zielen alsbald zum Ausdruck gebracht.« Was das für Ziele waren, an denen man bereitwillig mitarbeiten wollte, machte man später durch den Abdruck von Listen der unerwünschten Schriftsteller deutlich. Zunächst, am 13. Mai, druckte man im *Börsenblatt* die Namen der Autoren, die am bedrohlichsten und undeutschesten – so es da eine Steigerung gibt – erschienen: Lion Feuchtwanger, Ernst Glaeser, Arthur Holitscher, Alfred Kerr, Egon Erwin Kisch, Emil Ludwig, Heinrich Mann, Ernst Ottwalt, Theodor Plievier, Erich Maria Remarque, Kurt Tucholsky und Arnold Zweig. Und drei Tage später, am 16. Mai, druckte man die ganze lange Liste, die Liste der 131 Namen, die Liste des Bibliothekars Wolfgang Herrmann. Sie war die Grundlage für die Bücherverbrennung und blieb ein Leitfaden für alle späteren Verbotslisten im nationalsozialistischen Deutschland.

In Berlin hatte sich kurz nach der Machtübernahme durch die Nationalsozialisten ein Ausschuss des Verbandes Deutscher Volksbibliothekare gebildet, der so genannte »Ausschuß zur Neuordnung der Berliner Stadt- und Volksbüchereien«. Sein Ziel: Kampf gegen den »Kulturbolschewismus« und »Ausleihverbot« für »bolschewistische, marxistische und jüdische Literatur« in deutschen Büchereien. An der Spitze standen der Leiter der Spandauer Stadtbücherei, Dr. Max Wieser, sowie Dr. Wolfgang Herrmann, der seit kurzem die Berliner Geschäftsstelle einer »deutschen Zentralstelle für Volkstümliches Büchereiwesen« des Volksbibliothekar-Verbandes leitete. Dieser Wolfgang Herrmann hatte schon früh für die »nationale Wehrhaftmachung« der deutschen Literatur geworben und 1932 ein erstes Auswahlverzeichnis für Volksbüchereien unter der Überschrift »Der neue Nationalismus und seine Literatur« in einer Bibliothekars-Zeitschrift veröffentlicht.

Und jetzt war sein Moment gekommen, der große Moment im Leben des Wolfgang Herrmann, in dem ihm die Entscheidungsmacht darüber zufiel, welche Bücher in Gegenwart und Zukunft als deutsch zu gelten hätten und welche nicht. Und Herrmann nutzte die Gelegenheit, prompt und gründlich. Vielleicht ahnte er damals schon, dass er ebenso schnell aus dem Machtzentrum wieder vertrieben werden würde, wie er hineingeraten war.

Wer war dieser Mann, der diese Liste erstellte? Wer war Wolfgang Herrmann? Siegfried Schliebs hat für den Ausstellungskatalog zur Bücherverbrennung in der Berliner Akademie der Künste 1983 das Leben dieses Mannes nachgezeichnet. Er wurde 1904 in Alsleben an der Saale geboren, war schon als Schüler Mitglied des Deutschvölkischen Jugendbundes, studierte in München Neuere Geschichte und begann 1929 in Breslau seine Arbeit als Bibliothekar in der städtischen Volksbibliothek. Er hielt schon damals Vorträge über eine Büchereipolitik im nationalsozialistischen Sinne, beklagte sich bitter über die »liberal und kommunistisch verseuchte« Bibliothek und setzte »gegen den jüdischen Dezernenten die Anschaffung und Auslage der ›N.S. Briefe‹ in den städtischen Lesesälen« durch. 1931 wechselte er in die Stadtbücherei nach Stettin, wo er jedoch noch im Oktober desselben Jahres wieder entlassen wurde. Herrmann war erwerbslos, im Dezember beantragte er die Aufnahme in die NSDAP. Er schrieb Artikel für Zeitschriften aus dem nationalsozialistischen Diktatur-Verlag, lag aber, wie er selber sagte, »krank und unterernährt mit 29 Jahren« seinen Eltern »auf der Tasche«. Das war die Zeit, in der er seine ersten Listen erstellte. Und diese allerersten Listen sollten sich später als verhängnisvoll für den Bibliothekar erweisen. Denn Herrmann war damals nicht nur beruflich, sondern offenbar auch ideologisch in einer Krise. Er gehörte den Strasser-Sympathisanten in der NSDAP an und empfahl auf seiner frühen Liste nicht nur die Schmähschriften *Hitler – ein deutsches Verhängnis* von Ernst Niekisch und *Adolf Hitler, Wilhelm der Dritte* von Weigand von Miltenberg, sondern er bemerkte auch über Adolf Hitlers *Mein Kampf:* »Hitlers Selbstbiographie ist die wichtigste autoritative Quelle der Bewegung. Sie enthält keine geistig originellen und ›theoretisch‹ durchdachten Gedanken.« Wie dieser Mann trotz dieser Bemerkungen auf seinen frühesten Listen vom Regime auf seinen späteren Posten gesetzt werden konnte, wird wohl immer ein Rätsel bleiben. Klar ist, dass auch die spätere, im Jahr 1933 von ihm verantwortete Liste eigentlich nur für die Leihbüchereien gelten sollte. Von einer Bücherverbrennung im großen Stil war da am Anfang noch nicht die Rede. Doch die Studenten, die sich die Bücherverbrennung zum Ziel gesetzt hatten, verfolgten einen extrem knappen Zeitplan, und so kam es, dass die Deutsche Studentenschaft mit Herrmann Kontakt aufnahm und dieser ihnen seine Liste bereitwillig zur Verfügung stellte. Währenddessen hatte auch der nationalsozialistische »Kampfbund für deutsche Kultur« unter der Führung Alfred Rosenbergs begonnen, an Listen des undeutschen Schrifttums zu arbeiten. Seit 1929 schon stellte man im Mitteilungsblatt des Kampfbundes in einer gesonderten Rubrik besondere »Feinde« des wahren Deutschland ausführlich vor. Doch in der Arbeit an einer grundlegenden Liste hatte Wolfgang Herrmann einen Vorsprung. Und für die Sammelaktionen der Studenten, die im April begannen, war die Herrmann-Liste die einzige greifbare.

Am 19. Mai, knapp anderthalb Wochen nach der Bücherverbrennung, veröffentlichte der Großdeutsche Pressedienst unter der Überschrift »Eine Fehlbesetzung?« eine Polemik gegen Herrmann, in der auch dessen frühe Einschätzung von Hitlers *Mein Kampf* zitiert wurde. Was für eine Blamage! Und was für ein Ärgernis, dass das Material gerade jetzt bekanntgemacht wurde. Herrmann ahnte, woher der Angriff kam. An einen Freund schrieb er am 24. Mai, er wisse schon länger, »daß das Material gegen mich schon vor einigen Wochen von Stettin […] aus dem Berliner Kampfbund für Deutsche Kultur zur Verwertung übergeben worden ist«. Und es scheint tatsächlich so gewesen zu sein, dass jener Kampfbund unter Alfred Rosenberg, der im Wettlauf der Listen ins Hintertreffen geraten war, auf diese Weise Herrmann diskreditieren wollte. Am 26. Mai schrieb Herrmann an den Kampfbund und belegte mit einer Fülle von Material seine Hitler-Treue. Doch Wolfgang Herrmanns große Stunde war vorbei. An den nun folgenden Listen-Ausarbeitungen für den Buchhandel, die Verlage, die Sortimenter, die zwar seine Liste zur Grundlage hatten, aber im Einzelnen ganz erheblich von ihr abwichen, war er nicht mehr beteiligt. Es blieb ihm ein Parteiverfahren erspart, und 1934 wurde er aufgefordert, sich um die Stelle des Direktors der Stadtbibliothek Königsberg zu bewerben, was er tat und die Stelle auch erhielt. Dort holte ihn die Vergangenheit wieder ein. Als er im Herbst 1936 zum politischen Leiter ernannt werden sollte, wurde der Druck zu groß: »Ich bitte, zur parteiamtlichen Klärung der von mir im Jahre 1932 geübten unsachlichen Kritik am Führer das Parteigerichtsverfahren einzuleiten«, musste er am 12. Dezember 1936 an den Ortsgruppenleiter der NSDAP Königsberg schreiben. Lange zog sich das Verfahren hin, sehr lange, die Stadt Königsberg mahnte das Oberste Parteigericht in München mehrfach, das Verfahren zu beschleunigen, da man bis zu einer Entscheidung nicht gegen Herrmann vorgehen könne. Schließlich, nach beinahe anderthalb Jahren, hieß es mit der Macht der allerletzten Instanz: »Das Verfahren wird auf Grund der Verfügung des Führers vom 27. April 1938 eingestellt.« Von jetzt an blieb er unbehelligt, gab für den Verlag Korn in Breslau unter dem Titel »Kornkammer« mehrere Bände einer »Sammlung der Unvergessenen«, darin unter anderem Johann Peter Hebels *Rheinischen Hausfreund,* heraus und wurde im Weltkrieg Soldat. 1945 ist Wolfgang Herrmann gefallen.

Aber damals, im April und im Mai 1933, der Mann war noch keine 30 Jahre alt, da war seine große Stunde. Er verschickte Liste um Liste, aktualisierte weiter, fügte neben der großen, 131 Autoren umfassenden Liste der »Schönen Literatur« schwarze Listen für die Gebiete »Allgemeines«, »Kunst« und »Geschichte« hinzu und veröffentlichte Grundsatzschriften »zur Anfertigung von Schwarzen Listen« und »Prinzipielles zur Säuberung der öffentlichen Büchereien«. Er gab sich beinahe moderat und erklärte in der Vorrede zu seiner Liste: »Die vorliegende Liste nennt alle Bücher und alle Autoren, die bei der Säuberung der Volksbüchereien entfernt werden können. Ob sie alle ausgemerzt werden müssen, hängt davon ab, wie weit die Lücken durch gute Neuanschaffungen aufgefüllt werden.«

Herrmann ging es also mit seiner Liste eher um einen Austausch der Bestände der Volksbibliotheken. Doch die Studenten hatten mit seiner Liste anderes vor. Die Tatsache, dass sich das neue Regime mit der Organisation der Verbrennung anfangs eher zurückhielt, bedeutet natürlich keinesfalls, dass die Aktion nicht in seinem Sinne gewesen wäre. Die »Säuberung« des deutschen Buchbestandes, die Vertreibung der verhassten Autoren stand ganz oben auf der Agenda. Man hatte nach den schlechten Erfahrungen mit dem Judenboykott vom 1. April nur Sorge, dass man sich mit einem erneuten Misserfolg vor dem Ausland und der Bevölkerung im eigenen Land schrecklich blamieren könnte. So ist bekannt – und der damalige Vorsitzende der Deutschen Studentenschaft, Gerhard Krüger, hat es noch 1983 in einem Schreiben bestätigt –, dass das Propagandaministerium massiv auf die Studenten einwirkte, um aus der geplanten »begrenzten symbolischen Verbrennungsaktion« eine »übergreifende Säuberungsaktion« zu machen. Doch Goebbels selbst, den die Studenten schon im ersten Entwurf ihres Rundschreibens von Anfang April als Festredner genannt hatten, ließ erst am 9. Mai, als sich ein offenbar selbst von ihm nicht für möglich gehaltener Erfolg der Aktion abzeichnete, verlautbaren: »Wie Ihnen auf Ihr Schreiben vom 3. Mai heute bereits telefonisch mitgeteilt wurde, ist der Herr Minister bereit, am 10. Mai um 24 Uhr, auf dem Opernplatz Unter den Linden, die Feuerrede zu halten.«

Die Vorbereitungen waren einfach zu gut gelaufen. Die meisten deutschen Universitätsstädte bereiteten tatsächlich eine öffentliche Verbrennung vor und ließen eifrig undeutsche Bücher sammeln. Nur von kleineren Universitäten kamen Absagen. Etwas reserviert zum Beispiel aus Eichstätt, wo man anmerkte, »eine förmliche Aktion wider den undeutschen Geist« habe noch nicht bewerkstelligt werden können. Doch »mehr vielleicht noch als anderswo« sei dieser Kampf vor Ort schon lange eine Selbstverständlichkeit. Barscher reagierte man in Regensburg: Eine solche Veranstaltung komme gar nicht in Frage, zu verbrennen habe man selbstverständlich nichts Undeutsches, »da sich in unseren Büchereien solches nicht befindet. Unsere Hochschule ist immer schon frei von jüdischem Geist gewesen und wird es auch in Zukunft sein, was man anscheinend von den Universitäten nicht immer sagen kann«. In Köln musste die Aktion kurzfristig wegen starken Regens verschoben werden, und nur aus Stuttgart kam ein klarer Widerspruch. Der Kommissar für die württembergische Studentenschaft, Gerhard Schumann, untersagte ohne nähere Begründung die Errichtung von Schandpfählen, die von den Berliner Studenten für alle Universitätsstädte angeregt worden war, sowie eine organisierte Sammelaktion und Bücherverbrennung. Man habe den Fackelzug verboten, »da Stuttgart, eine Stadt, die sowieso nicht der geeignete Boden für Fackelzüge ist, in der letzten Zeit mit Fackelzügen überhäuft wurde.« Man werde sich aber umso mehr im Alltag der Bekämpfung von Schmutz- und Schundliteratur widmen.

Das war es schon an Widerspruch. In den anderen Städten wurden Sammelstellen eingerichtet, an denen Büchereien und die Studenten die Bücher abliefern konnten. Die Studenten zogen, in einigen Städten in Begleitung der SA oder der Polizei, in die örtlichen Leihbüchereien, um die Bücher, die auf Herrmanns Liste standen, einzusammeln. Herrmann mahnte zur Wachsamkeit. Man möge nicht nur das beachten, »was an Büchern vorn im Laden und in der Auslage vorhanden ist, sondern was in den hinteren Regalen und Räumen steht. Heute haben die Leihbüchereien natürlich durchweg nationale Literatur vorn. Vor wenigen Wochen waren sie fast durchweg noch literarische Bordelle«. Da durch eine Indiskretion seine Liste vor Beginn der Sammelaktion in einer Bibliotheks-Zeitschrift veröffentlicht worden war, rechnete Herrmann damit, dass die Bibliothekare die beanstandeten Bücher verstecken und die Herausgabe verweigern könnten. Umso mehr überrascht es, dass Anselm Faust in seinem hervorragenden Grundlagentext über die Vorgeschichte der Bücherverbrennung aus dem Jahr 1983 feststellen muss: »Die Berichte der Studenten enthalten keinen einzigen Fall von Verweigerung seitens der Büchereibesitzer.« Die Einschüchterung war offenbar nahezu vollkommen. Selbst wenn viele Büchereibesitzer mit dem Geist des neuen Regimes und den Auswahlkriterien einverstanden gewesen wären, bedeutete die Konfiszierung für sie einen erheblichen Verlust, da ein finanzieller Ausgleich für die eingezogenen Bücher selbstverständlich nicht zu erwarten war. Buchhandlungen waren bei diesen ersten Sammelaktionen in der Regel noch nicht das Ziel. Aber private Leihbüchereien spielten in den Jahren der Weimarer Republik beim Lesepublikum eine außerordentlich große Rolle. Viele Inhaber kleiner Geschäfte betrieben noch nebenher eine Leihbücherei.

Buchhändler und vor allem Antiquare waren von Durchsuchungen und Beschlagnahmen erst später betroffen. Es gibt zahlreiche Dokumente der Empörung ermittelnder Polizeibeamter über renitente Buchhändler, die im Verborgenen verbotene Bücher horteten. So zum Beispiel über die Buchhandlung Hans Dallmayer in Greifswald: »Der Inhaber Krause begleitete die Durchsuchung mit hämischen Bemerkungen. Nachdem er anfangs auf eine Bestätigung über die 82 beschlagnahmten Schriften verzichtet hatte, erklärte er schließlich, er wolle die Liste doch als Kulturdokument zu den Akten nehmen.«

Offizielle Beschwerden gab es auch in den Jahren nach der Bücherverbrennung kaum. Sie hätten sicherlich keine Aussicht auf Erfolg gehabt. Vom Berliner »Kaufhaus des Westens« stammt eines der wenigen Dokumente, das auch eine Beschwerde zwischen den Zeilen enthält. In dem Schreiben an die Fachschaft Leihbücherei in der Reichsschrifttumskammer »teilen wir Ihnen mit, daß wir am 3. Januar ds. Js. (1935) 8 Kisten und 1 Ballen, enthaltend insgesamt 1329 Bände lt. anliegenden Listen an die Ablieferungsstelle Westen […] abliefern werden. Wir bemerken höfl., daß die Bände sämtlich wie auch auf anliegenden Listen ausdrücklich vermerkt, das Eigentum unserer Firma sind. Mit deutschem Gruß.« Die Antwort der Fachschaft, so eine erging, ist nicht bekannt. Es ist aber nicht zu erwarten, dass die Feststellung des Eigentums irgendwelche Konsequenzen hätte haben können. Die beschlagnahmten Bücher wurden in der Regel von beaufsichtigten Firmen eingestampft oder – gerade in den ersten Monaten – in Antiquariate im Ausland verkauft. Das brachte erstens Geld, und zweitens schadete es natürlich den Emigranten, indem man den ohnehin geringen Markt für ihre Werke im Ausland auch noch mit billigen Gebrauchtbüchern, an denen sie nichts mehr verdienten, verstopfte.

Neben dem Unmut über die ersatzlos konfiszierte Ware war der größte Beschwerdegrund die totale Unsicherheit über die Unterscheidung von verbotenen und nicht verbotenen Büchern, wie sie im Gefolge der Bücherverbrennung von offiziellen Stellen fortgesetzt wurden. Im Dezember klagte der Buchhändler Willem Jaspert: »Welche Unruhe durch die oben dargelegten Ausführungen in das Bücher kaufende Publikum, vor allem aber in das Sortiment und den Verlag hineingetragen wird, liegt auf der Hand. Über 1000 Bücher sind von 21 Stellen im neuen Staate verboten worden! Es wäre meines Erachtens unbedingt an der Zeit, entweder mit den Verboten grundsätzlich aufzuhören, oder eine Zentralstelle zu schaffen, an die man sich entweder bei Drucklegung eines Manuskriptes vorher wenden kann, oder die nachträglich bereits erschienene Bücher als einzige offizielle Stelle verbieten kann.«

Das Chaos war gewollt. Chaos, Uneindeutigkeit und Verunsicherung gehörten in den ersten Monaten des neuen Regimes in allen Gesellschaftsbereichen zum System. Im Bereich der Indizierung von Schriften wie im ganzen Bereich der Kulturpolitik kam es darüber hinaus zu erheblichen Machtkämpfen in der NSDAP. Nicht nur Alfred Rosenberg und Joseph Goebbels probten so lange die Erweiterung ihres Machtbereichs, bis Goebbels 1937 auf ganzer Linie gesiegt hatte und die »Schrifttumspolitik« des Reiches allein bestimmte. Am 16. Dezember 1938 hielt er schließlich schriftlich fest: »Ich mache erneut darauf aufmerksam, daß ich mir alle Verbotsentscheidungen ausnahmslos persönlich vorbehalten habe.«

Damals, in jener Nacht im Regen auf dem Opernplatz in Berlin, hatte er noch kein Verbot ausgesprochen. Da stand er auf einem kleinen Podest im hellen Mantel unter Scheinwerfern mit Blick auf die Flammen, auf die Studenten, die SA-Männer, das erwartungsvolle Publikum, und verkündete das Ende des »Zeitalters eines überspitzten jüdischen Intellektualismus« und den »Durchbruch der deutschen Revolution«, die dem deutschen Weg die Gassen frei gemacht habe. Er rief: »Als am 30. Januar dieses Jahres die nationalsozialistische Bewegung die Macht eroberte, da konnten wir noch nicht wissen, daß so schnell und so radikal in Deutschland aufgeräumt werden könnte.«

Diesen Satz konnte man ihm sogar abnehmen. Er hatte es selbst nicht glauben können, noch bis zum Vortag der Verbrennung, dass die Deutschen schon so weit waren. Dass sie bereitwillig zusehen würden, wie die Bücher ihrer besten Autoren den Flammen übergeben wurden.

Die Nacht, in der die deutsche Literatur für alle Welt sichtbar vertrieben und aus dem Gedächtnis des Landes, aus Vergangenheit, Gegenwart und Zukunft ausgelöscht werden sollte. Diese Nacht ging wie ein Riss durch das Leben der 131 Autoren, die auf der Liste des undeutschen Geistes standen. Ein Riss durch ihr Leben, durch ihr Werk. Ein Riss auch durch die Geschichte dieses Landes.

Der elsässische Autor René Schickele, dessen Bücher auf der Liste dieses Abends gar nicht standen und erst später aus den Bibliotheken des Landes entfernt werden sollten, hat im Exil geschrieben: »Wenn es Goebbels gelingt, unsere Namen von den deutschen Tafeln zu löschen, sind wir tot. Gespenster in der Diaspora, in der wasserarmen Provinz. Schon die nächste Generation wird nichts mehr von uns wissen.« Es war dessen Ziel. Es war das Ziel dieses Feuers in jener Nacht im Mai, das Ziel all derer, die damals die Bücher in die Flammen warfen. Sie haben es nicht erreicht.

Die fantastischen 3

Hermann Essig – schwäbische Existenzialfantasien und eine endgültige Abrechnung mit der Berliner Kunstszene. Gustav Meyrink – Prager Bankiers-Exzentrik und der Blick durch das Loch im Himmel. Alexander Moritz Frey – das Pech, mit Hitler im Graben zu liegen

Am Ende hatte er alles verspielt. Seine Stücke wurden nicht mehr aufgeführt, seine letzten Unterstützer wandten sich von ihm ab, der Erste Weltkrieg ging zu Ende, und der schwäbische Dichter **Hermann Essig** (1878–1918) aus Truchtelfingen auf der Alb starb an den Folgen einer Lungenerkrankung in Berlin. Ein allerletzter großer Freund seiner Kunst hielt eine bewegende Trauerrede. Herwarth Walden, der Gründer der Zeitschrift *Der Sturm*, der Essigs Werke in den letzten Jahren verlegt hatte, sprach davon, dass einzig Hermann Essig es wert sei, neben dem großen Heinrich von Kleist als »Dichter der Wirklichkeit« genannt zu werden, er schwärmte von seinem Genie und klagte die Welt an, dies nicht erkannt zu haben. Er schloss dramatisch: »Wir glauben an dich, Hermann Essig. Wir lieben dich, da du uns lebtest. Du lebst uns. Du lebst der Erde. Deine Kunst ist in der Welt.« Nur ein Jahr später waren auch von Herwarth Walden nur noch böse und verachtungsvolle Worte über den schwäbischen Theaterkönig zu hören. Denn gerade, postum, war Essigs erster und einziger Roman erschienen: *Der Taifun* (1919). Und dieser Taifun war nichts anderes als eine nur wenig verschlüsselte Abrechnung mit dem »Sturm« und seinem Leiter – Herwarth Walden. Dieser erklärte tief verletzt: »Essig hat mich bis wenige Stunden vor seinem Tod seinen Freund genannt. Nach seinem Tode ist ein Roman veröffentlicht worden. Ein mißglückter Versuch, aus naturalistischer Darstellung zu künstlerischer Gestaltung zu gelangen, die Tragödie einer unfertigen Künstlerschaft mit der Wirkung übermenschlicher Gemeinheit.«
    Gemein – oh ja, aber mit seiner künstlerischen Wertung hatte Walden in diesem Falle gar nicht recht. Denn wenn etwas von Hermann Essig bleiben muss, dann ist es dieser Roman, der eine

25

Kunstbewegung zeigt, entschlossen, sich die ganze, große, kunstverrückte Hauptstadt untertan zu machen. Eine Bewegung, die durch Scharlatanerie, unendliches Selbstbewusstsein und ein wenig künstlerisches Können eine Stadt im Kunsttaumel verzaubert, keine Moralvorstellungen zu akzeptieren scheint und in Wahrheit doch nur einer kleinen Spießermoral verpflichtet ist. Es ist eine Freude, dem fabulierenden Essig dabei zu folgen, wie er die kaum verschlüsselten Protagonisten der Gruppe, Franz Marc, Marc Chagall, Else Lasker-Schüler, auch den dichtenden Arzt Alfred Döblin und vor allem natürlich Herwarth Walden bei ihren Geschäften, ihren Selbstüberhebungen und ihren sexuellen Sonderbarkeiten beobachtet. Ein Kunstexzess, der sich immer weiter steigert, alle wissen, dass die große Kunstblase bald, sehr bald schon platzen wird. Und am Ende des immer weiter gesteigerten Abstraktionsideals verkaufen die Künstler vom *Taifun* unsichtbare Bilder. Ein Scherz, mit dem Yasmina Reza noch achtzig Jahre später die Theatersäle der Welt füllte. Und auch sonst liest sich das Buch über all die grotesken Auswüchse eines überhitzten Kunstmarktes erstaunlich gegenwartsnah.

Ganz anders Essigs Theaterstücke, die zunächst gar nicht gespielt, später dann bei der Bühneninszenierung entweder von der Zensur verboten oder von einem aufgebrachten Publikum niedergeschrien wurden. Nicht wenige Aufführungen endeten in Saalschlachten. Es sind groteske Volksstücke, Horrormärchen, die vor allem an Drastik nichts aussparen. Was an sexuellen Möglichkeiten denkbar war – Essig brachte es auf die Bühne, Gruppensex, Sodomie, Fernsex, Sadismus. Essig kannte es und ließ es spielen. Aber die Stücke waren dabei so unstrukturiert, ausladend, chaotisch, stilunsicher und wunderlich, dass sie auch das avancierteste Publikum eher verschreckten.

Dazu kam Essigs schwieriger Charakter. Von Paul Cassirer, der seine ersten Stücke druckte und die erste Inszenierung des Stücks *Glückskuh* (1911) erfolglos auf die Bühne brachte, distanzierte er sich. Jener sei schuld an seinem Misserfolg, und Essig brachte die Stücke lieber im Selbstverlag heraus. Er hatte auf dem Gipfel seiner Karriere mächtige Fürsprecher – Alfred Kerr, Arthur Eloesser und Franz Blei lobten seine Stücke und erreichten, dass Essig als einziger Künstler zweimal in Folge den renommierten

Kleist-Preis erhielt. Doch die ausbleibende künstlerische Entwicklung und eine scheinbar grenzenlose Selbstüberschätzung brachten auch seine letzten Unterstützer von ihm ab. Essig, der im Herzen konservative, heimatverbundene Schwabe von der Alb, las erklärtermaßen keine zeitgenössische Literatur, ging nicht ins Theater, verweigerte sich dem ganzen Betrieb, und als er zum ersten Mal einen Blick in die Werke Nietzsches warf, soll er erklärt haben, all das selbst schon viel besser und schärfer gedacht zu haben, heute aber sei dieses Denken längst obsolet. Eloesser schrieb in seiner Literaturgeschichte über Essig: »Es fehlte ihm an Urteil, an Geschmack, und er verzerrte seine Anekdoten, über die er selbst gewiß am meisten gelacht hat, in eine Skurrilität, die schließlich keine Lustigkeit mehr abgab.« Und Franz Blei hielt in seinem Bestiarium der modernen Literatur fest: »ESSIG. Das wurde am Ende aus einem gut duftenden kleinen schwäbischen Landwein, als die Flasche ungetrunken, aber offen, zu lange auf einem Berliner Schanktisch der Kaschemme ›Zum Sturm‹ stand.«

Seinen größten Erfolg hat er nicht mehr erlebt. *Der Taifun* war einer der ersten Bestseller der neuen Republik. Er hat ihn seinen letzten Freund gekostet. Essig und sein Werk waren eigentlich schon fast vergessen, als die Nazis es im Mai, fünfzehn Jahre nach seinem Tod, in Flammen aufgehen ließen.

Als Bankier begann er sein Berufsleben. Als Bankier in Prag, mit eigener Bank und – einem sehr eigenen Stil. **Gustav Meyrink** (1868–1932), der eigentlich Gustav Meyer hieß und als uneheliches Kind der Hofschauspielerin Maria Meyer und des Staatsministers Karl von Varnbüler in Wien geboren wurde. Der Makel der illegitimen Abstammung hat ihn lange Zeit geschmerzt. Er sollte später der Auslöser dafür werden, dass er sein bürgerliches Leben gegen das des fantastischen Schriftstellers, Zeichensuchers, Drogenfreundes und Neue-Welten-Suchers eintauschte. Doch antibürgerlich, bohemienhaft und äußerst sonderbar war er schon früh. Er war das Glanzstück unter den Prager Bankiers, der Wundermann, der Spötter und Geschichtenerzähler, König des Nachtlebens. Karl Wolfskehl schrieb über ihn: »Er war eine völlig neuzeitliche Erscheinung, ein soignierter Yogi, ein Eremit

mit guten Manieren.« Seine Wohnung war voll mit den absonderlichsten Möbelstücken, Max Brod, der ihn bewunderte, kam bei seinem ersten Besuch in dessen Wohnung aus dem Staunen nicht mehr heraus. Meyrink trug grelle Krawatten, ausgefallene Anzüge, hypermodernes Schuhwerk, er hielt sich überzüchtete Hunde, einen ganzen Zwinger weißer Mäuse und jede Menge exotische Haustiere. Die andere Seite der Welt hat er schon früh entdeckt, hatte den Blick durch »das Loch im Himmel«, wie er es nannte, gewagt, in eine Welt jenseits unserer Begriffe. Es war 1893, aus Liebeskummer wollte er sich töten, »die Fahrt über den Styx antreten«, wie er schreibt. Der Abschiedsbrief an die Mutter ist geschrieben, da raschelt es an der Tür, und es erscheint ihm der Mann, den er seitdem »den Lotsen mit der Tarnkappe nennt«, und schiebt ein Buch mit dem Titel »Über das Leben nach dem Tode« unter der Tür hindurch. Meyrink legt den Revolver für immer beiseite und beschließt, ab sofort nicht mehr an Zufälle zu glauben. Er sucht das Leben jenseits des Lebens, wendet den Blick nach innen, versucht alle bekannten Drogen in zum Teil unglaublichen Mengen, setzt sich stundenlang in bitterer Kälte auf eine Bank an der Moldau und wartet, bis die erhoffte Vision endlich kommt. Er unternimmt alles, um Neues zu erleben, zu einer tieferen Wahrheit vorzudringen. »Dann führte ich durch drei Monate das Leben eines beinahe Wahnsinnigen, aß nur Vegetabilien, schlief nicht länger als drei Stunden in der Nacht, genoß zweimal täglich einen in Wassersuppe aufgelösten Eßlöffel voll Gummi Arabicum (dies sollte besonders wirksam sein zur Entwicklung des Hellsehens!), machte um Mitternacht schmerzhafte Asana-Stellungen mit verschränkten Beinen, dabei den Atem anhaltend, bis schaumiger Schweiß meinen Körper bedeckte und der Tod des Erstickens mich durchrüttelte.«

Ein Bankier, dem die Menschen vertrauen. Selbst seine Schriftstellerkollegen wie etwa Roda Roda werden später über ihn sagen, er sei in Geldangelegenheiten von grenzenloser Naivität gewesen. Trotzdem wäre das mit seinem bunten Bankiersleben in Prag wohl noch eine Weile so weitergegangen, wenn nicht eines Tages ein junger Offizier der Reserve auf offener Straße Meyrinks Frau den Gruß verweigert hätte. Meyrink war außer sich, forderte den Offizier zum Duell, was dieser mit dem Hinweis auf Meyrinks unstandesgemäße Geburt zurückwies. »Nicht satisfaktionsfähig« – was für ein Schlag. In Wahrheit hatte der junge Offizier natürlich nur furchtbare Angst vor diesem Duell, denn Meyrink duellierte sich gern und oft und auch wegen Kleinigkeiten. Einmal soll Meyrink sogar die mit ihm verbündeten höheren Mächte zu Hilfe gerufen haben. Er vergrub am vereinbarten Platz ein Hühnerei unter einem Holunderbusch, um auf die Dämonenwelt vor Ort einzuwirken. Noch bevor das Duell dort stattfinden konnte, kam der Kontrahent bei einem anderen Duell ums Leben. Meyrink grub dankbar das Ei wieder aus – der Inhalt war verschwunden, berichtete er.

Jener Offizier also verweigerte das Duell, es kam zu immer neuen Prozessen wegen Beleidigungen und so weiter, bis man Meyrink schließlich des Betrugs bezichtigte und er fluchtartig Stadt und Bank verließ, um in München als Schriftsteller zu leben. Der *Simplicissimus* hatte erste Geschichten von ihm angenommen, fantastische Geschichten voller übersinnlicher Welten und Begebenheiten, voller Verachtung für die Spießbürger und deren Moral, böse, welterforschend, fantasiereich, mit kaltem Lachen gegen diese Welt, Geschichten, die später unter dem Titel *Des deutschen Spießers Wunderhorn* (1913) mit riesigem Erfolg als Buch erschienen und von Kurt Tucholsky begeistert als »Teufelsbibel« und »neuer Klassiker« begrüßt wurden. Die letzte Geschichte des Bandes heißt »G.M.«. Der verhasste Deutschamerikaner George Macintosh kehrt nach Jahren der Abwesenheit in seine alte Heimatstadt Prag zurück. Er kauft einige Häuser, lässt sie abreißen und gibt an, mit Hilfe modernster Methoden darunter Gold gefunden zu haben. Er enthüllt einen Plan, an welchen Stellen der Stadt ebenfalls welches zu finden sein würde, die Einwohner geraten außer sich vor Glück, reißen ihre Häuser begeistert ein und finden – nichts. G.M. hat inzwischen die Stadt verlassen. Er habe eine Visitenkarte zurückgelassen, erklärt er. Die Bewohner besteigen den von ihm zurückgelassenen Heißluftballon, steigen hoch über ihre Stadt hinaus und sehen: »Mitten aus dem dunklen Häusermeer leuchteten die leeren Grundflächen der zerstörten Bauten in weißem Schutt und bildeten ein zackiges Geschnörkel: G.M.« Ein kleiner Gruß des

Dichters Meyrink hinüber in die alte Stadt, die ihn verstoßen hatte. Sein Lebensprogramm hat er einmal so beschrieben: »Wer geistig (Pardon!) emporkommen will, der muß gehaßt werden; das schien der Wüstenhund irgendwie unbewußt erfaßt zu haben, denn er ließ das erhabene Ziel, Feinde zu erwerben, keine Minute der 38 Stunden, die für ihn den Tag ausfüllten, aus den veilchenblauen Augen.«

Auch sein großer Erfolgsroman, der früheste und größte Fantasy-Erfolg eines deutschen Schriftstellers, spielt zum großen Teil in Prag. *Der Golem* (1915), ein Roman auf der Grundlage der alten jüdischen Golem-Sage, nach der sich einst ein Rabbiner nach den Anweisungen der Kabbala aus Lehm einen künstlichen Menschen als Diener schuf. In Meyrinks Roman ist jener Golem eine zweite Ich-Figur des Protagonisten, der eine andere, hellere Welt als die dunkle Welt der Prager Ghetto-Bezirke zu schauen vermag. Das Buch wurde – auch dank eines nie zuvor betriebenen Werbeaufwandes durch den Kurt Wolff Verlag, mit riesigen, knallbunten Plakaten auf Litfasssäulen und großen Anzeigen in fast allen Zeitungen – ein großer Erfolg. Außerdem wurden den Soldaten günstige Feldpostausgaben in die Schützengräben geschickt. *Der Golem* war eines der populärsten Bücher während des Ersten Weltkriegs, der Blick in eine andere Welt, jenseits der hiesigen, sehr willkommen. Über 200 000 Bücher wurden verkauft. Doch schon damals gab es Anfeindungen der Deutschnationalen, die Meyrink für einen Juden hielten. Das war er jedoch nicht, hatte nur ein großes Interesse an der Kabbala und größte Sympathie für die jüdische Kultur. Noch nach dem Ersten Weltkrieg wurden zahlreiche seiner Bücher beschlagnahmt, und bis zu seinem Tod war der Nicht-Jude Meyrink immer wieder Ziel antisemitischer Hetze.

Es erschienen in rascher Folge weitere Romane. Doch mit keinem konnte er mehr an den früheren Erfolg anknüpfen. Er zog sich an den Starnberger See zurück, trieb Yoga, segelte, widmete sich der Familie und der Schau nach innen, träumte von einer »Blauen Internationale«, einer romantischen Revolution, aus der eine Bruderschaft der wahrhaft selbstbewussten Menschen hervorgehen sollte, und wurde von seinem Publikum rasch vergessen.

Sein Sohn Harro, der sich bei einem Skiunfall schwerste Verletzungen am Rückenmark zugezogen hatte, brachte sich 1932 um, und Gustav Meyrink verließ aller Lebensmut. Er starb im Dezember desselben Jahres in seinem Haus in Starnberg. Einer Freundin hatte er kurz vorher gesagt: »Es ist der Anfang einer anderen Weltperiode. Kein guter Anfang. Aber wer kann es ändern? ... Ich sterbe rechtzeitig. Und ich weiß, daß es eine Gnade ist.«

Auf seinem Grabstein auf dem Starnberger Friedhof steht nur ein einziges Wort: »Vivo«. Ich lebe.

Vielleicht wäre sein Leben ganz anders verlaufen, wenn er nicht mit diesem übereifrigen Gefreiten im Ersten Weltkrieg zusammen im Graben gelegen hätte. Diesem so übermäßig an der eigenen Sicherheit interessierten, Karl May lesenden, ständig rot anlaufenden Meldegänger aus seiner Kompanie. Diesem Schnauzbartträger, der jeden Angriff der Engländer als einen ganz persönlichen Angriff auf sich selbst zu betrachten schien und wegen des kleinsten Halskratzens ins Sanitätszelt gelaufen kam, um danach zu verkünden: Der Mann tut Dienst trotz einer ganz gewaltigen Halsentzündung. Ja, höchstwahrscheinlich wäre das Leben des Schriftstellers **Alexander Moritz Frey** (1881–1957) anders verlaufen, wenn er nicht mit Adolf Hitler im selben Regiment gewesen wäre und wenn nicht Hitler an dem Autor, der soeben mit dem Roman *Solneman der Unsichtbare* (1914) seinen ersten großen Bucherfolg gefeiert hatte, ein so auffälliges Interesse gezeigt hätte. Immer wieder suchte Hitler den Kontakt zu ihm, weil dieser etwas von Kunst verstand. Doch Frey wehrte ab. Hitler galt in der Kompanie als Spinner und leicht erregbarer Außenseiter. Außer Max Amann, der später Hitlers Buch *Mein Kampf* herausgeben und das Hetzblatt *Völkischer Beobachter* leiten sollte, war keiner ihm damals dauerhaft nahe. Und dieser Amann, Feldwebel und Vorgesetzter Freys, ließ den jungen Schriftsteller in seiner freien Zeit regelmäßig zu sich kommen, um sich von ihm, der schon lange für die Zeitungen des Kaiserreichs schrieb, über das Pressewesen unterrichten zu lassen. Frey kam widerwillig, und bald schon nach dem Krieg erhielt er von Amann offiziell das Angebot, das Feuilleton des *Völkischen*

Beobachters zu leiten. Frey lehnte ab. Das Blatt hätte weltanschaulich gar nicht weiter von seinen eigenen Ansichten entfernt sein können. Offenbar jedoch hofften Amann und Hitler, ihn auf ihre Seite ziehen zu können, denn das Angebot wurde erneuert, und auch Hitler ließ mehrmals direkt anfragen, ob Frey, der alte Waffenkamerad, nicht bereit sei, bei der neuen Bewegung mitzumachen. Frey lehnte immer wieder ab. Das haben sie ihm nicht verziehen.

Es ist sonderbar, dass die großen Nazis so viel von ihm hielten, denn wer auch nur den *Solneman* aufmerksam gelesen hatte, konnte ahnen, dass diesem Autor jede nationale Prahlhänsigkeit, engstirnige Selbstüberschätzung, Militärfreude und jeder Rassenhass fremd waren, ja, dass er all das verhöhnte, was Hitler und seinen Freunden heilig war. Der *Solneman* ist ein großartiger satirischer Roman, eine wahnwitzig überzeichnete Groteske über einen unbekannten Mann, der eines Tages nach München kommt und erklärt, den großen Park inmitten der Stadt kaufen zu wollen, um dort seine Ruhe zu finden, vor den Menschen, vor der Welt. Er bietet eine fantastische Summe, die Stadt nimmt an, und nachdem der Unbekannte eine unüberwindliche Mauer um den Garten gezogen hat, beginnt unter den Kleinbürgern das Gerede, der Neid, die Wut und die Angst. Ein Mann, der inmitten ihres Gemeinwesens nur seinem Vergnügen lebt, ein Einzelner, ein radikaler Außenseiter, auf den man nicht hinabsehen kann, ein einsames Geheimnis in einer geheimnislosen Welt. »Will mit einhundertfünfzig Millionen nicht nur Bäume und Wasser bezahlt haben, sondern vorzüglich das Recht, ich selbst und allein und ungestört und einsam zu sein. Niemandes Bruder bin ich, bin niemandes Neugier, niemandes Fürsorge, niemandes Betulichkeit. Dies vor allem«, erklärt er dem Bürgermeister und verschwindet in seinem Park. Mit allen Mitteln wird der Einzelne bekämpft, die Spießbürger ertragen den Geheimnismann in ihrer Mitte nicht: »Wir werden die Pestbeule ausmerzen«, rufen sie und haben doch keine Chance gegen den Mann, dessen Namen man rückwärts lesen muss, um ihn zu verstehen, und der am Ende nur einen Abschiedsbrief hinterlässt und eine zutiefst verstörte Stadt.

Als der junge Schriftsteller im Jahr 1909 die ersten Kapitel in einer Münchner Künstlerrunde vorlas und viel zu schnell wieder aufhören wollte, erhob sich in der ersten Reihe ein junger Mann und bat Frey, doch bitte fortzufahren, er sei sicher, er spreche im Namen aller. Frey war eher erschrocken als ermutigt, denn der Herr war niemand anderes als Thomas Mann. »Ich entsinne mich gerade dieses Wortes. Fortfahren – argwöhnte ich – das konnte auch bedeuten: sich aus dem Staube machen. Aber ich blieb und las.« Es dauert noch einige Jahre, bis *Solneman* fertiggestellt war, aber die Freundschaft mit Thomas Mann, die begann schon jetzt. Oft haben sie sich getroffen, Mann hat alle seine Bücher gelobt, ihn unterstützt, wo er konnte. Vor allem in der Zeit des Exils, als Frey praktisch ohne Geld und Verdienstmöglichkeit in der Schweiz lebte, tat Mann immer wieder alles, um dem alten Freund zu helfen. Selbst nach Amerika wollte er ihn holen, doch dazu konnte sich Frey nicht entschließen, wie sein Biograph Stefan Ernsting berichtet.

Das Buch, das die Nazis endgültig gegen ihn aufbrachte, war der hyperrealistische, ungeheuer starke und schonungslose Weltkriegsroman *Die Pflasterkästen,* der 1929 erschienen war. Viele Rezensenten stellten es damals weit über Remarques *Im Westen nichts Neues,* und in der Tat ist *Die Pflasterkästen* der drastischere, kraftvollere Roman. Zu großen Teilen folgt er den eigenen Erlebnissen während des Krieges, den eigenen Beobachtungen. Nichts wird beschönigt, nichts weggelassen: »Das unbrauchbare Fleisch, vorgestern noch verwendbar als Gewehrträger, als Bajonettstich und Schuß, fällt in die Grube. Wenn es hier draußen etwas Würdiges, etwas Sinnvolles getan hat, so jetzt: Es düngt die Erde.« Und am Ende lässt Frey sein Alter Ego Funk so mutig ausrufen, wie der Autor selbst gern gewesen wäre: »Ich mache nicht mehr mit‹, ruft er außer sich. ›Nicht als Gesunder, nicht als Kranker. Ich will, will, will die Wahrheit sagen – ich will sagen: Militär und Krieg sind die albernste, schamloseste, dümmste Gemeinheit von der Welt.‹«

Dann kam das Jahr 1933. Am 15. März, Frey besuchte den Kollegen Alfred Neumann zu Kaffee und Kuchen in dessen Haus in Brannenburg bei Rosenheim; hier erfuhr er von seiner Haushälterin, dass die SA gewaltsam in seine Wohnung eingedrungen sei und die Einrichtung zertrümmert habe. Frey solle festgenommen werden, hieß es. Gründe wurden keine genannt. Noch in derselben Nacht schmuggelte Neumann ihn im Kofferraum seines Wagens über die Grenze nach Österreich. Frey hat Deutschland nie wieder betreten.

Es begann die schwere Zeit des Exils, zunächst in Innsbruck, bald schon in der Schweiz. Frey lebte das Leben so vieler Emigranten. Ohne Geld, ohne Publikationsmöglichkeit, ohne Publikum, ohne Staatsangehörigkeit. Ein bitteres Leben, das er in größter Not überstand. Nach dem Krieg gehörte er zu den wenigen, die sich nicht zufriedengeben wollten, die die Namen jener Schriftsteller, die Hitlers Machtübernahme begrüßt hatten, nicht vergessen wollten, die nicht akzeptieren wollten, dass die jetzt wieder große Töne spuckten. Er schrieb öffentlich gegen Großopportunisten wie Walter von Molo, worauf dieser in einem Brief an seine Mitopportunistin Ina Seidel über den wütend gegen ihn ankämpfenden Frey klagte: »Sie wissen ja, daß der gute Frey ein sehr fantastisches Gemüt ist, und auf mich hat er auch eine Wut, weil im Jahre 30 oder 31 sein Buch ›Arabellas Opferung‹ von mir kein erwünschtes Gutachten erhielt, denn es war damals in Deutschland auf der Liste der Bücher, die unter das Schmutz- und Schundgesetz fielen, und, unter uns gesagt, sowenig ich dieses Gesetz geliebt habe, dieses Buch verdiente nichts anderes.« Der Geist der Bücherverbrennung, der Geifer der Kleinbürger, der Freys Bücher und die so vieler anderer im Mai 1933 auf den Scheiterhaufen gebracht hatte, lebte ungebrochen weiter. Inmitten der Gesellschaft, inmitten jener Kreise, die sich gerne stolz und billig Innere Emigranten nannten. Alexander Moritz Frey starb am 24. Januar 1957 in Basel, vergessen und verarmt, an den Folgen eines Gehirnschlags. Auf seinem Sterbebett hat ihm die Schweiz die Staatsbürgerschaft verliehen, die man ihm zwanzig Jahre lang wegen mangelnder Assimilierung verweigert hatte.

Einsame Kämpfer

2

Rudolf Geist – der Traum, als Vagabund die Welt zu verändern.
Armin T. Wegner – auf dem Motorrad nach Bagdad, ein Brief
an Hitler und danach nur leere Blätter. »Auswandern ist wie
sterben.«

Als seine Bücher in Berlin und in anderen deutschen Städten
brannten, warf er in einem Wald in Thüringen Hunderte seiner
Gedichte in die Luft und ließ sie fliegen. Der österreichische
Gerechtigkeitsdichter, Lebensrühmer, Kriegsfeind, Rebell, Anar-
chist und Weltvereiner **Rudolf Geist** (1900–1957) war auf dem
Weg von Berlin zurück in seine Heimat Österreich – zu Fuß.
Einer der sonderbarsten Sonderlinge der österreichischen Lite-
ratur wollte nach Hause. In die Sicherheit, wie er dachte. Aber
nach dem Anschluss Österreichs ans Deutsche Reich kam er in
Haft, wegen kommunistischer Mundpropaganda, wie es hieß.
Auch in seiner kleinen Zelle dichtete er weiter, schrieb auf Klo-
papier seine Pläne zur Rettung der Welt, zur Beendigung des
Krieges, zum Lob des Lebens. Rudolf Geist hat sein Leben lang
geschrieben. In einem Zimmer in der Wohnung seines ältesten
Sohnes in der Kärntner Provinzstadt Spittal an der Drau lagern
rund zehntausend Seiten von Manuskripten, Romanen, Erzählungen, Gedichten, Essays, von denen nur ein winziger Bruch-
teil zu Lebzeiten publiziert wurde. In einem großen, unauffällig
gebundenen Buch fand der Publizist Karl-Markus Gauß, als er
sich Ende der neunziger Jahre durch einen Teil der Manuskript-
berge hindurchlas, die Pläne, die der Dichter Geist im Jahr 1950,
im Alter von fünfzig Jahren, für sein weiteres Künstlerleben
gefasst hatte. Von nicht weniger als 735 Romanen, Dramen,
Drehbüchern, Gedichtzyklen und Studien sind darin die Titel
verzeichnet, Namen der Hauptfiguren, grundlegende Konflikte
und Rahmen der Geschehen. Es ist eine unendliche Welt, die
sich in diesem Archivraum der Träume Rudolf Geists auftut. Er
hat immer gedichtet. Fast nie mit Erfolg. Im Ersten Weltkrieg
war er desertiert, danach gab er, dem Vorbild des bewunderten Karl Kraus folgend, eine eigene Zeitschrift unter dem Titel

Schriften heraus, die er fast alleine füllte, mit expressionistischen Gedichten, Kommentaren, politischen Einsprüchen und einem oft naiven, aber immer entschlossenen Lob des Lebens. »Freuen wir uns, wenige Menschen mit herrlichem Antlitz, daß wir noch sind!« Er hielt auf dem ersten Vagabunden-Kongress eine flammende Rede, von der die teilnehmenden Vagabunden noch Jahrzehnte später schwärmten. »Wir Vagabunden, Weltwanderer haben es auch gewagt, frei zu sein, und wir wagen es unser ganzes Leben durch! Wir anerkennen die Fesselgesetze nicht, die uns zum Krieg treiben wollen, die unsere Lebenskraft ausbeuten und ruinieren wollen, die uns die Welt begrenzen wollen.« Geist wollte immer das Grenzenlose. Die Welteinheit. Und er schrieb und schrie und redete stets für die Außenseiter, schrieb ein Drehbuch für den Film *Ich bin ein Zigeuner,* ergriff das Wort für die Arbeitslosen, die Armen und Ausgestoßenen, wo immer es ihm möglich war. Sein erster und erfolgreichster Roman erschien 1925, ein Abenteuerroman aus der Arbeiterwelt der Sowjetunion, *Nischin, der Sibire,* über den es in Arbeiterzeitungen damals schon hieß: »Wir brauchen keinen bolschewistischen Karl May.« Rudolf Geist war nie ein linientreuer Kommunist. Als die Sowjets nach dem Krieg die erneute Publikation des *Nischin* verhinderten, trat er aus der KPÖ, in die er erst kurz zuvor eingetreten war, schleunigst wieder aus. Er war Anarchist, Freigeist und Kämpfer für Gerechtigkeit. Immer mit seinen Worten zur Stelle, oft viel zu schnell, oft zu pathetisch, aber immer weiter und weiter dichtend. Und oft in bitterer Armut lebend, sodass er für sich und seine sechsköpfige Familie kaum den Lebensunterhalt zusammenbrachte. Er ging von Tür zu Tür, um seine auf Postkarten geschriebenen Gedichte zu verkaufen, arbeitete als Sauerkrautstampfer, Bäckerlehrling und Gartenarbeiter, um weiter schreiben und leben zu können. Nach dem Krieg war er einer der wenigen, der emphatisch die geflohenen Juden aufrief, zurück ins Land zu kommen, wieder in Österreich zu leben, er hoffte auf ein neues Land, einen neuen Anfang. Von seinen unzähligen Büchern war es eines, auf das er am Ende seines Lebens alle Hoffnung setzte. Es hieß *Die Weltsozietät* und forderte nichts weniger als die Abschaffung aller Grenzen, ein Weltgesetz für eine Welt, für eine Weltgesellschaft, in der alle Menschen zum

Wohle der anderen zusammenarbeiten. Er reichte das Buch bei der UNO ein und schickte es an viele Verlage. Allein, niemand war an so viel Idealismus interessiert. »Wer wird das Buch, das den Weg zum Vollbringen zeigt, unter die Leute und die Regierungsmänner bringen? 10 000 weltpolitisch Interessierte warten darauf in jedem Land.«

Niemand brachte das Buch unter die Leute. Das Manuskript liegt noch heute in jenem Blätterraum in Kärnten. Ein Jahr, nachdem er diesen verzweifelten Aufruf schrieb, starb Rudolf Geist, der gegen Ende seines Lebens immer mehr dem Alkohol verfiel. Bis zum letzten Atemzug hat er geschrieben. Eines seiner späten Gedichte, »Die letzten Tage«, endet so: »Was lebt, ist kurz ein blindes Bäumen, / was ist, ist mächtiges Vergeh'n. / Uns wird, was Eintagsfliegen träumen, / ein Traum, zuletzt in schweren Weh'n – / die Sonne stirbt aus unsern Räumen, / das Sternvolk wird sie nicht mehr seh'n / Doch letzter Tage Erdenfleh'n / kommt Himmels ersten Tag umsäumen.«

Sie haben ihn für tot erklärt, auf dem ersten deutschen Schriftstellerkongress in Berlin 1947, als sie die Toten zählten und die Überlebenden. Und auch in ersten Bilanzbüchern der Exilzeit wie dem von F. C. Weiskopf steht der Schriftsteller **Armin T. Wegner** (1886–1978) unter denen, die das Exil nicht überlebt haben. Aber er lebte noch, in Italien, in Positano, wo er sich 1936 niedergelassen hatte. Ein wenig hatten sie auch recht, die damals in Deutschland seinen Verlust beklagten. Denn mit dem Schriftsteller Armin T. Wegner war es seit 1933 so gut wie vorbei. Er selbst hat das gewusst. Er wollte das Land nicht verlassen. »Auswandern ist sterben«, hat er gesagt. Ausgerechnet Wegner. Einer der weltläufigsten, weltkundigsten deutschen Schriftsteller, der unzählige Länder bereist hatte und fantastische Bücher über seine Fahrten schrieb, der Abenteurer und Weltenfreund Armin T. Wegner. Der schon früh das Gymnasium verließ, um in emphatischer Tolstoi-Nachfolge als Bauer zu leben, der ans Gymnasium zurückkehrte und seine Mitschüler mit einer flammenden Abiturrede zum Ungehorsam aufforderte und der seine erste große Liebe auf jeder Litfasssäule der Stadt Breslau in großen Buchstaben verkündete: »Wer bezweifelt, daß Armin T.

Wegner der glücklichste Mann in Deutschland ist?« Er debütierte als präexpressionistischer Lyriker mit starken Gefühlsgedichten, diente im Ersten Weltkrieg als Krankenpfleger an der russischen Front, dann im Osmanischen Reich, wo er Zeuge des Völkermordes an den Armeniern wurde. Und hier, spätestens hier, wurde der Moralist geboren, der unbeugsame Gerechtigkeitskämpfer, der später den Kampf gegen das Unrecht, gegen alle Wahrscheinlichkeit und Aussichtslosigkeit aufnehmen sollte. Er fotografierte das Ungeheuerliche, machte Bilder von den Lagern, von Massengräbern, beschrieb es in zahlreichen Berichten, protestierte und schrieb einen offenen Brief an den amerikanischen Präsidenten, bat ihn um Hilfe, erklärte, was dort geschah, und flehte ihn an, dieses verbrecherische Regime nicht länger zu unterstützen. Doch sein Protest verhallte. Nach dem Krieg gründet er in Deutschland den Bund der Kriegsgegner, nähert sich den Kommunisten an und reist durch die Welt. Zu Fuß, mit der Bahn, dem Motorrad, Auto, und immer gemeinsam mit seiner Frau. Wegner ist stets unterwegs. Was für ein mitreißendes Buch ist *Am Kreuzweg der Welten* (1930), der Bericht von seiner Reise vom Kaspischen Meer über Tiflis, Teheran, Bagdad bis nach Damaskus und Kairo. Das Buch eines Abenteurers, immer im Gespräch mit den Menschen der Welt, immer mit dem Blick auch auf die sozialen und politischen Verhältnisse. Enttäuscht ist er von der politischen Lage in der Sowjetunion, entsetzt vom Schicksal der verbliebenen Armenier, empört über die Funktionäre und Hofdichter des neuen Sowjetreichs. Er deutet das immer nur an, kunstvoll, leise, weise. Wie schön, als er gleich zu Beginn seiner Reise Wladimir Majakowskij im Zug begegnet. »Als Majakowskij mich in mein Tagebuch schreiben sieht, sagt er in einem ausgezeichneten Englisch: ›Sie arbeiten den ganzen Tag, Sie müssen viel Geld verdienen!‹ Er erzählt mir, daß er für jede Zeile in einer russischen Zeitung einen Rubel erhält, ein gewöhnlicher Schriftsteller aber nur fünfzig Kopeken. ›Ist das kommunistisch‹, frage ich ihn. Er: ›Ein großer Schriftsteller ist eine große Fabrik und ein kleiner nur eine kleine. Deshalb muß er auch mehr verdienen!‹ Ich erwidere nichts darauf«, schreibt Wegner.

Ganz am Ende, in Ägypten, beobachtet er zwei Frauen, die

eine soll für einen Moment und im Verborgenen ihren großen Schleier abnehmen und einen kurzen Rock probieren.
Ihr Mann, in höchstem Aufruhr, verbietet es und nennt es eine
Schande. Wegner schreibt erstaunt: »Das Kleid der Selbständigkeit, der Freiheit, eine Schande? Dachte ich. Ich blickte auf den
Schleier Leonores, der zu Boden gefallen war, ein unscheinba-
res Stückchen schwarzer zusammengeknüllter Gaze, das jeder
Windhauch forttragen kann. Und doch träumten hinter seiner
luftigen Mauer Aberglaube und Unwissenheit vergangener Jahrhunderte ihren noch immer unzerstörbaren Schlaf.«

Er kam zurück von seinen Reisen, und Deutschland verdun-
kelte sich, auch dieses Land drohte zurückgeworfen zu werden
um viele hundert Jahre. Wegner wollte nicht hinaus aus diesem
Land. Er wollte bleiben und aufstehen gegen das Unheil, das seinen Lauf nahm. Am Ostermontag 1933, nach den ersten landes-
weiten Angriffen auf jüdische Geschäfte, schrieb er einen Brief
an Adolf Hitler. Ein offener Brief sollte es sein. Natürlich war in
Deutschland längst schon keine Zeitung mehr bereit, ihn zu drucken. Er schickte ihn ab. Es war eine Warnung, eine Warnung an
Adolf Hitler, von einem deutschen Schriftsteller im April 1933
geschrieben. Was für ein Brief! Was für ein Mut!

»Herr Reichskanzler!«, beginnt Wegner sein Schreiben. »In
Ihrer Bekanntgabe vom neunundzwanzigsten März des Jahres
hat die Staatsregierung die Acht über die Geschäftshäuser aller
jüdischen Bürger verhängt.« Und so fährt er fort, schildert Hitler, scheinbar ganz naiv und unschuldig, die Lage der jüdischen
Bevölkerung in Deutschland, erklärt ruhig und fest, warum
Deutschland die Juden braucht, warum Juden und Deutsche in
ihrem Schicksal sich so ähnlich sind, warum die Juden Deutschland so ganz besonders lieben, verweist auf ihre Leistungen für
Deutschland. »Gerechtigkeit war stets eine Zierde der Völker,
und wenn Deutschland groß wurde in der Welt, so haben auch
die Juden daran mitgewirkt.« Eine Tochter, einen Sohn, berichtete Wegner, hätte er vor kurzem belauscht, deren Eltern, bestürzt
über die Entwicklungen im Land, sich zur Flucht entschließen
wollen. »Geht ihr allein!‹ erwiderten sie ihren Eltern. ›Ja, eher
wollen wir hier sterben, ich kann im fremden Land nicht glücklich sein!‹« Und er fragt Hitler: »Ist so viel Kraft des Gefühls nicht

bewundernswert?« Der Brief ist stilistisch, menschlich und rhetorisch ein Meisterwerk. Ein nutzloses, ein wahnsinniges, auch ein naives. »Herr Reichskanzler«, fährt Wegner fort, »es geht nicht um das Schicksal unserer jüdischen Brüder allein, es geht um das Schicksal Deutschlands! Im Namen des Volkes, für das zu sprechen ich nicht weniger das Recht habe als die Pflicht, wie jeder, der aus seinem Blut hervorging, als ein Deutscher, dem die Gabe der Rede nicht geschenkt wurde, um sich durch Schweigen zum Mitschuldigen zu machen, wenn sein Herz sich vor Entrüstung zusammenzieht, wende ich mich an Sie: Gebieten Sie diesem Treiben Einhalt!« Ein Antwortschreiben Martin Bormanns ist erhalten geblieben. Briefkopf Adolf Hitler, »Kanzlei« steht noch unter dem Namen des Reichskanzlers. »Das beigefügte, für den Führer bestimmte Schreiben wird diesem, sobald sich eine Gelegenheit findet, vorgelegt werden. Mit deutschem Gruß!« Datiert ist es vom 8. Mai 1933, auf den Tag genau zwölf Jahre, bevor jede der Warnungen Armin T. Wegners Wirklichkeit geworden war.

Wegner war nicht weltfremd. Er wusste, was er tat, als er den Brief abschickte. Seine Frau hatte das Land bereits verlassen, das Haus am Stechlinsee hatten sie aufgegeben, Wegner lebte in zwei Zelten am Ufer der Havel und – wartete. In einem Zelt kochte er, im anderen schlief und schrieb er. Er musste nicht lange warten. Der Wirt des Kaffeehauses, in das sich Wegner ab und an Briefe schicken ließ, war ihm einmal nachgegangen, um sein Versteck zu finden. Daraufhin begleitete er zwei Männer von der Gestapo zu den Zelten, streckte die Hand aus und rief: »Da ist er!« Wegner kam in Haft, im Keller des berüchtigten Columbia-Hauses wurde er gefoltert, geschlagen, später kam er ins Lager Oranienburg und andere. Durch einen glücklichen Umstand kam er 1935 frei, konnte das Land verlassen, kehrte aber kurz darauf wieder zurück, verließ Deutschland 1936 jedoch endgültig und ließ sich in Positano nieder.

»Auswandern ist wie sterben.« Jeden Tag saß er dort in Positano am Schreibtisch, einen Stapel Blätter vor sich. Wenn seine Frau dazukam, zog er ein anderes Blatt über das, auf dem er gerade schrieb. Eines Tages warf sie einen Blick auf den geheimen Stapel. Die Seiten waren alle leer. Später hat Wegner einmal gesagt: »Vergeblich suchte ich ein Werk nach dem anderen zu schreiben, ohne ein einziges beenden zu können. Zu meiner Rechtfertigung und meiner Beschämung sei es gesagt. Ich tröstete mich damit, daß man mir bei meiner Geißelung in einem düsteren Keller unter der Erde mit Peitschenhieben für immer den Mund geschlossen hatte.«

Aber es war natürlich kein Trost. Nur eine Erklärung für das Ende eines Werkes, das Ende eines Schreibens, für das Ende eines Schriftstellerlebens, das noch bis zum Mai 1978 in Italien weitergehen sollte, fast völlig vergessen von Deutschland und der Welt. Als der *Stern*-Reporter Jürgen Serke auf seiner Suche nach noch lebenden »verbrannten Dichtern« Mitte der siebziger Jahre Wegner in Rom aufstöberte, traf er einen Mann »mit der Last einer unaufschließbaren Einsamkeit«, dessen Welt ein kleines Arbeitszimmer war, eine Kajüte, vollgepackt mit Erinnerungen, Büchern, Zettelkästen und Fotos. Auf den Bildern aus dieser Zeit sieht man einen unendlich traurigen, schmalen Mann mit dunklen Augen und einem langen Spazierstock in der Hand. Er erzählte und erzählte, bis ihm die Stimme versagte vor Anstrengung. Als er am nächsten Morgen den Reporter und seinen Fotografen wiedersah, umarmte er sie und sagte: »Ich war der einsamste Mensch. Ich habe noch so viel zu sagen. Bleibt doch. Warum seid ihr denn nicht früher gekommen?«

Fünf Männer im Krieg – und eine Frau 3

Edlef Köppen kommt zu spät. Ludwig Renn – ein Buch wie ein Schuss. Arnold Zweig – ein Preuße verweigert sich. Oskar Wöhrle – Spinnhirny, das Bumserbuch und Wanderungen gegen den Wahnsinn. Adrienne Thomas – als Krankenschwester an der Front. Erich Maria Remarque – im Lancia auf der Flucht

Antikriegsromane waren die großen Bucherfolge Ende der zwanziger Jahre in der Weimarer Republik. Nachdem in den ersten Jahren nach dem Krieg zahllose Landser-Romane erschienen waren, stolze Berichte vom Felde und Bücher von Autoren, die sich von den Stahlbädern des Krieges eine Erneuerung des Menschengeschlechts erhofften, war jetzt die Gegenseite dran. Jene Autoren, die den Krieg als traumatisches Ereignis erlebt hatten und nun ihre Romane vorlegten, die die Schrecken des Krieges nackt und wahrhaftig zeigten. Arnold Zweig hatte 1927 mit *Der Streit um den Sergeanten Grischa* den Anfang gemacht, es folgten die Welterfolge *Krieg* (1928) von Ludwig Renn und ein Jahr später der größte deutsche Bucherfolg jener Jahre überhaupt: *Im Westen nichts Neues* von Erich Maria Remarque.

Edlef Köppen (1893–1939) kam mit seinem Roman *Heeresbericht,* der 1930 erschien, als Letzter. Und obwohl er hymnische Kritiken erhielt, blieb der Verkaufserfolg gering. Im Vergleich zu den siebenstelligen Verkaufszahlen Remarques mit 10 000 Stück geradezu lächerlich klein. Es war zu spät. Die Menschen hatten genug von Krieg und Anti-Krieg. Der Schriftsteller Ernst Toller hatte es geahnt, als er in seiner Besprechung schrieb: »Sagen Sie nicht, Leser, Sie hätten genug Kriegsbücher gelesen, Sie wollen vom Krieg nichts mehr wissen. Sie können nicht genug von der Realität eines Zustandes erfahren, der für Europa im Moment Vergangenheit ist, aber morgen wieder Gegenwart sein wird.« Die Menschen wollten nicht mehr. Köppen war zu spät gekommen. Dabei ist *Heeresbericht* der modernste aus jener Gruppe der Antikriegsromane. In raschem Wechsel kontrastiert Köppen in seinem Buch offizielle Verlautbarungen der Obersten Heeresleitung, Presseberichte, Inserate, Regierungsangaben über das angebliche aktuelle Kriegsgeschehen und den Stand der Truppen mit den anderen, den wahren Heeresberichten aus dem Feld. Mit perfekter Montagetechnik schneidet sich der Autor einen Weg zur Wahrheit des Krieges. Er folgt dem kriegsfreiwilligen Artilleristen Adolf Reisiger, der in vielem die Kriegsstationen des Autors nachvollzieht, durchs Feld, auf seinem Weg vom Kriegsbegeisterten zum verzweifelten, gebrochenen Mann, der am Ende, wie auch Köppen selbst, wegen Befehlsverweigerung ins Irrenhaus gebracht wird. »Da Reisiger, wie man ihn findet und zum Generalkommando führt, erklärt, daß er den Krieg für das größte aller Verbrechen hält, verhaftet man ihn und sperrt ihn ins Irrenhaus.«

Nach dem Ersten Weltkrieg arbeitete Köppen als Lektor im Gustav Kiepenheuer Verlag und später als literarischer Mitarbeiter bei der so genannten »Funk-Stunde« in Berlin, wo er auch als Regisseur zahlreicher Hörspiele mitwirkte und vielen, vielen Autoren zu Arbeit verhalf. Sein eigenes literarisches Werk vernachlässigte er darüber. Der *Heeresbericht* blieb sein einziges größeres Werk. 1933 verlor er seine Stelle beim Rundfunk, weil er »nach seiner bisherigen politischen Betätigung nicht die Gewähr dafür bot, jederzeit rückhaltlos für den nationalen Staat« einzutreten. Unter Pseudonym veröffentlichte er noch einige Artikel, bekam für kurze Zeit eine Stellung bei einer Filmfirma, begann einen großen Roman über den Nationalsozialismus, konnte ihn aber nicht mehr vollenden. Edlef Köppen starb 1939 in Gießen an den Spätfolgen einer Lungenquetschung, die er sich im Ersten Weltkrieg zugezogen hatte.

Auch von **Ludwig Renn** (1889–1979) wird nur ein Buch in Erinnerung bleiben. Obwohl er ungleich mehr schrieb als der unglückliche Köppen. Sein Buch heißt einfach *Krieg* (1928) und ist ein Bericht. Ein oberflächlicher Bericht, schnell, ohne Tendenz und ohne Botschaft. »Hier spricht zum ersten Male der einfache Mann, der Frontsoldat. Er allein kann sagen: ›So war der Krieg.‹« Das hatte der Verlag auf den Umschlag setzen lassen, und es wurde ein Massenerfolg. »Ramm! ramm! ramm! ramm!«, geht es, wenn die Gewehre schießen. Oder »Gramm! rapp! rapp! bramms! kräck! ramm!«, wenn die Funken sprühen. Es ist manchmal fast kindlich naiv, wie er das schreibt, den Bericht über den Frontsoldaten Ludwig Renn. Der Autor selbst hieß damals, 1928, als das Buch erschien, noch gar nicht so, sondern eigentlich Arnold Friedrich Vieth von Golßenau, und entstammte einem sächsischen Adelsgeschlecht. Im Krieg hatte er als Kompanie- und Bataillonsführer an der Westfront gedient. Er quittierte den Dienst an der Waffe erst, als er beim Kapp-Putsch 1920 auf revolutionäre Arbeiter schießen sollte. Da weigerte er sich und verließ die Armee. Im Jahr des Erscheinens seines Buches trat er der Kommunistischen Partei bei und nahm einfach den Namen seines Romanhelden an. Die Rezensenten rätselten, als das Buch erschien. Wer konnte das sein, der da schrieb?

Das Schreiben fällt ihm schwer, das war klar, jede Zeile hat er sich abgerungen. Der Klappentext legte als Autor einen Tischler nahe. Das glaubten die Rezensenten gern. Später bekannte Renn, wie es zu seinem ersten Buch gekommen war. Dass er immer wieder erzählen wollte von den traumatischen Erlebnissen im Krieg und dass es ihm immer wieder nicht gelang: »Ich verfluchte meine Unfähigkeit zu sprechen und meine Langsamkeit im Denken und setzte mich hin, um in mühsamer Arbeit das festzuhalten, was wirklich geschehen war ... Ich hatte nicht einmal für die Veröffentlichung geschrieben, sondern nur, um mir selbst darüber klarzuwerden, was mich bedrückte.« Und mit seinem Buch machte er es nicht nur sich selbst, sondern auch unendlich vielen Lesern klar. Den Prozess einer politischen Bewusstseinsbildung, seinen Weg zum Kommunismus, das liefert erst sein zweites Buch, *Nachkrieg* (1930), das von den Jahren des revolutionären Umbruchs in Deutschland berichtet und von der Politisierung des Protagonisten. Es ist übrigens Renns einziges Buch, das der Bibliothekar Herrmann auf die Liste gesetzt hatte. Gleich nach der Machtübernahme durch die Nazis wurde Renn, der schon 1932 wegen »literarischen Hochverrats« kurze Zeit im Gefängnis gesessen hatte, inhaftiert. Der Pazifist und Kommunist wunderte sich über die Haftbedingungen: »Schon bald nach Beginn meiner Haft stellte ich fest, daß ich der einzige politische Gefangene war, den die Nazis nicht geschlagen hatten ... Da wußte ich, daß die Naziführung mich gewinnen wollte. Später habe ich auch erfahren, daß Goebbels dahinterstand und Hitler selbst eine geheime Verfügung herausgegeben hatte, daß ich nicht geschlagen werden durfte. Meine Verhaftung war nur ein Druckmittel, um mich gefügig zu machen.« Doch Renn blieb standhaft, wurde 1935 entlassen und reiste nach Spanien, wo er als Kommandeur des Thälmann-Bataillons im Bürgerkrieg gegen die Franco-Truppen kämpfte. 1940 ging er nach Mexiko ins Exil, ließ sich 1947 in der SBZ nieder und wurde Professor für Anthropologie in Dresden, später an der Berliner Humboldt-Universität. Er erhielt zweimal den Nationalpreis der DDR und viele andere hohe Auszeichnungen und wurde schließlich Ehrenpräsident der Akademie der Künste. Seine weiteren, immer autobiographischen Bücher wurden im Westen gar nicht und auch in der DDR eher unwillig gedruckt und rezipiert. Sein stärkstes Erlebnis war der Krieg, davon handelt sein erstes und sein wichtigstes Buch.

Er hatte den Anfang gemacht: **Arnold Zweig** (1887–1968) legte sich Ende des Jahres 1926 jeden Vormittag auf sein Sofa und diktierte mit geschlossenen Augen und höchster Konzentration das Werk, das ihn weltberühmt machen sollte. Die Kriegsbücher, die in den Jahren zuvor erschienen waren, boten allesamt stahlgewitternde Heldengeschichten, die dem Volk die katastrophale Niederlage zu kleinen Siegergeschichten umdeuteten. Und jetzt also Zweigs Roman *Der Streit um den Sergeanten Grischa* (1927). Auch kein antideutsches Abrechnungsbuch – alles andere als das, und nur so konnte es zu diesem Wahnsinnserfolg werden. Der linke Preuße und Jude Arnold Zweig hatte mit dem *Grischa* ein zutiefst preußisches, systemanklagendes Buch geschrieben. Er hat seinen Plan später so erklärt: »Wie, frage ich, widerlegt man ein System, eine Gesellschaftsordnung und den von ihr schwer wegzudenkenden Krieg? Indem man seine leidenschaftlichen Gegenaffekte abreagiert und Karikaturen vorführt? Meiner Meinung nach widerlegt man ein System, indem man zeigt, was es in seinem besten Falle anrichtet, wie es den durchschnittlich anständigen Menschen dazu zwingt, unanständig zu handeln … Wir wollen nicht Schurken entlarven wie unser Freund Schiller, sondern Systeme.«
Grischas Geschichte ist die Geschichte eines Justizirrtums, oder besser: eines gnadenlos auf einem einmal eingeschlagenen Weg voranschreitenden Systems, eines modernen, bürokratischen Mordapparats, der die Menschlichkeit und die Menschen zermalmt. Der Sergeant Grischa entschließt sich aus verzweifeltem Heimweh zur Flucht aus dem deutschen Gefangenenlager. Seine Geliebte, die Partisanenführerin Babka, rät ihm, sich als Überläufer Bjuschew auszugeben. Das wird ihm nach seiner erneuten Gefangennahme durch die Deutschen zum Verhängnis. Man hält ihn für einen russischen Spion und verurteilt ihn zum Tode. Dass er später seine wahre Identität zweifelsfrei beweisen kann, hilft ihm nichts mehr. Das Urteil wird vollstreckt. Doch es geht nicht nur um Grischa: »Um Deutschland geht es uns«, sagt Oberleutnant Winfried – »daß in dem Land, dessen Rock wir tra-

gen und für dessen Sache wir in Dreck und Elend zu verrecken bereit sind, Recht richtig und Gerechtigkeit der Ordnung nach gewogen werde. Daß dies geliebte Land nicht verkomme, während es zu steigen glaubt. Daß unsere Mutter Deutschland nicht auf die falsche Seite der Welt gerate. Denn wer das Recht verläßt, der ist erledigt.« – Ein patriotisches Antikriegsbuch – da hatten es auch die ideologischen Gegner schwer, dies einfach beiseitezuschieben. Der preußenbegeisterte Weltkriegskämpfer und Schriftsteller Ernst von Salomon, der wegen Beteiligung an der Ermordung des jüdischen Außenministers Rathenau jahrelang in Festungshaft gesessen hatte, schrieb später erstaunt: »Hier war ein Mann, der von Preußen besessen war, mehr als ich, der Preußen mehr liebte als ich, der sich in jeder Zeile zu Preußen bekannte, aber aus einem wilden Schmerz heraus, den ich nicht kannte – und den ich kennenzulernen gezwungen war, um Preußen überhaupt zu begreifen.«

Nur deshalb konnte das Buch in der politisch tief gespaltenen Weimarer Gesellschaft zu diesem Riesenerfolg werden. Es war ein Tabubruch – Abrechnung mit dem militärischen Mordapparat, Abrechnung mit dem fehlgegangenen Preußentum von preußenfreundlichster Seite. Die Menschen jubelten, kauften das Buch massenhaft. Und auch im Ausland war der *Grischa* ein Erfolg. Sein amerikanischer Verleger Ben Huebsch telegraphierte: »critics enthusiastic. grischa promises great success.« So kam es auch. Zweig war über Nacht ein Erfolgsschriftsteller geworden, stellte in einem wahren Schaffensrausch zahlreiche vor langer Zeit lustlos liegen gelassene Manuskripte fertig, ließ sich gleich neben seinem Wohnhaus in Berlin-Eichkamp ein herrliches, modernes gläsernes Atelierhaus errichten, ging auf Reisen und genoss das Leben. Und die Liebe. Lange schon hatte er von einem polygamen Liebesglück geträumt, bislang war die Verwirklichung dieser Träume an moralischen oder romantischen Bedenken der Geliebten gescheitert. Jetzt aber war es Zeit, sich auszuleben. Die um 22 Jahre jüngere Lily Offenstadt, die er angestellt hatte, damit sie seine Bibliothek sortiere und später seine Bücher mitstenographiere, wenn er sie mit geschlossenen Augen von seiner Chaiselongue herüberdiktierte, wurde seine Zweitfrau, mit der er verreiste, ausging und repräsentierte. Zweigs Ehefrau Beatrice floh, als es für sie ganz unerträglich wurde, nach Paris, wo sie Malstunden nahm. Arnold Zweig war glücklich: »Das Jahr endet gut. Es ist das reaktionärste seit dem Krieg«, notierte er in seinen Kalender zum Jahreswechsel 1932/33. »Welch ein Weg von 1909 bis zum heutigen Abend! Es wäre gut, wenn es so weiterginge: viel leben, wenig aufschreiben.«

Und noch nach Hitlers Machtübernahme, sogar noch nach dem Reichstagsbrand schrieb der freudige Optimist: »Ich werde sehr gewarnt, soll abreisen … Ich ganz ruhig. Lily herrlich!« Und mit der herrlichen Lily reiste er noch im März 1933 in die Tschechoslowakei, schrieb seine »Schlesische Novelle« fort, in der ein älterer jüdischer Herr mit einer wesentlich jüngeren nichtjüdischen Frau durch Schlesien rauscht und trotz des aufziehenden Faschismus beschließt, schon bald zu heiraten.

Doch die Wirklichkeit lässt sich nicht wegdichten. Lily reist nach Berlin, Zweig fährt nach Wien, um Vorträge zu halten. Am 1. April, dem Tag des ersten großen Boykotts gegen jüdische Geschäfte, versucht seine Frau Beatrice, die Paris inzwischen verlassen hat, mit dem Zug von Berlin nach Wien zu reisen. In Dresden wird sie vorübergehend festgenommen, ihr Pass wird beschlagnahmt, sie fährt zurück nach Berlin. Und jetzt wird dem linken Zionisten Zweig, dem Juden Arnold Zweig plötzlich klar, was geschehen ist. Und noch am selben Tag schreibt er in überraschender Klarheit unter der Überschrift »Die Juden« in seinen Taschenkalender: »Sie erkennen ihre Lage nicht – daß sie von den Linken leben – rücken sie nach rechts.« Und er endet entschlossen, endlich kämpferisch: »Nur Antifaschismus und Demokratie allein sichern den Juden die nackte Existenz. Überall! Auch im eigenen Lager. Sich nichts vormachen! Keine Wunschfantasien in der Politik!« Da ruft ein Mann sich selbst zur Ordnung. Ein Mann, der glauben wollte, dass es so schlimm schon nicht wird. Dass man ihn schon nicht meinen wird. Dass irgendeine Rettung bald schon kommen wird. Noch nach diesen klarsichtigen Eintragungen kündigt er seinen beiden Frauen seinen Besuch in Berlin an. Lily telegraphiert aufgeregt und kaum verschlüsselt: »Wir können dich keinesfalls hier gebrauchen. Du hast die Pflicht, Dich Deiner Familie – und mir auch ein bißchen – zu erhalten.«

Und Zweig fügte sich den Anweisungen seiner Frauen und den Erfordernissen der politischen Wirklichkeit, ging in die Tschechoslowakei, später dann über Sanary-sur-Mer weiter nach Palästina, wo er, zusammen mit Beatrice (Lily kam auch vorbei), die Zeit des Exils unendlich unglücklich und deprimiert verbringen wird. Eine Freundin schildert ihm in einem Brief die Ereignisse auf dem Opernplatz am 10. Mai 1933: »Ich war neulich zur Hexenverbrennung der Bücher, stand eingepfercht von neun bis zwölf Uhr abends, für Dich wäre es körperlich nichts gewesen, aber es hat gelohnt. [...] Auf dem freien Platz machten sich SA und Schupo wichtig. Dann gingen Verkäufer herum: ›Bonbons, Schokolade, Zigaretten!‹ – ›Warme Würstchen, warme Würstchen!‹ Wurstmaxe mit vielen Witzen, überall, wo er entlangging, Lachsalven im Volk. [...] Unterhaltungen, wie wir sie nicht schöner erfinden könnten, wurden gezwitschert, Witze gemacht und belacht, die Zeit bis zur Verbrennung gemütlich vertrieben. ›Was verbrennen die eigentlich?‹ – ›Na, jüdische Bücher!‹ – ›Nein, undeutsche, so unsittliche.‹« So reden sie weiter, machen Witze, essen Wurst, bis irgendwann auch der Name Arnold Zweig fällt und seine Bücher unter dem Jubel der Menge ins Feuer fliegen. Zweig notiert das ein Jahr später halb lachend, halb entsetzt. Sein Optimismus klingt jetzt verzweifelt: »Denn man irre sich nicht, gehaltvolle Bücher sind schwer zu verbrennen, und es sollen schon einmal Brände durch Bücher erstickt worden sein.«

Was mögen das für Brände sein? Und was für Bücher? Diesen großen Brand ersticken Bücher nicht. Zweig will und will es nicht glauben, noch im Sommer 1937 prüfen er und seine Frau die Möglichkeiten einer Remigration nach Europa. Kurz nach Kriegsbeginn Ende 1939 schreibt er in einem Brief: »Ich sehe die Dinge sehr zuversichtlich.«

Verzweifelter Zweckoptimismus. Arnold Zweig wird in dem Land, das er sich erträumte, wird in Palästina nicht glücklich. Er weigert sich, die Sprache zu lernen, weigert sich überhaupt, sich in irgendeiner Weise anzupassen. Er klagt darüber, dass niemand seine Bücher liest, die repräsentative Stellung, der Reichtum, den er sich so mühsam in Deutschland erkämpft hatte, alles ist fort. Die Redaktionsräume der deutschsprachigen Zeitschrift, in der er publiziert, werden durch ein Bombenattentat zerstört, Druckereien, die sich bereit erklären, die deutschsprachige Publikation zu drucken, erhalten anonyme Drohungen. Die Zeitschrift muss ihr Erscheinen einstellen. Zweigs Bücher aus dieser Zeit, wie etwa *Das Beil von Wandsbek* (1943), erscheinen zunächst in hebräischer Übersetzung. Das Echo ist mäßig. Zweig kommt in Palästina nicht zurecht.

Nach dem Krieg bekleidet er im neuentstehenden sozialistischen deutschen Teilstaat die repräsentative Stellung, die er sich immer ersehnt hatte. Seine Bücher werden Schullektüre, er wird Abgeordneter der Volkskammer, erhält den Nationalpreis Erster Klasse und stirbt am 26. November 1968. Auf dem Dorotheenstädtischen Friedhof wird er in der Nachbarschaft von Brecht und Becher und Heinrich Mann beerdigt.

Oskar Wöhrle (1890–1946) ist der Autor einiger ebenso sympathischer wie schlecht geschriebener Romane über das Leben beim Militär und auf Wanderschaft. Er wurde 1890 im elsässischen St. Louis geboren, arbeitete als Lehrer, flog wegen Disziplinlosigkeit raus, ging auf Wanderschaft durchs Elsass und rund ums Mittelmeer, trat aus Geldnot der Fremdenlegion bei, wurde verwundet und desertierte. 1911 wurde er Soldat der deutschen Armee, blieb aber auch hier nicht lange. Nach Ausbruch des Ersten Weltkriegs wurde er der Spionage verdächtigt, kehrte in sein altes Regiment zurück und nach dem Krieg ins Elsass, wo er wegen Betrugsverdachts gesucht wurde. Er floh weiter, diesmal nach Konstanz, gründete einen kleinen Verlag, der schnell Pleite machte, und auch während der Nazizeit floh er hin und her, überall verfolgt. Er starb 1946 im Sanatorium Glotterbad im Schwarzwald. Sein bekanntestes Buch heißt *Querschläger. Das Bumserbuch. Aufzeichnungen eines Kanoniers,* erschien 1929 und beschreibt leichtfüßig und grammatikfrei das Leiden eines Freigeistes beim Militär. Wie auch *Der Baldamus und seine Streiche* von 1913. Das beginnt so: »Baldamus ist kein schöner Name. Aber mein Gott, Spinnhirny, Großhans, Katzenwadel, Wucherpfennig oder gar Affenschmalz klingt auch nicht schön, und doch braucht sich keiner zu schämen, der so heißt, wenn er nur schafft, was seine Sache ist, die Leute Leute sein läßt und im übrigen einen ganzen Kerl stellt.« So wie der Baldamus, der wandert, pfeift und dem Militär in letzter Not entkommt. Es endet so: »Ich trotze ihren Gewalten. Ich trage Leuchten in mir selber. Ich trage Glauben an ein Tieferwerdenkönnen, ich trage Glauben an ein Reicherwerdenkönnen. Schon sehe ich am Horizonte Lichter auftauchen und das Dunkel meistern, und mein Herz wird fröhlich und grüßt die ferne, hochgebaute Stadt.«

Auch die Bücher von **Adrienne Thomas** (1897–1980) sind stark gefühlt und ziemlich schwach geschrieben. Ihr Antikriegsbuch *Die Katrin wird Soldat* war 1930 schon deshalb ein Sensationserfolg, weil es der langen Reihe der Kriegserinnerungen die Stimme einer Frau hinzufügte. Adrienne Thomas, die 1897 in Lothringen unter dem Namen Hertha Adrienne Strauch geboren wurde, hatte während des Ersten Weltkriegs als Rotkreuzschwester gearbeitet und ein Tagebuch geführt, das die Grundlage bildete für ihren späteren Roman. Gleich zu Kriegsbeginn am 2. August notierte sie: »Ich möchte sehr gern zum Roten Kreuz; aber mit jemandem, der alles mitspürt und mitleidet, werden unsere Soldaten nicht viel anfangen können.« Wie auch der heutige Leser. Das liest sich alles sehr authentisch – bis auf die zusätzlich noch hineinfantasierte tragische Liebesgeschichte –, aber eben auch gefühlig und kitschig: »Wenn doch wieder Alltag wäre und alltägliches Einerlei. Und Ruhe. Ich kann es auch bald nicht mehr ertragen – jeden und jeden Tag Neues, Grauenvolles. Blutige, verwundete Soldaten und verzweifelte Angehörige, die kommen, ihre sterbenden Kinder in unseren Lazaretten noch einmal zu sehen. In drei Wochen in Paris! Wie lange soll das noch so gehen? Krieg, Krieg!« Der Roman machte sie berühmt und bei den Nazis verhasst. Eine Krankenschwester schreibt über den Krieg! Das wollten alle lesen. In sechzehn Sprachen wurde das Buch übersetzt. 1933 verließ Thomas das Land, zunächst nach Österreich, dann in die Schweiz und später nach Frankreich, wo sie 1940 interniert wurde. Mit letzter Not gelang ihr die Flucht in die Vereinigten Staaten von Amerika, wo sie in zwei Romanen die Emigrationserfahrung beschrieb. *Ein Fenster am East River* (1945) ist die Geschichte einer Frau, die nach Amerika flieht, staunend die neue Welt erkundet, New York als unfassbares Glücks- und Weltereignis, die Amerikaner jedoch als Klischeebilder darstellt: oberflächlich, kulturlos, schwatzhaft, unernst aus tiefstem Herzen. So sieht die junge Frau aus der Alten die Neue Welt. Aber New York, New York ist ein Traum: »Wie fast jeden Abend stand Anna auch heute am weitgeöffneten Fenster ihrer im dreizehnten Stock gelegenen Wohnung und schaute hinüber zum Rockefeller Center und zum höchsten Gebäude der Welt, dem Empire State Building, dessen Spitze sich in einem rötlichen Wolkenpaket versteckt hielt. Im Widerschein der untergehenden Sonne flammte das Feuerwerk von vieltausend Fenstern. – Wenn man sechs oder sieben Jahre alt wäre, dachte Anna, und man wüßte nicht, wo man ist und wie man hierhergekommen war, würde man glauben, die Zauberschlösser der Märchenbücher vor sich zu haben.«

Das echte Glück, die neueste Welt, ein Wunder aus der Perspektive einer Erretteten. Vieles in diesem Buch ist kindlichschön und sicher wahr, aber die Konstruktion ist sehr holzschnittartig, die allzu offensichtlichen und bemühten Parallelen zwischen altem Liebhaber aus Alter Welt und neuen Liebhabern aus der Neuen Welt gehen ordentlich auf die Nerven. Am Ende ist Anna ganz bekehrt. Die Alliierten landen in der Normandie, sie schwankt kurz zwischen alter und neuer Liebe, doch der Bildungsroman kommt zu einem guten Ende: »Sie sind versunken in den Anblick des Flusses, über den Sirenen heulen, Schleppdampfer stampfen. Dieser Fluß hat keine Sagen und keine Lieder. Keine Schlösser spiegeln sich in seinem Grau, aber auch keine Ruinen. In ihm spiegelt sich die neue Welt, die im Begriff ist, die alte zu werden.«

Sein Nachbar, der Schriftsteller Emil Ludwig, hatte ihn in seinem Haus im Tessin für den Abend auf ein Glas Wein eingeladen. Er erinnert sich: »Wir entkorkten unseren ältesten Rheinwein, drehten das Radio an und lauschten dem Knistern der Flammen, den Reden Hitlers und seiner Anhänger – und tranken auf die Zukunft.« In Berlin brennen auf dem Opernplatz die Bücher – **Erich Maria Remarque** (1898–1970) ist in Sicherheit. Zum Glück. Am Abend des 29. Januar 1933, bevor die Anhänger Hitlers ihren triumphalen Sieg feiern werden, steigt er in Berlin, wo er sich für ein paar Wochen aufgehalten hatte, in seinen Lancia und fährt ohne Zwischenstopp in die Schweiz, nach Porto Ronco, wo er die herrliche ehemalige Böcklin-Villa bewohnt. Remarque hat allen Grund, sich mit seiner Flucht aus Deutschland zu beeilen. Er war ein Lieblingsfeind der Nazis, kein Buch hatten sie wütender bekämpft als *Im Westen nichts Neues* (1929). »Das Buch« – Remarques Name wird immer damit verbunden sein. *Im Westen nichts Neues,* das erfolgreichste deutsche Buch des letzten Jahrhunderts. Weltweit mehr als 20 Millionen Mal verkauft, schon nach sechzehn Monaten waren es allein in Deutschland eine Million Exemplare. Die Debatte um das Buch war die wohl schärfste kulturpolitische Auseinandersetzung der Weimarer Republik. Und je härter diskutiert wurde, je unnachgiebiger die verschiedenen Parteien ihre Positionen verteidigten, desto besser verkaufte sich das Buch. Es ging um nicht weniger als die Grundlagen der Republik, um die Deutungshoheit über die Geschehnisse im Ersten Weltkrieg, um Heldenlegenden und die große Niederlage. Die Bewertung von Ausgang und Verlauf des Krieges, das war von Beginn der Republik mit »Dolchstoßlegende« und »Im-Felde-unbesiegt«-Debatten die entscheidende Frage gewesen. Und jetzt kam einer daher, schrieb über Elend, Langeweile, Sinnlosigkeit dieses Krieges in einer Eindringlichkeit, die die Menschen glauben ließ, das sei die Wahrheit. »Die Wahrheit über den Krieg«, so hatte der Verlag von Anfang an geworben. »Die Wahrheit« von einem, der den Krieg nur von einmonatigen Schanzarbeiten hinter der Front kannte, der aber kurz nach dem Krieg prahlerisch mit Leutnantsuniform herumgelaufen war, die ihm nicht zustand, wie ihm seine Gegner vom rechten Rand vorwarfen. Von einem Volksschullehrer, einem Werbetexter, einem Namensaufwerter von Remark zu Remarque – »Kramer« haben ihn seine Feinde deshalb gleich genannt. Ein Schaumschläger, Drückeberger und Lebemann mit Monokel. Ausgerechnet *der* wollte von der Wahrheit erzählen. Und vom unheroischen Tod der Kameraden. Wie in dem berühmten Finale: »Er fiel im Oktober 1918, an einem Tag, der so ruhig und still war an der ganzen Front, daß der Heeresbericht sich nur auf den Satz beschränkte, im Westen sei nichts Neues zu melden.« Als die Verfilmung des Buches in die deutschen Kinos kam, erprobten die Nazis erstmals mit aller Macht Strategien des Boykotts, der Verhinderung und Zerstörung eines Kunstwerkes. Teilweise mit Erfolg. Viele Kinos setzten den Film aus Angst um den Fortbestand ihres Hauses schnell wieder ab, das Lichtspielgesetz wurde auf Druck von rechts geändert. Die Weimarer Republik war zum ersten Mal in die Knie gegangen.

Stefan Zweig schrieb begeistert an seinen französischen Freund, den Pazifisten und Schriftsteller Romain Rolland: »In Deutschland sind die Nationalisten am Verzweifeln. Das Buch von Remarque *Im Westen nichts Neues* – Auflage 600 000 in 12 Wochen, und es geht auf die Million zu – hat sie umgeworfen. Dieses schlichte und wahre Buch hat mehr ausgerichtet als alle pazifistische Propaganda in zehn Jahren.«

Das Schlimmste an dem Buch war sein Erfolg. Die Gegner mussten fürchten, dass dieses Buch von der Mit- und Nachwelt tatsächlich als wahres Dokument dieses Krieges gelesen werden würde. Davor hatten sie Angst. Vor diesem Buch hatten sie wirklich Angst.

Angst hatte auch Remarque, der äußerlich weiter den sorglosen Lebensgenießer gab. Er hilft Emigranten auf der Durchreise, wie er kann, lässt sie in seinem Haus wohnen. Auf seinem Grundstück wird der jüdische Journalist Felix Manuel Mendelssohn tot aufgefunden. Das Gerücht geht um, Hitlers geheime Polizei habe die Hände im Spiel gehabt. Jetzt scheint alles möglich. Thomas Mann notiert in seinem Tagebuch: »Neues über die Scheußlichkeiten und Mordtaten in Deutschland und sogar außerhalb. Der tödlich ›verunglückte‹ junge Mendelssohn, den man wahrscheinlich für Remarque gehalten.« Als zehn Jahre später Remarques Schwester vor dem deutschen Volksgerichtshof wegen »hetzender und defaitistischer Äußerungen« zum Tod durch das Fallbeil verurteilt wird, soll Gerichtspräsident Freisler gerufen haben: »Wir haben Sie zum Tode verurteilt, weil wir Ihren Bruder nicht greifen konnten.«

Remarque blieb stumm. Damals blieb er stumm, bei den wütenden Diskussionen um sein Buch, um den Film und auch danach, als die Nazis an die Macht kamen. Kein Wort von Remarque, kein Text in einer der zahlreichen Emigrantenzeitschriften. Das brachte dem Mann, der von der politischen Rechten gehasst wurde wie kaum ein Zweiter, auch die Verachtung und Wut der Linken ein. Kurt Tucholsky bemerkte schon früh: »Auf Remarque als Kämpfer können wir nicht zählen, seit er sich von dem Kammerjäger Goebbels so leicht hat besiegen lassen.« Und Carl von Ossietzky schrieb anlässlich des Filmboykotts: »Herr Remarque hat im entscheidenden Stadium geschwiegen und sich damit selbst zu einer literarischen Ohnmacht degradiert.«

Erich Maria Remarque hat sich immer als unpolitischen Autor verstanden, sich immer als unpolitisch bezeichnet. Der Mann, der den Deutschen und der Welt ihren Pazifismus-Roman schrieb – zumindest hat die Welt ihn so verstanden. Der den Deutschen in all seinen Romanen ihre Geschichtschronik der Jahre 1914–1945 schrieb, vom Ersten Weltkrieg (*Im Westen nichts Neues*), über die Heimkehr von der Front (*Der Weg zurück,* 1931), die Zeit der Inflation (*Der schwarze Obelisk,* 1956), den Anfang der 30er Jahre (*Drei Kameraden,* 1937), vier Romane über Emigrantenschicksale (*Arc de Triomphe,* 1945 u. a.) sowie Ostfront und Bombenkrieg (*Zeit zu leben, Zeit zu sterben,* 1954) und schließlich über ein Konzentrationslager (*Der Funke Leben,* 1952). Das große Geschichtsbuch einer kurzen historischen Epoche von einem, der sich nicht einmischen wollte; »steht alles in meinen Büchern«, wiederholte er immer und immer wieder.

Die Deutschen standen ihm dafür stets fremd gegenüber. Die Amerikaner aber – liebten ihn. Er ist in seinem Auftreten, in Lebensstil und Schreibstil der wohl amerikanischste deutsche Autor des letzten Jahrhunderts. In seiner Selbstcharakterisierung als »Direktschreiber« – im Gegensatz zu Thomas Mann, den er einen »Umgehungsschreiber« nannte – erkannten die Amerikaner ihn als einen der ihren. Ein Unterhaltungsautor mit Niveau, ein Zeitschriftsteller ohne plakative Botschaften, ein moderner Schriftsteller ohne Avantgarde-Ehrgeiz. Seine Erfolgsgeschichte in den Vereinigten Staaten, als Romanautor und Drehbuchautor in Hollywood, ist legendär. Hemingway, der mit *In einem anderen Land* gerade selbst ein Buch über den Ersten Weltkrieg abgeschlossen hatte, schrieb schon 1929 an F. Scott Fitzgerald: »Es war komisch, daß ich zuerst nicht in *Im Westen* usw. reinkommen konnte, aber als ich erst mal drin war, fand ich es ungeheuer gut.« Und auch Fitzgerald selbst, der später die Drehbuchfassung von Remarques *Drei Kameraden* verfasste, war von der Romanvorlage des Deutschen begeistert.

Kein deutscher Schriftsteller des letzten Jahrhunderts hat ein glanzvolleres Leben geführt als Erich Maria Remarque. Seine Frauen und Geliebten, Marlene Dietrich, Greta Garbo, Natasha Paley, Paulette Goddard und viele, viele andere, sind legendär; er besaß die schönsten Häuser, die schnellsten Wagen, sammelte Glanz um Glanz um sich. Doch wer in seinen Tagebüchern liest, blickt an beinahe jedem Tag in eine große Dunkelheit – Einsamkeit, Lustlosigkeit, Depression. Immer wieder die Angst vor dem Schreibtisch, die Angst vor der Arbeit. Die Angst vor der Einsamkeit: »Alleinsein – richtig Alleinsein, ohne jede Illusion –, das kommt kurz vor Wahnsinn und Selbstmord«, schrieb er in *Drei Kameraden.* Und an seinem vierzigsten Geburtstag in seiner prächtigen Villa in der Schweiz: »Die spielende, graue kleine Katze. Die Hunde, die gebürstet werden. Die Blumen. Aber was tue ich eigentlich zwischen alledem? … Vierzig Jahre. Das ist zehn Jahre mehr als neununddreißig. Versäumtes Leben … Grammophon gespielt. Zimmer photographiert. Sonderbar: als käme ich nicht wieder hierher. Als wäre alles das letzte Mal: der Sommer; – das Haus; – der Friede; – das Glück; – Europa; – das Leben vielleicht.«

Emigration kennt keine Kompromisse

F. C. Weiskopf und die Standhaftigkeit. Alex Wedding – Kinderbuch auf sozialistisch. Ernst Glaeser – Standpunktlosigkeit als Lebensfluch. Kasimir Edschmid – Darmstadt als geistige Lebensform. Christa Anita Brück – Schicksalsdokumentaristin der unterdrückten Sekretärinnen

An seinem Grab hat der Dichter Stephan Hermlin **F. C. Weiskopf** (1900–1955) noch einmal zugerufen: »Du warst vierunddreißig Jahre hindurch Kommunist, ohne zu schwanken, freudig, unermüdlich. Vierunddreißig Jahre lang … Von daher kam dein Lächeln; weil du alles durchdacht, alles durchfühlt hattest, alles Schwere und Schwierige auch, weil du in Übereinstimmung warst mit den Menschen, mit der Welt, mit dir selbst.« Im April 1900 in Prag geboren, wurde Weiskopf mit achtzehn Jahren in die bereits geschlagene k.u.k-Armee eingezogen und sah sein Vaterland untergehen. Doch ein neues Vaterland war schnell gefunden: Gleich nach dem Kriegsende trat er den Sozialdemokraten bei, ordnete sich weit links ein, und als 1921 die Kommunistische Partei der Tschechoslowakei gegründet wurde, war Weiskopf mit dabei. Er schrieb revolutionäre Gedichte und Reportagen, ging als Journalist nach Berlin, reiste früh in die Sowjetunion und berichtete begeistert von seinen Erlebnissen. Trotzdem musste er sich auf dem Kongress revolutionärer Schriftsteller 1930 in Charkow gegen den Vorwurf verteidigen, »die Existenz kommunistischer Kultur in Abrede gestellt« zu haben. Dabei hatte er nur bekannt, am bürgerlichen Roman festhalten zu wollen. Er kam noch einmal davon und gab ein Jahr später zusammen mit Ernst Glaeser das unglaubliche Foto-Propagandabuch *Der Staat ohne Arbeitslose* (1931) über das Fünfjahresplanparadies Sowjetunion heraus, ein heute kurios wirkendes Dokument eines propagandistisch lächelnden Maschinentraumlandes, jedes Foto unterschrieben mit Aufbauphrasen aus einem Wirklichkeit gewordenen Industrie-, Freundschafts- und Fortschrittsparadies.

Dann kam die Verbrennung, dann kam die Flucht. Das berühmte Kinderbuch *Ede und Unku* (1931) seiner Frau Grete Weiskopf, die sich als Autorin **Alex Wedding** (1905–1966) nannte und mit *Ede und Unku* bis heute als die Erfinderin des sozialistischen Kinderbuchs gilt, wurde gleich mitverbrannt. Die beiden flohen zusammen nach Prag, später nach Paris und schließlich nach New York. Er schrieb Romane, den k.u.k.-Untergangsroman *Abschied vom Frieden* (1950), der natürlich hoffnungsfroh endet, denn dieser Untergang ist nur ein Neubeginn: »Alexander setzte den Hut auf. Da war noch ein Kalenderblatt! Er hob es auf. Komisch, die bedruckte Seite war auch rot, wie Irenes Abschiedsbotschaft. Mechanisch las er das Datum und den Kalenderspruch: ›Sonntag, 28. Juni 1914 – Wo die Stoppel verdorrt, kommt das Korn wieder aus der Erde.‹ ›Wie tröstlich!‹« – Der

Sozialismus als roter Kalenderspruch am Ende, ja, Weiskopf war vor allem und zuerst Pädagoge und Revolutionsbeauftragter. Seine Bücher, seine sozialistische Anekdotensammlung vor allem, waren lange Jahre Pflichtlektüre an den Schulen der DDR und wurden in Millionenauflage gedruckt. Nach dem Krieg wurde er als Botschafter der Tschechoslowakei um die Welt geschickt, kehrte 1952 nach Prag zurück und ein Jahr später nach Ost-Berlin, wo er 1955 starb.

Er selbst hat das doch alles längst beschrieben. Das alles, wofür sie ihn später gehasst haben wie keinen anderen. **Ernst Glaeser** (1902–1963) hat das beschrieben als Selbstporträt und Porträt seiner Generation, in seinem sensationellen Erfolgsroman *Jahrgang 1902* (1928), den Hemingway »ein verteufelt gutes Buch« nannte und der auch heute noch als klares, unsentimentales Generationenbuch unbedingt lesenswert ist. Sich selbst und seine Generation, die im Jahr 1902 Geborenen, hatte er als orientierungslose, verlorene Zwischengeneration beschrieben, ohne Halt und Haltung, zu Kriegsbeginn zwölf Jahre alt, am Ende sechzehn. »Wir bedauerten unsere Jugend, denn sie verhinderte uns am Heldentum«, schreibt Ernst Glaeser. Die Väter, eben noch Beamte, kleine Patriarchen, sind plötzlich die Helden. Die Kinder feiern sie und fiebern dem Frontverlauf nach: »Wir hielten uns an den Händen und sangen. Wir nannten uns ›deutsche Brüder‹. Wir schwuren uns ewige Treue.« Alles war möglich, alles war herrlich in dieser Jugend. Nur ins Feld, ins Feld durften sie nicht. Und plötzlich war alles anders. Alles verloren, alles zerstört. Sie begriffen nichts. Nur dass man sie betrogen hatte: »Bald bemerkten wir, daß die Worte der Menschen ihren Gedanken nicht mehr entsprechen.« Die Gefühle, eben noch Ausdruck schönster Ursprünglichkeit, werden jetzt als Tagesbefehl ausgegeben: »Vorher mußten wir jubeln, jetzt sollten wir traurig sein.« Der Glaube, schreibt Glaeser, der Glaube ist ihm verlorengegangen, ihm und den jungen Männern seines Alters: »Der Krieg gehörte den Erwachsenen, wir liefen sehr einsam dazwischen herum. Wir glaubten an nichts, aber wir taten alles.«

Das Meisterliche an Glaesers Buch ist diese radikale Position, das jämmerliche Leiden und Selbstbemitleiden eines Einzelnen glaubhaft als Generationenphänomen darzustellen. Nur manchmal, an wenigen Stellen, den einsamsten, den wahrsten wahrscheinlich, spricht er einfach nur von sich:»Alle wußten, wohin sie zu gehen, was sie zu leiden hatten. Ich nicht.«

Als Buch war das groß. Im Leben war es lächerlich und armselig, in der einmal konstatierten Falle der Standort- und Überzeugungslosigkeit zu verharren. Denn Glaeser lebte in einer Zeit der Entscheidungen, der politischen Kämpfe, in die er sich mit Freuden hineinwarf und aus denen er später umso grausamer wieder hinausgeworfen wurde. Auf dem Charkower Kongress der revolutionären Schriftsteller, auf dem sich der überzeugte Lebenskommunist Weiskopf Verrat an kommunistischen Überzeugungen vorwerfen lassen musste, wurde Glaeser als aufrechter Kämpfer gefeiert. Ein Jahr später verfasste er mit Weiskopf das schon erwähnte Propaganda-Buch über die glücklichen Sowjetvölker, weitere zwei Jahre später wurden seine Bücher verbrannt. Ordnungsgemäß, könnte man sagen, denn Glaeser galt als ein Mann von links. Er ging ins Exil in die Tschechoslowakei, dann in die Schweiz, doch dort, allein auf sich gestellt, begannen die Zweifel. Und die Sehnsucht nach der Heimat. Und die Frage, ob da wirklich alles so schlecht sei, drüben, im alten Vaterland. Und Glaeser näherte sich an. Übertrat ein erstes Mal die Grenze, um an der Abstimmung über den »Anschluss« Österreichs teilzunehmen. Um mit »Nein« zu stimmen, wird er die Grenze nicht übertreten haben. Er fragte nach, ob eine Wiederkehr ins Reich, in das Land, das wenige Jahre zuvor seine Bücher verbrannt hatte, bei guter Führung möglich sei. Er kam in ein nationalsozialistisches »Umerziehungs-« oder Einübungslager. Glaeser wird ein gelehriger Schüler gewesen sein. Das Reich nahm ihn wieder auf. Und die Emigranten – hassten ihn: einen »literarischen Kriegsverbrecher« hat ihn Johannes R. Becher genannt. Carl Zuckmayer schrieb in seinem Report, in dem er für den amerikanischen Geheimdienst Gesinnungsporträts verfasste und sich im Zweifel für den Beschriebenen einsetzte, unerbittlich: »Ernst Glaeser ist nun wiederum ein Fall, dem die Bona Fides abgesprochen werden muß und dessen Übergang zu den Nazis sich in Formen vollzog, die nur als Anschmeißerei, Verrat an sich selbst und anderen und bewußte Spekulation zu deuten sind.« Der Rheinhesse

Zuckmayer findet den letzten Beweis für den Opportunismus des Südhessen Glaeser aus Groß-Gerau bei Darmstadt in dessen Sprache: »Es handelte sich um eine bestimmte Art der Anwendung – oder Nicht-Anwendung – des heimatlichen Dialekts, in dem sich eine innere Unsicherheit, Unechtheit und eine Anlage zur Täuschung und Maskerei kenntlich machte.«

Und noch etwas: »Er spielte sich bereits vor seiner Rückkehr auf ein sentimentales Emigrantentum heraus, das niemandem so verhaßt ist als dem durch das Exil selbst fast ums Leben gebrachten Verfasser.« Klaus und Erika Mann haben Glaeser, auch ohne landsmannschaftliche Feindschaftsgrundlage, in ihrem Exilanten-Porträtbuch *Escape to life* (1939) ganz ähnlich beschrieben. Ich zitiere ausführlich, weil sich am Falle Glaesers und daran, wie ihn die Emigranten beurteilten, die ganze Gefahr, das Leiden an der Emigration, die existenzielle Bedeutung und Bedrohung, die dies Leben für fast alle bedeutete, so deutlich zeigen lässt. Am Beispiel dieses Mannes, der meinte, einfach so die Seiten wechseln zu können: »Denn die Emigration ist kein Club, dessen Mitglied zu sein am Ende nicht viel bedeutet. Sie ist Verpflichtung und Schicksal; sie ist eine Aufgabe, und keine leichte. Diese Emigranten sind seltsame Leute. Sie wollen keinen in ihrer Mitte haben, der kokett und verschlagen, sentimental und geschäftstüchtig auch ›nach der anderen Seite‹ blinzelt. Einen solchen stoßen sie aus ihrer Mitte. Wohl ihm, wenn er nun noch einen Platz findet, wo er sein Haupt betten kann, das wir nicht einmal mit den Spitzen unserer Finger berühren möchten.«

Ernst Glaeser war die reinste Verkörperung jenes Generationentypus, den er selbst in seinem Roman erfunden und beschrieben hatte. Und es wird auch niemanden wundern, dass jener Ernst Glaeser einer der Ersten war, der den Deutschen nach dem Krieg Vorträge darüber hielt, wie das demokratische Leben nun zu gestalten sei, wie sich ein guter Demokrat zu verhalten habe. Er ging wieder voran, predigte, gab die Richtung vor, forderte und wusste Bescheid: »Und wenn nicht heute den Deutschen zurufen: Seid ungehorsam! Seid ungehorsam gegen alles Dumpfe, gegen alles Starre, gegen alles Flüsternde und Schwebende, aber seid auch ungehorsam gegen das Denunzieren, gegen das Bürokratische, gegen das Servile, seid ungehorsam gegen das Spekulative, gegen das Unlogische, gegen das Gewaltsame – Seid endlich einmal ungehorsam!« Ernst Glaeser 1947. Niemand hörte ihm mehr zu. Am Ende war der Mann, der den Jahrgang 02 repräsentierte, nur noch eine tragische, eine lächerliche Gestalt.

Und hier gleich noch ein Südhesse, ein Darmstädter, dessen Bücher verbrannt wurden und der doch im Lande blieb. **Kasimir Edschmid** (1890-1966), geboren als Eduard Schmid. Sonderbare Gemeinsamkeit. Ob das auch etwas mit der Herkunft zu tun haben kann, mit dem Darmstädtertum, wie es in dem lokalen Volkshelden, dem Datterich des Ernst Elias Niebergall, für die Ewigkeit gestaltet wurde? Dieser revolutionäre Wille, den der abgerissene Lebenskünstler und Alltagsphilosoph Datterich verkörpert, zusammen mit einer gewissen maulenden Beständigkeit und treuen Heimatverbundenheit? Der alte Oberbürgermeister Ludwig Engel hat über den Dichter seiner Stadt einmal gesagt: »Edschmid ist Darmstädter. Und die Darmstädter sind von einer besonderen Art. Sie verbinden eine oft behäbige Beständigkeit mit der Neigung zur Kritik, ja zur Rebellion, und dem Willen zum Fortschritt, wenn das verpönte Wort gestattet ist.«

Und Edschmid war ein Fortschrittsgeist. Er war Deutschlands erster Expressionist, schrieb Schnellfeuernovellen schon während des Ersten Weltkriegs, in einem Sprachtempo mit fliegender Grammatik, dass es nur so sauste – schnelle Autos, schnelle Geschichten, das Tempo von Novelle zu Novelle weiter steigernd: »Sie warf den Wagen in die Kurve und gab Gas, daß das Differenzial sein sinnliches Stöhnen in die klaffende Nachtluft trieb. Gas! Die Vorlegewelle röhrte wie eine brünstige Katze. 115, 117, 117 1/2.« Bei dem Tempo kann man nicht unbedingt jede Metapher im Griff haben, also »brünstige Katze«, »klaffende Nachtluft«, keine Zeit, es muss weitergedichtet werden, das Auto ist so rasend schnell. Auf Bildern aus der Zeit ist Edschmid von geradezu beunruhigender Körperlichkeit, ein Koloss von einem Mann, dunkel gebräunt, muskulös, alles an ihm wirkt breit, massig, stark. Kaum ein Dichter jener Jahre wurde häufiger von Künstlern gezeichnet und gemalt. Er schrieb mit *Sport um Gagaly* (1928) den ersten deutschen Sportroman, und René Schickele hat ihn so beschrieben: »Reitet er nicht etwa gut, der Edschmid? Reitet er nicht schön? Hat er nicht den Wind der ganzen Welt im Gesicht? Voller Anmut selbst, wenn er salopp im Sattel sitzt. Seine Novelle gibt sein volles Maß, sein Wesen, Höhe und Tiefe. Kritiken wie seine kann nur ein ganz starker Dichter schreiben. Ich glaube nicht mehr an die Literatur. Aber ich glaube an Kasimir Edschmid und sein Werk.«

Sie glaubten an ihn. Auch Gottfried Benn gehörte zu den Gläubigen, folgte ihm nach »dem ersten Rauschen jenes Prosasturms, der dann in den allgemeinen Begriff des Expressionismus mit verschmolzen wurde«.

Edschmid war der Erste. Und er war auch der Erste, der sich von dieser Bewegung wieder lossagte. Der Darmstädter Kritiker Georg Hensel hat über seinen Landsmann geschrieben: »Was Kasimir Edschmid aus den Angeln heben wollte, war die Welt und nicht bloß die Grammatik.« Und wirklich sah der Dichter nur noch »ein Gewimmel von Nichtsen und Nachbetern« und machte sich auf in die Welt, nach Afrika und Südamerika, nach Italien vor allem, und schrieb Reisebücher und große Reportagen. Dann brannten seine Bücher, und Edschmid blieb. Blieb in der inneren Emigration, auch als seine Geliebte, die Jüdin Erna Pinner, das Land in Richtung England verlassen musste. Sie haben sich geschrieben, solange es möglich war, haben sich noch mehrmals kurz auf einer Adria-Insel getroffen. Dann kam der Krieg, und sie verloren sich. Edschmid heiratete, seine Frau bekam zwei Kinder, und als die beiden früheren Geliebten sich nach dem Krieg wieder schreiben, sind sie einander fremd geworden. Einmal, ein einziges Mal, berühren sie die eine große Frage. Sie schreibt ihm: »Vor einiger Zeit hörte ich, daß Professor Simons, mein Arzt, in einem Konzentrationslager umgebracht wurde. Ebenso mein Vetter, der Nierenchirurg Pinner. Wie soll man solche Dinge je vergessen können oder das Grauen verlieren über die zu Lampenschirmen verarbeiteten Menschenhäute, die sich die diversen Frau Gauleiter in ihre Zimmer stellten?« Und Edschmid antwortete: »Liebste Erna, offen gestanden habe ich Dir länger nicht geschrieben, weil ich über einige Sätze in Deinem Brief nicht hinwegkam. Wir wollen aber nicht mehr

darüber reden, und ich will keine Missverständnisse: Aber so-
sehr ich weiß, daß das deutsche Volk hundertprozentig auf den
Nazismus hineinfiel – es hat doch mit den Menschenhäuten in
seiner Gesamtheit so wenig zu tun wie seinerzeit mit den Un-
taten des Massenmörders Hamann (sic!), der seine Lustknaben
zu Wurst verarbeitete [...] Ich schreibe dies der Gerechtigkeit
halber. Nichts, aber auch gar nichts kann man summarisch be-
handeln, weil alles seine individuellen Voraussetzungen hat.«
  – »Wir wollen aber nicht mehr darüber reden.« Es gab keine
Verständigung zwischen drinnen und draußen, es gab keine Verständigung mehr zwischen Kasimir Edschmid und Erna Pinner.

Ich gebe das Wort mal kurz ab an einen anderen: »So – nun einmal nicht Krieg. Wenigstens keinen uniformierten.
  Christa Anita Brück *Schicksale hinter Schreibmaschinen*. Die
Angestelltenfrage ist durch das Buch Kracauers *Die Angestellten*
in Bewegung gekommen. Die Spezialisten toben wild umher
– sie haben Jahrzehnte verschlafen, und nun kommt da ein Außenseiter! Während doch sie das gesamte Propplem gepachtet
haben ... Gott segne sie.
  Die Frau Brück hat der liebe Gott leider nicht gesegnet. Diese Angestelltengeschichte ist ein Schmarrn. Aber es ist gut, die
Nase in so etwas hineinzustecken – man lernt viel. Nicht, was die
Verfasserin uns lehren will; das ist dummes Zeug. Ihre Heldin ist
edel, hilfreich und gut ... drum herum gibt es viele Neider und
Feinde ... das muß ich schon mal irgendwo gehört haben. Und
im übrigen: die dumme Liebe! Es sind und bleiben Einzelschick-
sale; ein Kollektivschicksal wird nicht dadurch gestaltet, daß man
von Zeit zu Zeit durchblicken läßt, so ergehe es anderen auch.«
Und der Rezensent wütet sich so weiter hindurch durch den
Sekretärinnen-Opferroman der **Christa Anita Brück** (1899–1958),
schreibt knapp »unbrauchbar, das Buch« und am Ende:
  »So spät ist es ... dreivierteldrei. Die Uhr steht! Gottverdam-
mich! Da soll doch den Uhrmacher – Da soll doch den Uhrmacher der Schreibmaschinenmann holen und den Badestuben-
mann und den der elektrische Mann und den der Gasmann und
alle zusammen – ich muß mich so éééérgern. Es ist wirklich spät,
der Mond steht hinter den Tannen; dann ist es spät. So hören

die alten Romane auf … Da wollen wir mal rasch einen rum-
schlafen. Gute Nacht!«

Das hat Kurt Tucholsky geschrieben, als das Buch erschienen
ist, 1930. Und das ist natürlich brutal, ungerecht, unterhaltsam
und sehr böse, es ist aber genau der Eindruck, den ein heutiger
Leser von dem Buch hat. Die Heldin ist zu gut, die Chefs sind zu
schlecht, als dass man von dieser Scherenschnitt-Welt allzu lange
lesen wollte. Und doch bietet das Buch einen Einblick in eine
Terror-Welt des Alltags, die man sonst in Romanen jener Zeit
nicht findet. Das Leben quasi rechtloser Frauen hinter Schreibmaschinen, die die ratternde Bürowelt der Weimarer Republik
am Laufen halten, Hamsterdamen in den Laufrädern des Alltags,
von Selbstverleugnung zur Selbstverachtung bis in den eigenen
Untergang.

Vor dem Yoghi kommt der Tod

5

Was verdient eigentlich eine Putzfrau in New York? Wie verra-
te ich alle Ideale? Kann man in einem Berliner Großbüro der
20er Jahre eine Revolution beginnen? Warum nicht? Sind Ar-
beitslager die Lösung? Und die rührende Geschichte von zwei
Märchenerzählern, die sich einmal im Wald begegneten und
ein Leben lang zusammenblieben. Es geht um: Peter Martin
Lampel, Gustav Regler, Lisa Tetzner, Kurt Kläber, Rudolf Braune und Maria Leitner

Peter Martin Lampel (1894–1965) wechselte von ganz rechts nach
ganz links, wieder zurück und nochmal zurück, kämpfte im
Ersten Weltkrieg und kämpfte weiter, auch als er schon längst
zu Ende war, schrieb Bücher gegen den Krieg und den Verrat der Ideale, floh vor den Nazis einmal um die ganze Welt,
kehrte nach Deutschland zurück, malte, schrieb und lebte in
Hamburg bis zu seinem Tod 1965. Lampel stürmte gleich nach
dem Abitur in den Krieg, kämpfte danach mit den Freikorps
im Baltikum und kehrte ernüchtert zurück. Sein Roman über

diese Zeit heißt *Verratene Jungen* (1929), ist voll von nationalem Pathos, Gemeinschaftspathos, das am Ende ins Leere läuft. Gekämpft für nichts. Ein Fememord lässt alles einstürzen: »Es ist zu spät. Überall stößt er an Wände. Schuld trennt ihn von der Welt. Jetzt muß er seinen Weg allein zu Ende gehen.« »Allein«, das ist das Schreckenswort in Lampels Werk. Allein ist der Tod. Er war nach dem Krieg und nach den Freikorpskämpfen Zivilangestellter bei der Reichswehr, früh bei den Nazis dabei, ganz früh, wechselte dann aber das Lager, studierte Malerei in München, engagierte sich entschieden für die Abschaffung des Homosexuellen-Paragraphen 175, recherchierte in Erziehungshäusern und Fürsorgeanstalten und schrieb beklemmende Reportagen über die brutalen Erziehungsmethoden in den Heimen. *Jungen in Not* (1928) heißt das Buch, in dem er die Texte versammelte, unter dem Titel *Revolte im Erziehungshaus* war es Ende der zwanziger Jahre auch ein großer Theatererfolg. Lampel gab sich zu dieser Zeit als überzeugter Kommunist. Sein nächster Reportagenband von 1932, *Packt an! Kameraden!,* beschäftigte sich mit dem vom jungdeutschen Orden organisierten freiwilligen Arbeitsdienst für junge Männer. Diesen Dienst feierte er als sinnvollen, gemeinschaftsbildenden Einsatz für die nationale Gemeinschaft. Und die jungen Männer feierte er. Die Männer und ihre Körper und ihren Geist. Es ist ein sehr jungsverzauberter Blick, den er da auf die Welt richtet. Klingt unheimlich: »Sie wollen instinktiv erzogen werden. Ohne die selbstverständliche Treue im Kleinen schaffen wir alle niemals das große Werk.« Das klingt alles so, dass man wirklich nicht herauslesen kann, ob dieses Arbeits- und Körperpathos von links oder rechts geschrieben wurde.

Seine Bücher jedenfalls wurden verbrannt, aber irgendwie schaffte es Lampel trotzdem, 1933 in die SA aufgenommen zu werden. Er wollte dabei sein, doch wegen seiner Homosexualität kam er 1935 für einen Monat in Haft, und nach der Freilassung begriff er, dass diese neue Gemeinschaft jemanden wie ihn nicht will, nicht braucht. Er floh über die Schweiz, Jugoslawien, Griechenland, Ägypten, Java, Bali und Australien nach New York und Buffalo. Er malte, hatte Ausstellungen, schrieb einen Roman über Billy the Kid und kehrte 1949 nach Deutschland zurück.

Der Saarländer **Gustav Regler** (1898–1963) hat in seinem Leben jeden Glauben ausprobiert, der sich ihm bot. In der Kindheit war es der radikale Katholizismus seiner Mutter, dann die Nation und der Krieg, danach Heidelberg, wo er studierte, der Geist von Heidelberg, die Schönheit, die Romantik. Dazu natürlich Stefan George, »Heil Dir, Erlöser«, schrieb er in sein Tagebuch, dann wurde er Kommunist, linientreu bis zum Hitler-Stalin-Pakt, dann wurde er überzeugter Antikommunist, ging nach Mexiko, wo er in dem Indiodorf, in dem er lebte, zu einem gläubigen Anhänger der mexikanischen Mythologie wurde. Dass so ein Leben schließlich in Indien endet, scheint einer schönen, geheimen Logik zu folgen. Am letzten Lebenstag schrieb Gustav Regler noch frohgemut nach Hause: »Ich sah noch keinen Heiligen oder Swami oder Yoghi. Ich wollte es so. Ich möchte, daß alles auf mich zukommt. Nehru kann ich erst sehen, wenn Malraux' Brief (der irgendwo herumschwimmt zwischen Athen und hier) angekommen ist.« Nachdem er diesen Brief beendet hatte, brach er zusammen. Hirnschlag. Wenige Stunden später ist er in dem katholischen Hospital »Heilige Familie« gestorben, und am nächsten Morgen wurde seine Leiche auf einem Platz am Stadtrand von Neu-Delhi verbrannt.

Der entscheidende Bruch im Leben Gustav Reglers war der Bruch mit dem Kommunismus, den er 1940 im Gefangenenlager von Le Vernet vollzog. Er war vorher einer der Überzeugtesten gewesen, Kämpfer immer in der ersten Reihe. Sein Freund und Förderer Klaus Mann nannte ihn »derartig kommunistisch, daß einem vor soviel militantem Glaubenseifer etwas ängstlich zumute wird«. Im Spanischen Bürgerkrieg hatte er gegen Franco gekämpft und war so schwer verwundet worden, dass man ihn im Kreis der Kameraden schon für tot hielt. Seine kommunistischen Mitkämpfer wie Johannes R. Becher veröffentlichten Nachrufe auf ihn, hymnische Nachrufe, die sie nachher, nach seiner Konversion, bitter bereuten. Alfred Kantorowicz erinnert sich später an den Wandel von Reglers Überzeugungen: »Daß Regler, wie vor ihm und nach ihm so viele andere, zu neuen Einsichten gelangte, sich von der Partei löste, ist verständlich genug. Daß er just zur Zeit der Lagerhaft in Vernet konvertierte, sich von den alten Freunden lossagte und sich somit als erster in

Sicherheit brachte, bleibt fragwürdig.« Und Kantorowicz zitiert einen gemeinsamen Kameraden, der sagte, was wohl alle dachten, damals:»Max Schröder erinnert an die fast manische Publizitätsgier Reglers, die uns schon in Berlin und später oftmals in Frankreich ein Gespött gewesen war, und verstieg sich bockig zu der bildhaften Formulierung:›Ja, wenn auf den Wachttürmen, oder meinetwegen vor dem Stacheldraht des Lagers Vernet die Filmkameras der großen Wochenschauen aufgebaut gewesen wären, um der Welt zu zeigen, wie Held Regler sich im Lager bewährt, dann wäre er vielleicht standhaft geblieben. Aber als einer unter Tausenden von anderen und darunter wahrhaftig Besseren als er, da mußte er schleunigst konvertieren, um wieder mal in die News zu kommen ...‹«

Schlimmer hat es nur noch Egon Erwin Kisch formuliert. So zumindest stand es in einem Text, der 1942 in der mexikanischen Exilzeitung *Freies Deutschland* veröffentlicht wurde:»›Wer ist eigentlich dieser Regler?‹ fragte jemand, ›ich habe noch nie etwas von ihm gelesen.‹ – ›Ja‹, antwortete Egon Erwin Kisch, ›er ist wenig bekannt. Regler ist der Autor, der sich von seinen Büchern dadurch unterscheidet, daß die letzteren nicht verkäuflich sind.‹«

So ist auch keines der Bücher Gustav Reglers so interessant wie sein Leben. Aber selbst das hat er, als er es aufschrieb und 1958 unter dem Titel *Das Ohr des Malchus* veröffentlichte, so offensichtlich zurechtgebogen und beschönigt, dass dieses Leben, von Gustav Regler selbst erzählt, in weiten Teilen eine Lüge ist.

Sein Vater, ein liberaler Buchhändler aus Merzig, schrieb seinem Sohn, erschrocken über dessen nationales Pathos und Übereifer, schon während des Ersten Weltkriegs an die Front, dass er in ihm einen »deutschen Überidealisten« sehe. Der Sohn antwortet am 16. Februar 1917:»Du bezeichnest mich als deutschen Überidealisten, ich könnte Dich mit viel mehr Recht *augenblicklich* als ›patriotischen Schwarzmaler‹ bezeichnen. [...] Mein Idealismus gewann eine andere, festere, ernstere Richtung, aber er bleibt, mein Vater, und in diesem Sinne grüßt Dich Dein Sohn Gustav.«

Bis zum Schluss hat Gustav Regler daran geglaubt, dass sein Idealismus der festere, der ernstere war, über alle Wechsel, alle

Wandlungen hinweg, bis zu jenem Tag, an dem er in Indien, kurz bevor er einen Heiligen, einen Swami oder Yoghi sah, gestorben ist.

»Es war im Jahr 1919. Ich wanderte märchenerzählend durch den Thüringer Wald. In einer kleinen Stadt, Lauscha, dem Mittelpunkt der Glasbläser, traf ich eine laute Kirchweih mit vielen Buden und Wagen der Schausteller. Besonders eine Bude fesselte sofort meinen erstaunten Blick. Davor stand ein junger Bursche mit dichtem, braunem, ziemlich struppigem – oder sagen wir offen –, ziemlich liederlichem Haar.« So haben sie sich kennengelernt, die Märchenerzählerin **Lisa Tetzner** (1894–1963) und der Revolutionserzähler und Wandervogel **Kurt Kläber** (1897–1959). Sie blieben ein Leben lang zusammen. Lisa Tetzner war in ihrer Jugend infolge einer schweren Kniegelenksentzündung an den Rollstuhl gefesselt, lebte in Märchen und erzählte sie mit großer Freude. Und sobald sie wieder gehen konnte, lief sie durch die Dörfer, sammelte Kinder um sich und erzählte und erzählte und veröffentlichte schon bald ihr erstes Buch *Vom Märchenerzählen im Volke* (1919). Auch Kläber war immer unterwegs: »Ich hatte schon ganz Deutschland durchwandert. Da kam der Krieg. Man hat es mir übelgenommen, daß ich nicht schoß, und mich schlecht behandelt. Mein Fell war aber dicker als der Schädel des Majors.« Er kämpfte, erkrankte an Typhus, beteiligte sich an bewaffneten Kämpfen in Halle, Hamburg und Berlin, immer auf der Seite der Revolutionäre, streikte im Ruhrgebiet gegen den Kapp-Putsch und schrieb später frisch begeisterte Revolutionsgeschichten und Reportagen darüber. Dann war er wieder unterwegs, las öffentlich Liebesbriefe von Schiller und Goethe neben seinen eigenen Geschichten, nannte sich selbst »Berufsrevolutionär für Gerechtigkeit«, veröffentlichte 1927 seinen Roman *Passagiere der III. Klasse* in einer aufrichtigen, sachlichen Sprache, menschlich und pädagogisch, mit klarer Botschaft, klarer Position. Lisa Tetzner schrieb Kinderbücher und arbeitete als Leiterin der Kinderstunde beim Berliner Rundfunk. Von ihr stand nur *Hans Urian oder die Geschichte einer Weltreise* (1929) auf der Liste. Ein Buch von einem Hans auf dem Weg in ein sozialistisches Glücksreich – Russland. Hans ist arm, sein Vater früh gestorben, der Bäcker verweigert ihm das Brot. Da trifft er den fliegenden Hasen Trillewipp, der ihn um die Welt fliegt. Überall – in Grönland, China und Amerika – finden sie Geldgier, Unglück, Ausbeuterei. Nur in Russland ist noch Menschlichkeit. Am Schluss fliegt der schnelle Hase unsern Hans nach Haus. Nach dem Reichstagsbrand wurde Kläber inhaftiert, doch seiner Frau gelang es nach einem Bittbesuch bei Göring persönlich – so hat sie es in ihren Erinnerungen geschildert –, ihren Mann wieder freizubekommen. Sie lebten in Carona in der Schweiz: Lisa Tetzner konnte als Dozentin am Lehrerseminar in Basel arbeiten und Geld verdienen, Kläber half ihr beim Schreiben neuer Kinderbücher wie *Die Kinder aus Nr. 67* (1933–1949) und *Die schwarzen Brüder* (1941). Er war ein gelehriger Schüler, und als sie auf einer ihrer Reisen in einem kleinen, schäbigen Ort in Jugoslawien Rast machten, haben sie ein Mädchen getroffen, das eine Bande von Jungs anführte. Das Mädchen hieß Zora und hatte flammend rotes Haar. »Ja, hier ist es«, soll Kurt Kläber zu seiner Frau gesagt haben. Und er hat ihre Geschichte aufgeschrieben. Die Geschichte von Zora, der roten Zora und ihrer Bande, eines der schönsten und erfolgreichsten deutschen Jugendbücher des letzten Jahrhunderts. Da Kläber in der Schweiz Publikationsverbot hatte, erschien *Die rote Zora und ihre Bande* (1941) unter dem Pseudonym Kurt Held. Unter diesem Namen kennt ihn die Welt bis heute.

Was für ein schönes Buch ist der Roman *Das Mädchen an der Orga Privat* (1930). So ruhig erzählt, zart und kämpferisch. Ein Roman der »Neuen Sachlichkeit«, es geht um Wahrheit und darum, wie das Leben wirklich ist, genau so, wie es Joseph Roth all seinen Nachfolgern auf dem Pfad der Sachlichkeit, den er selbst nur so kurz beschritt, vorangeschrieben hatte: »Es handelt sich nicht mehr darum, zu ›dichten‹. Das Wichtigste ist das Beobachtete.« **Rudolf Braune** (1907–1932) war ein großer Beobachter der Menschen und des Lebens, ihn interessierte die soziale Frage, und er ahnte die Antwort darauf. Schon als Schüler eines Dresdner Gymnasiums gab er eine antibürgerliche Zeitschrift heraus. Sie hieß *MOB* und war so revolutionär, dass Braune dafür von der Schule flog. Das war 1925. Kurz danach schrieb er schon für die

Weltbühne und die *Frankfurter Zeitung*, trat 1928 der Kommunistischen Partei bei und wurde Redakteur der kommunistischen Tageszeitung *Freiheit*. Hier erschien sein erster Roman als Vorabdruck, *Der Kampf auf der Kille* (1928), und 1930, im Frankfurter Societäts-Verlag, *Das Mädchen an der Orga Privat*. Erna Halbe ist fast 19 Jahre alt und kommt aus der Provinz nach Berlin, um zu arbeiten. Wir kommen mit ihr an, am Anhalter Bahnhof, sehen die Stadt von damals wie zum ersten Mal: »Sehen Sie, heute morgen bin ich in Berlin angekommen. Ich habe mir das alles viel leichter vorgestellt. Da wohnen nun so viele Menschen in der Stadt, und man fühlt sich einsam und verlassen. Können Sie das verstehen? Richtig elend und unglücklich kommt man sich vor. Aber ich lasse mich nicht unterkriegen. Es wird schon wieder schönes Wetter kommen.« Sie hat eine Stelle als Bürohilfe, wir erfahren, was sie verdient, was ein möbliertes Zimmer kostet, warum das alles niemals reichen kann, wie sie trotzdem lebt, die Erna, wie sie arbeitet, an ihrer Schreibmaschine, einer alten, klapprigen »Orga Privat«, wie ihr Chef sich an einer Kollegin vergreift, wie sie beschließt, dass man sich das nicht gefallen lassen darf, und gemeinsam mit allen Kolleginnen den Aufstand probt. Wie er misslingt und die Hoffnung aber trotzdem nicht ganz stirbt. »Das Leid der Welt, es ist nicht so groß, wenn die Werktätigen sich helfen, wenn in ihren Reihen die Kameradschaft und der Widerstand wächst. Eine kann nichts tun. Eine kann viel tun. Sie entschwindet unseren Blicken, im Abendgewühl der Berliner Straßen, auf dem Weg zum nächsten Arbeitsamt.«

Rudolf Braune war ein echter Dichter, ein Menschenfreund und Menschenkenner mit großem Herzen und klarer Botschaft. So lesen sich seine Bücher, unsentimental, gut recherchiert, warmherzig und auf der Seite der Gerechtigkeit.

Als sein nächstes Buch erschien, der Roman *Junge Leute in der Stadt* (1932), da lebte er schon nicht mehr. Beim Schwimmen im Rhein war er am 12. Juni 1932 vor den Augen seiner Verlobten in einen Strudel geraten und ertrunken. Er wurde nur fünfundzwanzig Jahre alt.

Es sind die Jahre, in denen Menschen einfach so verschwinden. Man liest das und fasst es nicht. Fasst es wieder einmal nicht, dass ein Lebenslauf so endet, mit einem knappen »Was dann geschah, ist nicht bekannt«. **Maria Leitner** (1892–1941) ist verschwunden, irgendwann im Frühjahr 1941 verliert sich ihre Spur in Marseille. Es gibt noch letzte Briefe von ihr, die sie verzweifelt an den Prinz Löwenstein von der »American Guild for German Cultural Freedom« richtete, um irgendwie in letzter Sekunde nach Amerika zu kommen oder wenigstens an ein bisschen Geld. »Nur aus AMERIKA könnte jetzt Hilfe für mich kommen. Lieber, guter Prinz Löwenstein, ich bitte Sie sehr, schicken Sie mir telegraphisch Geld in das Hotel, wo ich zwar nicht wohne, das ich aber als Adresse benutzen kann. Lieber Prinz, ich weiß, daß wenn es Ihnen irgend möglich ist, Sie mich nicht im Stich lassen werden.« Das schrieb sie im Juli 1940. Im Mai war sie von den französischen Behörden mit anderen Exilanten im Lager Gurs in den Pyrenäen interniert worden. Ihr gelang die Flucht, doch die Frage war, wohin nur? Wohin? Leitner war 1892 im ungarischen Varazdin geboren worden, sie war ungarische Staatsangehörige, galt deshalb als weniger gefährdet. Sie hat aber immer auf Deutsch geschrieben, hatte für deutsche Zeitungen und für den Ullstein-Verlag Reportagen geliefert, unglaubliche Reportagen in den zwanziger Jahren aus der ganzen Welt. Das sind Glanzstücke der neuen Sachlichkeit, sie selbst ein sehr früher weiblicher Wallraff. Nur dass sie sich nicht tarnte, wenn sie in Amerika in den 20er Jahren ganz, ganz unten arbeitete. Als Scheuerfrau, Serviermädchen, Verkäuferin, Zigarrendreherin, Haushaltshilfe usw. Sie war an Amerikas Milliardärs-Küste auf der untersten sozialen Stufe, sie war als Unterputzkraft in New York im größten Hotel der Welt, sie reiste auf Inseln, auf die kein Journalist reisen durfte, auf die Gefängnisinsel nach Cayenne, nach Haiti und nach Curaçao. Das alles schrieb sie auf in dem Reportageroman *Hotel Amerika* (1930), arbeitete es später ein in das fulminante Reportagebuch *Eine Frau reist durch die Welt* (1932). Sie liebte die Gefahr und die Gerechtigkeit, sie hoffte auf die Revolution. Oskar Maria Graf hat geschrieben, sie sei »nicht nur eine gute Schriftstellerin, sondern eine der mutigsten und bescheidensten Frauen«. Auch nachdem sie Deutschland längst hatte verlassen müssen, kehrte sie im Auftrag der Kommunistischen Partei immer wieder inkognito ins Hitlerreich zurück. Sie musste Geld verdienen. Hier war Reportage-Stoff. Sie schrieb über die massenhaft auftretenden Krebserkrankungen der Arbeiter, die in den Hydrieranlagen von Leuna arbeiteten. Und 1938 ging sie nach Düsseldorf und sucht – das Heine-Zimmer. Es ist in der Stadtbibliothek, sie weiß es. Aber der Name, allein damals in Düsseldorf den Namen des Mannes auszusprechen, dessen Bücher längst verbrannt und verbannt worden sind, war ein Verbrechen. Sie fragt also in der Bibliothek nach dem Heine-Zimmer. Die Menschen sind erstarrt, das kann man doch nicht einfach fragen. »Von wo kommen Sie denn her?«, fragt schließlich ein Museums-Mann. »Aus Amerika«, sagt sie. Die Angestellten stecken die Köpfe zusammen, und heimlich huscht ein mutiger Mann ihr voran ins Zimmer des alten Dichters. Da stehen noch seine Bücher, mit Staub bedeckt. Der Mann mahnt zur Eile. Auch Übersetzungen stehen da: »Bücher in japanischer, chinesischer, spanischer, griechischer, hindostanischer, indochinesischer – Bücher in hundert Sprachen! Alle diese Völker dachten, es sei ein deutscher Dichter, den sie in ihrer Sprache lasen und den sie liebten … Das Dritte Reich will sie eines anderen belehren.«

Es war die letzte Reise der Maria Leitner nach Deutschland. Im Frühjahr 1941 wurde sie zum letzten Mal in Marseille gesehen. Wahrscheinlich ist sie verhungert.

Das Café Central auf der Flucht 6

Alexander Lernet-Holenia und die Wahrheit über den Ausbruch des Krieges. Richard Beer-Hofmann und die Wiederbelebung des Mythos. Gina Kaus und der geliehene Glanz von Kranz, und Franz Blei, der Tierwärter des Literaturbetriebs

Eigentlich ist vom Leben und Schreiben des Österreichers **Alexander Lernet-Holenia** (1897–1976) nur ein Buch, eine Episode wert, erzählt zu werden. Auch wenn jede Menge literarische Vereine und Kongresse Jahr für Jahr wieder die Bedeutung dieses groß-österreichischen Kleindichters hervorheben wollen – dass dieser

Mann und seine Bücher heute vergessen sind, kann keinen wirklich wundern. So viel Pathos, so viel Stilwillen, so viel Wollen überhaupt bei so geringem Können – er muss schon eine starke, eigenwillige Persönlichkeit gewesen sein, wenn er so vielen Leuten einreden konnte, sein Werk sei bedeutend, angeblich sogar das bedeutendste im frühen Nachkriegsösterreich. Sein k.u.k-Untergangsroman *Die Standarte* (1934) ist das Radetzkymärschchen eines Westentaschen-Joseph-Roth. Die Standarte wird von einem treuen Soldaten durch den Krieg getragen und nach der Niederlage bis ins Schloss Schönbrunn hinein, da brennt schon ein kleines Feuerchen: »Der Kaiser ließ die Fahnen verbrennen, die die Toten ihm zurückgegeben hatten. Da zog auch ich die Standarte hervor, die ich über dem Herzen trug, und warf sie ins Feuer.«

Dass auch seine Bücher brannten, war wohl ein Missverständnis oder ein Übereifer. Er blieb im Reich, wurde Chefdramaturg der Heeresfilmstelle, konnte zunächst auch publizieren, bis eben jene eine Episode passierte. Lernet-Holenia war im Zweiten Weltkrieg Soldat der ersten Stunde, beim Angriff auf Polen kämpfte er in vorderster Reihe und – wird schon am zweiten Tag des Krieges von einem Schuss an der Hand verletzt. Die Verletzung ist schwer genug, dass er für Wochen ins Lazarett kommt; gleich danach erhält er den glänzend bezahlten Posten bei der Heeresfilmstelle und wird »u.k.« gestellt, unabkömmlich. Für Alexander Lernet-Holenia ist der Krieg nach einem Tag beendet. Die Erfahrung reichte ihm aber völlig, um schon mal einen Roman des Polenfeldzugs zu schreiben. Am 15. Dezember 1939 beginnt er, am 15. Februar 1940 ist er fertig, ein echter Blitzroman. Er erscheint unter dem schönen Titel *Die blaue Stunde* von der Zensur unbehelligt als Vorabdruck in der Zeitschrift *Die Dame*. Auch die Buchausgabe beim »arisierten« S. Fischer Verlag wirft keine Probleme auf. 15 000 Stück werden unter dem Titel *Mars im Widder* (1941) gedruckt. Doch dann – offenbar durch den neuen Titel misstrauisch geworden – befasst sich plötzlich das »Ministerium für Volksaufklärung und Propaganda« mit dem Buch und muss dabei entdecken, dass der Autor darin den Kriegsbeginn ein wenig anders darstellt als die offizielle Propaganda. Er war ja nur einen Tag dabei, aber an diesem einen Tag, als der Krieg begann, sah der Soldat Lernet-Holenia und schrieb es auf: dass da von polnischer Seite keine Provokationen vorausgegangen waren, kein Angriff. »Aber es fiel kein einziger Schuß«, heißt es im Roman. Hier, in diesem Roman von Alexander Lernet-Holenia, der unbehelligt in einer deutschen Zeitschrift erschienen war, stand, wer den Zweiten Weltkrieg begonnen hatte. Es war unglaublich. Das Buch durfte natürlich nicht erscheinen, die 15 000 Exemplare kamen in den Keller des Verlages und sind später bei einem Luftangriff verbrannt.

Das ist die Geschichte von Alexander Lernet-Holenia. Es hat ihm nicht geschadet, nicht während der Nazi-Zeit und später erst recht nicht. Sein berühmtester Text ist das Langgedicht *Germanien*, das 1946 erschien, eine Totenklage, pathetische Selbstanklage: »Wenn Weihrauch nur auf Gräbern wehe, nur / aus Grüften, nur um Aschenkrüge; wenn / nur vom Altar, der Totes in sich schließt«, so fängt es an, so geht es weiter, ein Untergangs- und Bezichtigungsgedicht, vom Judenmord ist auf elf Seiten nur in vagen Andeutungen die Rede. Lernet-Holenia verbrachte den Rest des Lebens mit der Repräsentation als österreichischer Großdichter, mit dem Kampf um den Nachweis, dass er in Wirklichkeit der Sohn des habsburgischen Erzherzogs sei, und dem Kampf gegen die Steuerbehörden, die er »Steuer-SS« nannte. Als Präsident des österreichischen PEN-Clubs trat er 1972 zurück, aus Protest gegen die Verleihung des Nobelpreises an den »Terroristenfreund« Heinrich Böll.

1897 hat **Richard Beer-Hofmann** (1866–1945) dies Lied für seine kleine Tochter geschrieben: »Schlaflied für Mirjam«:

> *Schlaf mein Kind – schlaf, es ist spät!*
> *Sieh wie die Sonne zur Ruhe dort geht,*
> *Hinter den Bergen stirbt sie im Rot.*
> *Du – du weißt nichts von Sonne und Tod,*
> *Wendest die Augen zum Licht und zum Schein –*
> *Schlaf, es sind soviel Sonnen noch dein,*
> *Schlaf mein Kind – mein Kind, schlaf ein!*

Und die letzte Strophe:

Schläfst du, Mirjam? – Mirjam, mein Kind,
Ufer nur sind wir, und tief in uns rinnt
Blut von Gewesenen – zu Kommenden rollts.
Blut unsrer Väter, voll Unruh und Stolz.
In uns sind Alle. Wer fühlt sich allein?
Du bist ihr Leben – ihr Leben ist dein – –
Mirjam, mein Leben, mein Kind – schlaf ein!

Das Schlaflied ist der bekannteste Text von Richard Beer-Hofmann geblieben. Das stolze Tragen, Weitergeben und Weiterdichten des jüdischen Erbes war von Beginn an das wichtigste Merkmal von Beer-Hofmanns Dichtung. Er war Mitglied der Jung-Wiener um Schnitzler und Hofmannsthal, schrieb ästhetizistische Novellen und 1896 an Theodor Herzl als Reaktion auf das Erscheinen seines Buches *Der Judenstaat:* »Endlich wieder ein Mensch, der sein Judentum nicht wie eine Last oder ein Unglück resigniert trägt, sondern stolz ist, mit der legitime Erbe uralter vornehmer Kultur zu sein.«

Er dichtete und dramatisierte jüdische Urgeschichte, jüdische Urmythen in Stücken wie *Jaákobs Traum* (1918) und *Der junge David* (1933) mit Erfolg für die Bühne neu. Die Sprache der Stücke wie auch seiner Novellen und der meisten seiner Gedichte wirkt heute, trotz seiner frühen Abwendung vom Ästhetizismus der Jahrhundertwende, schwer, sehr schwer, gefühlsdunkel und pathetisch. Über den Roman *Der Tod Georgs* (1900) hat er später gesagt, er habe dort »dem Ästheten mit den Mitteln des Ästhetizismus ein Ende bereiten wollen«. Das konnte nicht ganz gelingen.

Beer-Hofmann gelang die Flucht nach New York. Seine Frau, die seinetwegen zum Judentum konvertiert war, stirbt auf dem Weg nach Amerika in Zürich. In New York haben dem alten Mann seine Töchter ein kleines Domizil in altösterreichischem Stil eingerichtet. Kurz vor seinem Tod schreibt er, das Motiv seines frühen Schlaflieds, das Motiv seines Lebens wieder aufnehmend: »Wenn ich nicht mehr bin, und wenn die, die dann Deutsch lesen, mich zu den Ihren zählen wollen, dann werde ich eben ein deutscher Dichter gewesen sein. Eines aber werde ich vor vielen anderen voraushaben – daß ich mich anlehnen kann an eine so lange Reihe von Vorfahren, die unter Bedrängnissen aller Art ihren Gott nie preisgegeben haben.«

»In München hab ich sie aufgegabelt ... Sie ist im Stefanie gesessen ... eine kleine hübsche Jüdin ... Ein Garnichts ... Nicht einmal Boheme ... nein, eine kluge Kassiererin, die gut aufpasst ... Jeden Abend hat ihr ein anderer den Schwarzen gezahlt ... Und ich Rindvieh hab sie aus dem Dreck gezogen, hab sie groß gemacht ...« So böse, rücksichtslos und schonungslos wird **Gina Kaus** (1893–1985) von Franz Werfel in seinem Roman *Barbara oder die Frömmigkeit* geschildert. Das sprechende »Ich« heißt Basil, im wirklichen Leben Franz Blei. Er hat sie wirklich entdeckt und groß gemacht, damals, als sie ihm während des Ersten Weltkriegs im Wiener Café Herrenhof zum ersten Mal begegnet war. In ihren Erinnerungen schreibt sie: »Blei war von meinem Talent überzeugt. Aber ich brauchte Zucht. Er fand das meiste, was ich schrieb, zu dramatisch und zu unrealistisch.« Sie schrieb und schrieb, immer nach Bleis Anweisungen. »Blei war begeistert, und ich war begeistert über seine Begeisterung. In wenigen weiteren Tagen schrieb ich die achtzig Seiten lange Erzählung *Der Aufstieg*.« Und als sie drei Jahre später, 1920, erschien, verschaffte ihr Blei dafür den Fontane-Preis. Ja, und eine Affäre hatten die beiden auch, und das sind alles Geschichten – wenn man sie heute liest, wirken sie wie aus einem sonderbaren Märchenland, aus diesem Wien, in den letzten Jahren des Kaiserreichs, und wie sie da sitzen in ihren Cafés, das Land geht unter, sie lieben sich und schreiben feingeistige Novellen. Der erste Geliebte, der Bräutigam von Gina Kaus, war gerade gestorben, im Feld gefallen, sie hatte ihn heimlich besucht, hatte sich als Kriegsberichterstatterin in seine Nähe schicken lassen, das kam heraus, er wurde versetzt, an die Front, zwei Monate später war er tot. Kaus, von Haus aus arm, aber strebend nach Ruhm und Reichtum, ließ sich vom Bank- und Wirtschaftsmagnaten Josef Kranz adoptieren. Also: Sie war seine Geliebte, Kranz war verheiratet, und um sie sittlicherweise immer um sich haben zu können, adoptierte er sie. Und sie verliebte sich in ihren literarischen Förderer Franz

Blei, den größten Frauenschwarm des untergehenden Reiches und einen der besten Literaturkenner und Talenterkenner, nicht nur von Frauen. Jetzt wird es kompliziert: Kaus veranlasste ihren Adoptivvater und Geliebten, Franz Blei als seinen Privatsekretär in sein Haus aufzunehmen. Kranz fand das offenbar eine gute Idee, denn auch wenn Blei die Geschäftsbriefe in sonderbar lyrischen, literarisch anspruchsvollen und damit für die einfachen Adressaten meist unverständlichen Formen verfasste, schätzte er ihn. Der Mann sah gut aus, hatte beste Umgangsformen, gab sich wertvoll und dachte scharf und klug. Und auch Gina Kaus war froh, den neuen Geliebten in ihrem gigantischen Palast mitten in Wien tagsüber immer zur Hand zu haben. Später überzeugte sie Kranz sogar, Blei und seinen Freunden große Summen für eine neue philosophische Zeitschrift zu spendieren. Kein Problem für Kranz. Die Zeitschrift wurde gegründet, sie hieß *Summa,* und die Redaktion residierte in prächtigen Redaktionsräumen mitten in der Stadt. Hermann Broch war regelmäßig da, Robert Musil, Franz Werfel, der das später alles böse und genau aufschrieb, Otto Gross, Lobredner des Kokains, der freien Liebe und des gemeinnützigen Eigentums, sie alle tranken, speisten, feierten und schrieben mitten im Krieg auf Kosten des Großindustriellen. Längst spottete und redete ganz Wien über den naiven Kranz und seine »Tochter«, 1917 erschien in einer sozialistischen Zeitung eine Satire auf den Kriegsgewinnler Kranz und seinen Lebenswandel. Die Häme im Volk wandelte sich in Wut, es kam zu einem Prozess wegen Preistreiberei. Kranz fürchtete um sein Reich der Sorglosigkeit, fürchtete die Schande und fürchtete um seinen Ruf und sein Geld. Er machte dem Spuk ein Ende, entließ Blei, und auch die neue Zeitschrift erschien nur wenige Monate lang. Gina Kaus verließ das Haus ihres »Vaters« und heiratete den Schriftsteller und Psychologen Otto Kaus im August 1920.

Sie schrieb zahlreiche Novellen und Romane, gehobene Unterhaltungsliteratur, historische Biographien mit leichtem Hang zum Kitsch und zur schicksalsschweren Geschichtsumdeutung. Sie war erfolgreich, auch in Amerika erschienen ihre Bücher. Über die Verbrennung ihrer Werke schrieb sie in ihrer Autobiographie *Und was für ein Leben* (1979), die beim Erscheinen als Taschenbuch in *Von Wien nach Hollywood* unbenannt wurde: »Am

10. Mai dieses Jahres wurden meine Bücher in Berlin öffentlich verbrannt, zusammen mit denen von über dreißig anderen Autoren. Nie zuvor war ich in besserer Gesellschaft gewesen.«

Gina Kaus floh nach Amerika. Sie wurde 92 Jahre alt. Der erste Nachruf auf sie erschien in Europa ein halbes Jahr nach ihrem Tod. Man hatte sie beinahe ganz vergessen.

Ja, und Blei also. **Franz Blei** (1871–1942). Auf der ersten Herrmann-Liste stand er gar nicht. Er wurde wohl verwechselt mit dem nationalistischen Jagd-Dichter Fritz Bley, von dem wir später noch berichten werden, der wirklich auf der Liste stand. Es wird aber immer wieder behauptet, dass auch Blei, Franz, der internationalistische Nicht-Jagddichter, daraufstand, und er selbst wusste zu berichten, dass seine Bücher verbrannt worden seien, in jenem Mai 1933. Und darum steht er hier.

Nicht nur Gina Kaus hat er entdeckt, gefördert und gefordert; Robert Walser bestellte er zu sich nach Haus, nachdem im Berner »Bund« anonym erste Strophen gedruckt worden waren, Carl Sternheim hätte ohne Blei das öffentliche Schreiben nicht begonnen, Werfel, Ernst Stadler, Schickele und Franz Kafka, dessen erste Erzählungen Blei in seiner Zeitschrift »Hyperion« veröffentlichte. Franz Blei war ein großer und genauer Leser und ein Begeisterungsmensch. Nicht nur die *Summa* gab er heraus, viele andere literarische Zeitungen und Zeitschriften auch. Er war Kaffeehauskönig in Wien, er hatte geerbt, musste nicht allzu viel verdienen, dann, 1920, war das Erbe weg, verbraucht, und die Zeiten wurden schwieriger. Er schrieb und arbeitete unermüdlich. Seine Talleyrand-Biographie ist ein Meisterwerk geschichtlich-biographischen Erzählens. Seine biographischen Skizzen über berühmte Frauen rühmend, weise und verliebt. Franz Blei muss von umwerfender Wirkung gewesen sein, eine Kreuzung von Loyola und Don Juan hat ihn ein Biograph einmal genannt. Scharfe Gesichtszüge, große, runde Brille, schlank bis zur Magerkeit. Auch seine Wirkung, seine Berühmtheit ist mit seinem Tod verblasst. Franz Kafka schrieb über ihn: »Im Gespräch ist er riesig gescheit und witzig. Es ist immer lustig, wenn wir mit ihm zusammenkommen. Die Weltliteratur defiliert in Unterhosen an unserem Tisch vorbei. Franz Blei ist viel gescheiter und größer als das, was er schreibt, … ein nach Deutschland verirrter, orientalischer Märchenerzähler.«

»Die Weltliteratur in Unterhosen« – da spielt Kafka auf Bleis *Bestiarium Literaricum* (1920) an, in dem er die wichtigsten und interessantesten zeitgenössischen Schriftsteller in Tiergestalten verwandelt und schonungslos, treffend, böse beschreibt. Sich selbst, den Verwandlungsmeister, auch. Wenn auch eher freundlich: »Der Blei ist ein Süßwasserfisch, der sich geschmeidig in allen frischen Wassern tummelt und seinen Namen – mhd. blî, ahd. blîo – licht, klar – von der außerordentlich glatten und dünnen Haut trägt, durch welche die jeweilige Nahrung mit ihrer Farbe deutlich sichtbar wird.«

Wandelbar und glatt bis glitschig, aber immer mit durchsichtigen Motiven, durchsichtiger Motivation. Blei schrieb nach dem Ersten Weltkrieg: »Es lebe der Kommunismus und die heilige katholische Kirche!«, er war Sozialdemokrat und eine Weile Sympathisant der konservativen Revolutionäre. Er war eng befreundet mit Hitlers Kronjurist Carl Schmitt, dessen politische Romantik er wegen ihrer »Eiseskälte« bewunderte, er war ein konservativer Avantgardist, ein ganz und gar wundersamer Mann.

Auf den Scheiterhaufen des 10. Mai sind seine Bücher, falls es denn also stimmt, trotzdem eher versehentlich geraten, weil ihn der antisemitische Germanist Adolf Bartels in seiner Literaturgeschichte als Juden führte. In seinem letzten Brief an Carl Schmitt, der inzwischen, August 1933, im Zentrum der Macht angekommen war, schrieb Blei: »Ich las meinen Namen im Buchhändlerbörsenblatt unter den für öffentliche Büchereien verbotenen Autoren, vor einigen Monaten. Wahrscheinlich hielten mich die Listenverfasser für einen Juden.« Es sei ihm dieses »aber nicht so wichtig, als daß ich veranlaßt wäre, das richtigzustellen«.

Blei war nach Mallorca geflohen. Ein letztes Bild zeigt ihn am Meer, mager wie ein Strich. Als der Spanische Bürgerkrieg begann, floh er zunächst nach Wien, dann weiter zu Rudolf Borchardt nach Lucca, dann nach Marseille. Er hatte kein Geld. Er kam nicht weiter. Die Zeit wurde knapp. An seine Tochter in Amerika schrieb er: »Es ist mit der Möglichkeit zu rechnen, daß ich auf der deutschen Liste stehe. Wenn man gleich nach Ablieferung erschossen würde, wärs mir egal, es ist ein Tod wie andere. Aber das ist nicht die gewohnte Praxis der Brüder. Sondern monatelanges Martern. Und davor graut mir.« Wenig später wurde Blei von der »American Guild« ein Visum nach Marseille gekabelt. Auch die Schifffahrkarten waren bald da und bezahlt. Allein, das Schiff fuhr ab Lissabon. Und Blei hatte nicht einen Pfennig Geld. Billy Blei telegraphierte in höchster Not an Thomas Mann »PLEASE SAVE FRANZ BLEY«. Er schickte Geld, und Blei konnte in letzter Sekunde fliehen. Ein gutes Jahr nach seiner Ankunft in New York ist Franz Blei in einem Armenspital gestorben.

Wirklichkeit von sensationellem Rang 7

Verbrennt uns! Ernst Toller – Schwarm der Chinesen und der ganzen Welt. Walter Hasenclever – im Auto überholt er sogar die Zeit. Oskar Maria Graf – die Empörung über die unverbrannten Bücher. Egon Erwin Kisch – auf einen Sprung nach Australien

Als **Ernst Toller** (1893–1939) starb, da zitterte die Emigrantenwelt. Joseph Roth brach in Paris zusammen, als er vom Tod des Freundes hörte, und erholte sich von diesem Schlag nicht mehr. Kaum ein Briefwechsel zwischen Autoren in der Emigration, in dem dieser Selbstmord nicht als schreckliches Fanal beschrieben wurde. Ernst Toller war ein Kämpfer, ein entschlossener Mann mit großen Idealen, großem Mut und großem Herzen. Wenn er kapitulierte, wie sollten dann die anderen durchhalten? Woher den Mut noch nehmen? Er war der Mann, der auf dem PEN-Kongress in Dubrovnik nach der Bücherverbrennung die offiziellen deutschen Delegierten mit seiner feurigen Rede schamvoll nach Hause schickte. Oder richtiger: Die deutsche Delegation hatte vorsichtshalber schon den Saal verlassen, bevor Toller ans Pult getreten ist. Man ahnte, was da kommen würde. Er hat immer gepredigt, dass man nicht aufgeben darf, dass nur kämpfen hilft und weiterkämpfen. Er war, wie beinahe jeder seiner Generationsgenossen, begeistert in den Ersten Weltkrieg gezogen, kehrte erschüttert und als Pazifist zurück, nahm an den Münchner Revolutionskämpfen teil und wurde bald schon der führende Kopf der Revolution und der Räterepublik. Sie wurde gesprengt, manche sagten durch seine Schuld, da seine pazifistischen Ideale entschlossenes Handeln verhindert hätten. Vor Gericht bekannte er sich wieder zur revolutionären Gewalt. Jetzt saß er zwischen allen Stühlen. Kam in die Todeszelle und wurde »nur« zu fünf Jahren Festungshaft verurteilt. Dort wurde er zum Märtyrer und zum gefeierten Star der Linken in der frühen Weimarer Republik. Sein Antikriegsstück *Die Wandlung* (1919) war einer der größten Theatererfolge überhaupt. Und als er auch noch *Das Schwalbenbuch* (1924), einen mächtig rührseligen Versband über ein im Gefängnis nicht geduldetes Schwalbenpaar, veröffentlichte, da waren ihm die Herzen fast aller Menschen des Landes sicher. In fünf Jahren Festungshaft hatte er sich einen unglaublichen Optimismus bewahrt. Er dichtete zum Durchhalten für alle:

Den Lebenden

Euch ziemt nicht
Trauern,
Euch ziemt nicht
Verweilen,
Euch ward Vermächtnis,
Getränkt
Vom Herzblut der Brüder,
Euer
Wartet die schaffende
Tat.

Lastend
Bedränget den Nacken
Die Zeit
Aufsprengt
Dem helleren Morgen
Die Tore!

Sie haben ihn geliebt, den Dichter der Revolution und des Friedens. Nicht nur in Deutschland. Auch wenn Hermann Kesten in seinem Erinnerungsbuch *Meine Freunde, die Poeten* wie immer furchtbar übertreibt, wird ein bisschen doch wahr sein, wenn er schreibt: »Ich ging mit ihm durch Tripolis, und ein arabischer Chauffeur drückte ihm die Hand und sagte brüderlich begeistert: ›Sie sind Toller!‹

Ich ging mit ihm in einen Pub im Londoner Osten, und der Kellner gab ihm über die Bar hinweg die Hand und sagte gerührt: ›Genosse Toller!‹

Ich ging mit ihm in ein Pariser Café, und ein Flic an der Bar faßte ihn am Arm und sagte entzückt: ›Vous êtes Toller!‹

Russen bewunderten ihn, chinesische Intellektuelle schwärmten von ihm, spanische Republikaner liebten ihn, und abgebrühte amerikanische Journalisten ließen sich von ihm rühren.«

Der große Toller.

Seine Stücke haben an Glanz verloren, seine Gedichte sind mit der Zeit verblasst. Seine Autobiographie *Eine Jugend in Deutschland,* erschienen als eine der ersten Exilveröffentlichungen am 10. Mai 1933 bei Querido, ist immer noch lesenswert. Geboren in der damals deutschen Stadt Samotschin in der Provinz Posen, vom ersten Tag an konfrontiert mit Antisemitismus, Fremdenhass: »Wir stehen eine Weile so und sehen uns neugierig an. Das fremde Kindermädchen unterhält sich mit Marie. Nun ruft sie Ilse: ›Bleib da nicht stehen, das ist ein Jude.‹ Ilse läßt meine Hand los und läuft davon.« Das ist die erste Erinnerung des Juden Ernst Toller.

Sein bester Freund, der Verleger Fritz Landshoff, war in seinen letzten Tagen bei ihm in New York. Er war erschüttert über die glanzlosen Augen, den fehlenden Lebensmut des ewig Lebensmutigen. Er schlug ihm vor, noch einmal gemeinsam nach Europa zu fahren, nach England mit dem Schiff. Toller willigte ein, sie kauften Schiffskarten, alles war vorbereitet. Doch Toller ahnte wohl, dass für ihn dieser Kampf nicht mehr zu gewinnen sein würde, dass seine Kraft, sein Optimismus zu klein für diesen Gegner waren. Am Tag darauf kam Arnold Zweig zu Landshoff zu Besuch, fragte ihn: »Was sagen Sie zu Toller?«. Ja, ja, der war ja gestern noch hier, bald fahren wir noch einmal nach Europa.

»Aber wissen Sie denn nicht, daß Toller sich heute mittag in seinem Zimmer erhängt hat?«

Den Zwillingsbruder von Ernst Toller haben sie ihn genannt. Auch er war im Krieg, begeistert nur für kurze Zeit. Dann entschlossen pazifistisch, voller Dichterlust und Menschheitspathos, entschlossen, dem allem so schnell wie möglich zu entkommen. **Walter Hasenclever** (1890–1940) wird für nervenkrank erklärt und nach einem Jahr im Lazarett als kriegsuntauglich entlassen. Schon 1914 hatte er mit seinem stürmischen Stück *Der Sohn* seinen eigenen herrschsüchtigen Vater und die ganze Vatergeneration frontal-hymnisch-gewalttätig angegriffen:

»Der Sohn: ›Läßt Du mich frei?‹

Der Vater: ›Frei?‹ *Er lacht gellend.* ›Noch ein Jahr bist Du in meiner Gewalt. Noch ein Jahr kann ich wenigstens die Menschheit vor dir schützen. Es gibt Anstalten zu diesem Zwecke. Verlaß jetzt mein Zimmer und betritt es nicht mehr!‹

Der Sohn zieht einen Revolver, kühl, ›Sieh hierher! Noch ein Wort – und du lebst nicht mehr!‹« Der Vater stirbt. Ihn hat der Schlag getroffen.

Mit der Uraufführung des Stücks 1916 in Prag war Hasenclever der Star der jüngsten Bühne. Das Stück war das Manifest seiner Generation.

Doch so schnell ist selten eine große Zuversicht verglüht. Sein Stück *Die Entscheidung* (1919) ist weniger euphorisch-optimistisch. Und nach der blutigen Niederschlagung des Kapp-Putsches schreibt er: »Dieser Tag wurde entscheidend für mich. Seitdem hatte ich keinen politischen Ehrgeiz mehr. Ich war vom Bazillus des Volksbeglückers geheilt.« Aber er dichtete noch eine Weile in expressionistischer Manier, schrieb in den zwanziger Jahren herrliche Automobil-Gedichte und zukunftsfrohe Automobil-Prognosen: »Ich und mein Auto: … Ein König wünschte einmal, jeder Untertan solle ein Huhn im Topf haben. Bald werden Präsidenten verkünden: Jeder Bürger soll ein Auto in der Garage haben. 25 Dollar kostet in Amerika ein Auto aus zweiter Hand. Ein Auto wird bald ebenso unentbehrlich sein wie eine Uhr. Vielleicht sogar unentbehrlicher. Denn die Uhr zeigt nur die Zeit an. Das Auto aber überholt die Zeit.« Er wechselte über in die Schule der Neuen Sachlichkeit, suchte das Glück lange Zeit im Buddhismus, schrieb Stücke gemeinsam mit Toller, teilte sich die Geliebte teilweise mit Toller, war manisch-depressiv wie Toller und verlor am Ende den Mut wie Toller. Ein Jahr nach Ernst Toller ist Walter Hasenclever im französischen Internierungslager Les Milles bei Aix-en-Provence an einer Überdosis Veronal gestorben. Hermann Kesten schrieb: »Mit zwanzig Jahren war er berühmt wie der junge Schiller. Mit fünfzig war er vergessen.«

Bei all diesen Selbstmorden, all diesem Sterben, der Verzweiflung, der Hoffnungslosigkeit da draußen, fern der Heimat, fern der eigenen Sprache, spricht jetzt einer, der das alles anders sah, der die schwere Zeit der Emigration als eine Art Erfolgsgeschichte, eine Geschichte des Durchhaltens und des Neubeginnens sehen wollte und sehen konnte: der bayrische Volksschriftsteller **Oskar Maria Graf** (1894–1967), immer Kommunist, Herzenskommunist, ohne je Parteikommunist zu sein, bayrischer Geschichtenerzähler auf der Seite der Sonderlinge und der Schwachen, für den »Volk« noch etwas Wahres, Unverfälschtes, Ursprüngliches bedeutete. Thomas Mann hat er einmal in einem Geburtstagsgruß aufs subtilste für seine Volksverachtung getadelt. Er, Graf, habe sich immer »mit einer fast einfältigen Hartnäckigkeit zum Volk bekannt, zum Volk schlechthin«. Auch nach der Nazi-Mehrheit in Deutschland hat er sich dieses Zugehörigkeitsgefühl bewahrt.

Seine bayrischen Kalendergeschichten sind unsterblich schön und wahr, und man kann und sollte sie immer wieder lesen. Einen »Direktschreiber« hätte ihn Remarque sicher auch genannt. Unmaniert und ehrlich in jeder Zeile. Das kann man wunderbar sehen in den zahlreichen Geburtstagsgrüßen an Thomas Mann. Da spart er nie mit Kritik, hat hier etwas Politisches an den *Betrachtungen eines Unpolitischen,* da Kompositorisches am *Doktor Faustus* auszusetzen, aber gleichzeitig sind diese Glückwünsche von so einer herzerfrischenden Ehrlichkeit und Zugeneigtheit. Man kann verstehen, dass Thomas Mann sich beklagte, als ausgerechnet Grafs Glückwünsche bei den Feierlichkeiten vom Festkomitee nicht verlesen wurden. Sie galten den Verehrern offenbar als zu kritisch. Dabei waren sie die wahrsten Huldigungen von allen. Einmal hat Thomas Mann an Graf geschrieben – und rührender und offenherziger war er in einem Brief nur selten: »Was trennen uns eigentlich für Welten? Können wir nicht Freunde sein?«

Sie wurden Freunde von fern. Und als Thomas Mann starb, schrieb Oskar Maria Graf verzweifelt: »Redet und schreibt nicht laut und weitschweifig! Laßt die geschäftige Trauer in der Presse, am Radio und bei den Televisionsübertragungen bleiben – schweigt ein einziges Mal und haltet in ohnmächtiger Trauer den Atem an über das unfaßbar Niederschmetternde, das geschah: Thomas Mann ist gestorben!«

Aber zurück zum Anfang, zur Emigration als einer Art Erfolgsgeschichte. Ja, ausgerechnet Graf, der in seinem New Yorker Exil kaum die Sprache lernte, seine Heimat in Lederhose und Trachtenhut immer bei sich trug, ausgerechnet dieser Mann hat über die Emigration – auch über die innere Emigration – 1947 geschrieben: »Nicht wenige von ihnen haben während der ganzen Jahre nur für die Schublade geschrieben. Sie blieben unverdrossen, und nichts konnte sie brechen. Ist das alles nicht der eindringlichste Beweis dafür, daß Deutschland, wenn es sich ungehindert entfalten kann, ein potentiell sehr gewichtiger Faktor in der Kultur und im friedlichen Zusammenklang der Völker bleibt und bleiben wird? Es fällt mir nicht ein, die zermürbenden Schwierigkeiten und dauernden Gefahren abzuleugnen, unter welchen die daheimgebliebenen Schriftsteller zu leiden hatten. Sie waren im Hitlerkerker eingesperrt, abgeriegelt und konnten nicht mehr frei schaffen. Die mißtrauisch gewordene Welt nahm keine Kenntnis mehr von ihnen. Die wenigen Gerechten wurden mit den vielen Ungerechten abgelehnt und verdammt. Dadurch bekam die emigrierte deutsche Literatur eine Mission, bei welcher sie sich auch für die zu Unrecht Verdammten bewähren mußte; eine Sendung, die eine unzerstörbare Brücke vom Gestern zum Morgen schlagen mußte. Und sie hat, wenn man das stolze Resultat betrachtet, diese Aufgabe redlich erfüllt. Vielleicht erkennt man das erst in viel späteren Zeiten.«

Klarheit, Optimismus und das richtige Wort zur richtigen Zeit. Wie viele hatten sich damals, im Mai 1933, zu Wort gemeldet, wie viele später an diesen Abend erinnert, als alles begann. Als auf dem Berliner Opernplatz die Bücher brannten und die Schriftsteller ahnten, dass bald sie selber brennen sollten. Wie viele haben geschrieben. In Erinnerung blieb der klare, entschlossene Text eines bayrischen Volksdichters, der empört feststellen musste, dass nur ein kleiner Teil seines Werkes auf dem Scheiterhaufen der Anständigen gelandet war, der Rest jedoch als »unbedenklich« für das neue Deutschland eingestuft worden war. »Verbrennt mich!«, hat er kurz darauf geschrieben und endete: »Verbrennt die Werke des deutschen Geistes! Er selber wird unauslöschlich sein wie eure Schmach!«

Egon Erwin Kisch (1885–1948) war – der rasende Reporter. Er hat sich selbst dieses Markenzeichen erfunden. Selten war eine Selbstklassifizierung, eine Markenfindung in eigener Sache so erfolgreich und so passend. Kisch war ein großer Reporter und Berichterstatter, er war so viel, so eilig und in so entfernten Gegenden der Welt unterwegs, dass er sich mit einigem Recht rasend nennen konnte. Und wenn er auch die Beobachtungs- und Schreibkunst der Reportage nicht erfunden hat, so hat er ihr doch eine zuvor versagte Anerkennung verschafft. Niemand hat dafür, für diese Leistung, diese Kunst, so schöne und klare Worte gefunden wie Joseph Roth. Er meinte durchaus auch sich selbst und sein Schreiben, als er im Dezember 1925 in einer Besprechung von Kischs Reportageband *Hetzjagd durch die Zeit* (1925) schrieb:

»Ein Journalist aber kann, er soll ein Jahrhundertschriftsteller sein. Die echte Aktualität ist keineswegs auf 24 Stunden beschränkt. Sie ist zeit- und nicht tagesgemäß. Diese Aktualität ist eine Tugend, die nicht einmal einem Dichter schaden könnte, der niemals für die Zeitung schreibt. Ich wüßte nicht, weshalb ein ausgeprägter Sinn für die Atmosphäre der Gegenwart die Unsterblichkeit hindern soll. Ich wüßte nicht, weshalb Menschenkenntnis, Lebensklugheit, Orientierungsvermögen, die Gabe zu fesseln und andere solcher Schwächen, die man dem Journalisten vorwirft, die Genialität beeinträchtigen können. Das echte Genie erfreut sich sogar dieser Fehler. Das Genie ist nicht weltabgewandt, sondern ihr ganz zugewandt. Es ist nicht zeitfremd, sondern zeitnahe. Es erobert das Jahrtausend, weil es so ausgezeichnet das Jahrzehnt beherrscht. [...]

Aber die Aufsätze, die er zusammenfaßte, die Reportagen, Novellen, Tagebuchblätter sind Stoffe für sechsundzwanzig Romane – die nicht etwa eine Behandlung durch den Romanautor erwarten. Sie haben ihr Schicksal bereits gefunden. Die Reportage braucht nicht erst in den Rang einer ›Kunstgattung erhoben‹ zu werden. Sie hat die künstlerische Form, ihre eigene – eben weil sie ›nur Tatsachen‹ berichtet. Was Kisch mitteilt, ist Wirklichkeit von sensationellem Rang.«

Das machte Kisch ein Leben lang. Wirklichkeit von sensationellem Rang aufschreiben – überall. Er deckte Justizskandale auf, war Berichterstatter in Krisengebieten, im Ersten Weltkrieg und im Spanischen Bürgerkrieg, immer eine Zigarette im Mundwinkel, immer lässig, immer wach. Stolz auf seine beachtlichen Tätowierungen, stolz auf seine Standfestigkeit. Die Welt ist voller Kisch-Anekdoten. Wo er war, passierte was. Nie ließ er sich einschüchtern. Als man ihm in Australien, wo er 1934 an einem Kongress gegen Faschismus und Krieg teilnehmen wollte, den Aufenthalt verweigerte, erzwang er mit einem halsbrecherischen Sprung an Land die Einreise. Sein Fall beschäftigte das australische Parlament und die Gerichte in mehreren Instanzen. Kisch war tagelang die Nachricht Nummer eins in Australien, und auf dem Kongress, wo er mit strahlendweiß bandagiertem Fuß auf der Bühne thronte, war er der König natürlich. König von Australien für ein paar Tage.

Dann ging es zurück nach Europa. Als sein alter Freund Roth beerdigt wurde, der politisch längst auf monarchischen Wegen gewandelt war, hatte man eigentlich vereinbart, dass man wegen der Verwirrung um Katholizismus und Judentum, Sozialismus und Monarchie auf alle öffentlichen Kundgebungen am Grab lieber verzichte. Als sich dann aber die monarchistischen Freunde Roths nach der Niederlegung ihres schwarz-gelben Kranzes mit einem lautstarken »Dem treuen Kämpfer der Monarchie im Namen seiner Majestät, Otto von Österreich« verabschiedeten, wollte Kisch den alten Freund mit diesem Gruß allein nicht ins Grab hinablassen. Roths Biograph David Bronsen schreibt: »Jetzt aber trat er, von Wut ergriffen, aus der Reihe der Kommunisten, schleuderte eine Scholle ins Grab, darauf einen roten Nelkenstrauß und rief mit einer Stimme, die alles andere übertönte: ›Im Namen deiner Kollegen vom SDS.‹«

Kisch war Kommunist und blieb es. Da ließ er sich auch von keinem Hitler-Stalin-Pakt erschüttern. Das Exil verbrachte er in Mexiko, kehrte nach dem Krieg zurück nach Prag und starb im März 1948 an einem Schlaganfall.

Maikäfer in der Tinte

8

Die Biene Maja fliegt im Kreis. Waldemar Bonsels kann die Welt nicht mehr verstehen. Und kehrt schon bald zurück. Joachim Ringelnatz wird von der Bühne geholt, und die Briefmarke liebt für immer vergebens

Wie kam er denn da hin? Seine Bücher auf dem Scheiterhaufen des undeutschen Geistes? Hat er sich auch gefragt. Und hatte auch schnell eine Erklärung. »Ach, der unbesonnene Sturm der Jugend«, sagte sich **Waldemar Bonsels** (1880–1952). So schreibt es seine Biographin Lini Hübsch-Pfleger in der Einleitung seiner Gesammelten Werke von 1980. Es sei »zu verstehen, daß im Übereifer viele Bücher ohne einsehbaren Grund verbrannt wurden«. Immerhin hatten sie seine *Biene Maja* (1912) verschont. Die Maja durfte bleiben, aber seine Autobiographie *Tage der Kindheit* (1931), in der sich die positive Schilderung eines jüdischen Mädchens fand, wurde natürlich verbrannt. Und als es so aussah, als würde dieser »unbesonnene Sturm der Jugend« doch noch ein bisschen länger dauern, überlegte Bonsels, ob er nicht nach Amerika gehen sollte. Er unternahm eine Vortragsreise durch das Land, fand aber alles abscheulich, technikgläubig und verkommen: »Es gibt kaum etwas, das hier nicht rasch geglaubt und ebenso rasch wieder verworfen würde; es ist schwer, bei den Technikern dieser Kulte zwischen dem Aberglauben einer verbohrten Inbrunst und dem routinierten Geschäftssinn gewissenloser Ausbeuter zu unterscheiden.« Da war es in Deutschland irgendwie weniger schlimm. Zum Glück kannte er den Präsidenten der Reichsschrifttumskammer Hanns Johst, der die Gunst der Stunde so glänzend für die eigene Karriere zu nutzen wusste, noch gut aus alten Studientagen. Den bat er um gute Aufnahme, Johst setzte sich gerne für ihn ein, der Dichter der *Biene Maja* kehrte nach Deutschland zurück, und alle seine Bücher waren wieder da. Hatte er doch recht gehabt, als er gemutmaßt hatte, dass da nicht alles ganz richtig gelaufen war bei dieser Verbrennung. Manche waren einfach ohne Grund verbrannt worden. Sprach doch für das Regime, dass man das noch korrigieren konnte. 1935 war er wieder da, schrieb zunächst heiter-beschauliche Harmlosigkeitserzählungen und dann Essays und Bücher über Christus, Novalis und die Juden. Schriften, die sehr im Sinn des neuen Regimes waren.

Seine Biographin erklärt – und es soll wohl eine Rechtfertigung sein: »Über seine Einstellung zum Judentum diskutierte er längst vor 1933 mit seinen jüdischen Freunden und Bekannten, die Gäste seines Hauses waren.« (Der ausdrückliche Hinweis auf seine zahlreichen jüdischen Freunde ist beachtlich penetrant.) Seine Einstellung zum Judentum oder auch dem »Judenproblem«, wie er es nannte, kann man kurz und knapp lupenreinen Antisemitismus nennen: »Der Widerstand und Kampf der europäischen Völker gegen das Judentum richtet sich weit eher gegen den ihnen in der christlichen Religion aufgedrängten, mit dem Alten Testament wirkenden jüdischen Gott, als gegen den jüdischen Menschen. Wären die Offenbarungen, Weisheiten und Heilsbotschaften, die von Christus überliefert worden sind, ohne die Verpflichtung auf uns gekommen, die Substanzen des Alten Testaments zu übernehmen und als Sittengesetze anzuerkennen, so gäbe es keinen Judenhaß.« Wie die Juden das genau gemacht haben, als sie den Christen die Texte des Alten Testaments in die Bibel hineinzwangen, hat Bonsels für sich behalten. Fest steht: Schuld am Antisemitismus sind die Juden selbst.

Der Dichter der *Biene Maja* war 1935 im ganz richtigen Deutschland angekommen.

Natürlich war er tödlich beleidigt, als ihn die Alliierten nach dem Krieg zunächst mit einem Publikationsverbot belegten.

Im Sommer 1924 erhielt der Gustav Kiepenheuer Verlag eine
richterliche Verfügung des Polizeipräsidenten, gez. v. Zitzewitz,
Potsdam: Der Band *Geheimes Kinder-Spiel-Buch* (1924) des Dichters und Kunstmalers **Joachim Ringelnatz** (1883–1934) sei »äußerlich auf einem gut sichtbaren Umschlag mit einem Vermerk zu
versehen, aus dem deutlich erkennbar ist, daß das Buch nur für
Erwachsene bestimmt ist«. Und Polizeipräsident v. Zitzewitz erklärt die Maßnahme auch gleich: Der Inhalt des Buches gefährde
»die sittlichen Auffassungen der Kinder in einem Sinne, der als
durchaus verderblich bezeichnet werden muß und polizeilicher-
seits nicht geduldet werden kann«. Ja, das Buch war eine Gefahr
für die Elternwelt und sollte es auch sein. Ringelnatz hatte deshalb den Hinweis auf den Umschlag drucken lassen: »Für Kinder
von 5 bis 15 Jahren gedichtet und bebildert.« – Ein wunderbares
kleines Kinderrevolutionsbuch voller Bosheit, Witz und Tricks
gegen die Elternwelt, gegen ihre Willkürregeln und für einen
unbeschwerten Umgang mit kindlicher Grausamkeit:

Maikäfermalen

Setze Maikäfer in Tinte. (Es geht auch mit Fliegen.)
Zweierlei Tinte ist noch besser, schwarz und rot.
Laß sie aber nicht zu lange darin liegen,
Sonst werden sie tot.
Flügel brauchst du nicht erst rauszureißen.
Dann mußt du sie alle schnell aufs Blatt schmeißen
Und mit einem Bleistift so herumtreiben,
Daß sie lauter komische Bilder und Worte schreiben.
Bei mir schrieben sie einmal ein ganzes Gedicht.

Wenn deine Mutter kommt, mache ein dummes Gesicht;
Sage ganz einfach: ›Ich war es nicht!‹

Joachim Ringelnatz, Schiffsjunge, Leichtmatrose, Matrose, Kom-
mandant eines Minensuchbootes im Ersten Weltkrieg, in tausend Berufen beschäftigt, immer ohne Geld und mit tausend
Ideen am Tag, Dichter, Auftrittskünstler, Kinderfreund, Maler,
Kunstmaler – das war ihm am Ende am wichtigsten –, immer

unterwegs, oft zwei Auftritte am Abend, seit 1920 verheiratet mit seinem »Lebensadjutanten Muschelkalk«. Der von ihm erdachte Seemann »Kuttel Daddeldu« wird ewig leben, und die Ameisen aus Hamburg, die werden es natürlich auch:

> *In Hamburg lebten zwei Ameisen,*
> *Die wollten nach Australien reisen.*
> *Bei Altona, auf der Chaussee,*
> *Da taten ihnen die Beine weh,*
> *Und da verzichteten sie weise*
> *Dann auf den letzten Teil der Reise*
>
> *(So will man oft und kann doch nicht*
> *Und leistet dann recht gern Verzicht.)*

Und dann, wo wir gerade beim Reisen sind:

> *Ein männlicher Briefmark erlebte*
> *Was Schönes, bevor er klebte.*
> *Er war von einer Prinzessin beleckt.*
> *Da war die Liebe in ihm erweckt.*
>
> *Er wollte sie wiederküssen,*
> *Da hat er verreisen müssen.*
> *So liebte er sie vergebens.*
> *Das ist die Tragik des Lebens!*

Am Ende geht es schrecklich aus. Seine Bücher werden verbrannt, er leidet an Tuberkulose, kann nicht auftreten, hat kein Geld, sein Auftritt in Hamburg wird ihm verboten, in Dresden wird er von der Bühne geholt, er tritt noch ein paar Mal in der Schweiz auf, aber er ist zu schwach. Sein ganzer Stolz, sein Bild *Nachts am Wasser,* wird als »entartete Kunst« aus der Berliner Nationalgalerie entfernt. Keine Hoffnung mehr. Nur noch auf eins:

> *Sinnlos, arm erscheint das Leben dir,*
> *Längst zu lang ausgedehnt. –*
> *Und auf einmal –: Steht es neben dir,*
> *An dich angelehnt –*

Was?
Das, was du so lang ersehnt.

Sein letztes Gedicht heißt »Psst« und endet so:

Und im dunkelsten Schatten
Lies das Buch ohne Wort.
Was wir haben, was wir hatten,
Was wir – –
Eines Morgens ist alles fort.

Zu seiner Beerdigung spielte eine Kapelle »La Paloma«, sein Lieblingslied, und sein bester Freund, der Schauspieler Paul Wegener, rief Muschelkalk die Verse zu, die ihr Ringelnatz gewidmet hatte:

Wenn ich tot bin, darfst du gar nicht trauern,
Meine Liebe wird mich überdauern
Und in fremden Kleidern dir begegnen
Und dich segnen.

Weltabschied 9

Ludwig Rubiner – Einigkeit als Religion. Bernhard Kellermann – Lyrik, Technik, Tunnelangst und Tunnelvisionen. Albrecht Schaeffer – der Helianth aus anderen Zeiten. Schlusspunkt der Literatur? Rahel Sanzara – das Unglück des jüdischen Namens. Georg Hermann verreist mit unbekanntem Ziel. Für immer

In der berühmten Anthologie expressionistischer Dichtung, die Kurt Pinthus im Herbst 1919 unter dem Titel *Menschheitsdämmerung* herausgegeben hat, gibt es einen biographischen Anhang, in dem die jungen Dichter Gelegenheit hatten, ihr Leben und Werk zu beschreiben. Einer macht es kurz und schroff: »Ludwig Rubiner wünscht keine Biographie von sich. Er glaubt, daß nicht nur die Aufzählung von Taten, sondern auch die von Werken und von Daten aus einem hochmütigen Vergangenheits-Irrtum des individualistischen Schlafrock-Künstlertums stammt. Er ist der Überzeugung, daß von Belang für die Gegenwart und die Zukunft nur die anonyme, schöpferische Zugehörigkeit zur Gemeinschaft ist.«

Wenige Wochen später war **Ludwig Rubiner** (1881–1920) tot. Gestorben an einer Lungenentzündung in einer Berliner Privat-klinik im Alter von 38 Jahren. Aber das wäre ihm jetzt sicher auch zu viel an privater Information gewesen. Also zu den Werken: Seine Gedichte lesen sich heute, wie eigentlich alle mittelmäßigen Gedichte des Expressionismus, wie ein schlechter Witz. Wie eine Persiflage auf die Hymniker des neuen Lebensgefühls. Kurze Einblendung, Ludwig Rubiner, »Der Mensch«: »Der Mensch in Strahlenglorie hebt aus der Nacht seine Fackelglieder / und gießt seine Hände weiß über die Erde aus, / Die hellen Zahlen, o sprühende Streifen wie geschmolznes Metall. / Aber wenn es die heiße Erde beströmt (sie wölbt sich gebäumt), / Schwirrt es nicht später zurück? dünn und verstreut hinauf, beschwert / mit Erdraum: / Tiergeblöke. Duft von den grünen Bäumen, bunt auftanzender / Blumenstaub, Sonnenfarben im Regenfall. Lange Töne Musik.« Hm, nachdem sich die beströmte heiße Erde wölbend bäumte und alles schön zurückgeschwirrt ist, als Finale also: Musik. Und Musik, das war für den späten Dichter und Schwärmer Rubiner, der einst sogar als Musikkritiker gearbeitet hatte, dubios. Puccini, Wagner, jeder Komponist ein Verbrecher, jeder Musikfreund ein Verräter an der Gemeinschaft, die Rubiner sich wünschte: »Die Musik ist die Kunst, sich auf die leichteste und bequemste Art seinen Verpflichtungen zu entziehen. Hineinzuschlüpfen in Polyphonien: ist ein Weg außer sich zu geraten, ohne für andere da zu sein. (Die Musik – die gute Musik, und je besser, desto schlimmer – ist der Weg des Vereinzelns. Die Deutschen sind musikalisch: isoliert!)«

In Ludwig Rubiners Texten ist immer was los. Ein Vollgasdichter, immer in Höchstgeschwindigkeit durch die Texte, alles übertreibend, immer originell, immer größenwahnsinnig, verrückt, überromantisch, gehetzt, unterwegs zur Rettung der Welt. »Der Dichter greift in die Politik« ist sein berühmtester Text. Ein Lob auf Alfred Kerr. Ein Lob auf sich selbst: »Gar nicht erst einlassen kann ich mich mit andern Leuten, Schweinen einer skeptischen Naivtuerei, die fragen: Wozu überhaupt man denn Politik treibe – und das Leben – und es komme doch alles von allein [...] Ich weiß einiges, über das zu diskutieren ich nicht mehr bereit bin. Ich weiß, daß es nur ein sittliches Lebensziel gibt: Intensität, Feuerschweife der Intensität, ihr Bersten, Aufsplittern, ihre Sprengungen.« Aber anders als die meisten anderen Expressionisten, die vor dem Krieg von ähnlichen »Sprengungen im Innern« fantasierten, war das für Rubiner im August 1914 noch lange kein Argument, jetzt das Bersten und Splittern im Feld zu suchen. Im Gegenteil. Rubiner blieb kühl, lehnte den Krieg vom ersten Tage an ab, ging ins Exil in die Schweiz, dichtete gegen den Krieg, gegen die Verbrecher der Tat, schrieb in René Schickeles *Weißen Blättern* und verfasste das Drama *Die Gewaltlosen* (1919). Ein Freund – um hier das Biographie-Verbot noch einmal zu durchbrechen – hat den Kriegs- und Weltelends-Gegner Rubiner 1916 so beschrieben: »Sein rosiges Babygesicht, dem er einen kleinen Schnurrbart zugefügt hatte, errötete vor Wut, wenn er von dem Entsetzen in der Welt sprach, das ihn nicht mehr losließ.« Er träumte von der Einheit der Welt, der Einheit aller Menschen. Zunächst in der Religion, später im Kommunismus.

Den Sieg der Liebe, die namenlose Gemeinschaft der anonymen, guten Dichter soll ihn erringen. Es war ihm immer klar, dass es um alles ging. Kleine Ziele waren keine Ziele. Wie oft fallen in seinen Texten Worte wie »Erdballgesinnung« und »ethische Erdball-Entscheidung«. Rubiner wollte die Weltverschmelzung im Zeichen der Liebe. Ja, er war wahnsinnig. Und groß: »Das Erdball-Bewußtsein vom Gemeinschafts-Sollen des Menschen ist für den Jahrtausend-Weltprozeß, in dessen Anfang wir stehen, nicht mehr zu vernichten. Es geht um die Arbeit, die einen Weltgemeinschaftssinn hat.«

Das klang offenbar noch dreizehn Jahre nach seinem Tod so gefährlich, dass die Nazis Rubiners Werke mit auf den Scheiterhaufen warfen.

Bernhard Kellermann (1879–1951) hat den ersten großen deutschen Bestseller des Jahrhunderts geschrieben. Über eine Million Exemplare von seinem Roman *Der Tunnel* (1913) wurden bis 1933 allein in Deutschland verkauft. In 25 Sprachen wurde er übersetzt. Ist doch verrückt, wie solche Bücher, solche Menschen in Vergessenheit geraten. *Der Tunnel* ist der Bericht über ein Wahnsinnsprojekt, ein Science-Fiction-Roman vom Anfang des Jahrhunderts. Es ist der Bericht über den Bau eines Tunnels unter dem Atlantik zwischen Amerika und Europa, ein Bericht über die technischen Möglichkeiten der Zeit, mit Vermutungen über die Zukunft, Aktienhoffnungen, Aktiensturz, Arbeit für die Massen und Massenentlassungen, vieltausendfachen Tod und den Triumph nach 26 Jahren Bauzeit, den Durchbruch, Züge, die mit 295 Stundenkilometern (so exakt und gleichzeitig so mutig ausgedacht ist alles in diesem Buch) unter dem Atlantik hindurchrasen. Doch oben, im Himmel, da schweben die Luftschiffe, die schneller, billiger und vornehmer über den Atlantik kommen, und der Tunnel, die verwirklichte Zukunft, ist längst von der Gegenwart überholt. Die Leser liebten diese Mischung aus Technikkenntnis, Zukunftsgruseln, Zukunftsfreude, Kapitalismuskritik und Menschenkenntnis, die Kellermann da bot. Er hatte vorher schon an seinem Vorbild Hamsun geschulte »Lyrische Romane« geschrieben, *Ingeborg* (1906) und *Das Meer* (1910) zum Beispiel, selbstverliebt, naturverliebt und schwärmerisch: »Dieser Frühling war schöner als jeder andere, den ich erlebte. Er hatte eine eigentümliche Luft, sie zitterte nicht, sie regte sich nicht, sie lag wie ein einziger, großer Tautropfen auf dem Tale, klar und durchsichtig war sie. Sie besaß auch einen eigentümlichen Geschmack, ich verspürte ihn, sooft ich sie einatmete. Noch schmeckte sie nach Eis, und schon schmeckte sie nach Honig.«

Dann also: Die Technik und Technikkritik, das war der Durchbruch. Den Ersten Weltkrieg verbrachte er in Schreibstuben, nach dem Ende war er einer der Ersten, die mit einem Revolutionsroman auf den Markt kamen. *Der 9. November* erschien 1920 und war eine wütende Abrechnung mit dem Militarismus, mit Berlin, der »häßlichsten Stadt der Welt«, dem Krieg, dem Elend – und dann also: der 9. November, Revolution. Seitenlang zählt er auf, wer da alles zusammenkommt, um den neuen Staat, die neue Politik zu begrüßen – »Die Hohläugigen, die Vergessenen, die Ausgespienen, die lebendig Begrabenen, die Verfemten, die Gemarterten, die Gekreuzigten – ja, von ihren Kreuzen waren sie gekommen.«

Ja, von den Kreuzen – Kellermann war ein Übertreibungskünstler, der immer ein bisschen zu dick auftrug, in der Sprache, in den Bildern, in den Ereignissen auch. Vielleicht fehlte ihm das Vertrauen in die eigene Sprache, die eigenen Geschichten. Oder er hatte zu viel davon.

Jetzt kam nicht mehr viel – er schrieb noch, reiste durch die Welt, aber die größten Erfolge lagen weit hinter ihm. Wenn es nicht das *9. November*-Buch gegeben hätte, wären von ihm wohl keine Bücher verbrannt worden (es gab auch einige antisemitische Stellen und Figurenzeichnungen in seinen Werken). Aber dies eine, das Revolutionsbuch, wurde doch verbrannt. Kellermann geschah sonst nichts. Er wurde nicht gefördert, bekam kaum Papier, um seine Bücher drucken zu lassen, fühlte sich wie lebendig eingesargt, aber er blieb im Land.

Nach dem Krieg feierte er so etwas wie einen kleinen Triumph, er ging in den Osten, gründete mit Johannes R. Becher den Kulturbund, schrieb mit *Totentanz* (1948) den Roman der Anpasserei in der Nazi-Zeit. Der endete mit »Ja, laß uns anfangen von Sühne zu sprechen«. Kellermann wurde Volkskammerabgeordneter, Repräsentant der DDR und somit aus den Regalen Westdeutschlands ein weiteres Mal ausgeräumt und gründlich vergessen.

Albrecht Schaeffer (1885–1950) war ein Berserker im Traditionsbergwerk, arbeitete in der Gegenwart ganz für sich in sonderbaren Welten. Sein Roman *Elli oder Sieben Treppen* (1919) handelt vom stufenweisen Abstieg einer jungen Frau, landete auf Herrmanns Liste und fällt aus der Reihe. Denn Schaeffer dichtete die Odyssee noch einmal neu, den *Parzival*, imitierte Hölderlin bis zum Verwechseln, fühlte sich George nahe, schrieb klassisch, unendlich lang in einem antikisierenden, zeitlosen Historienstil – man fragt sich nur: Warum? Und warum soll man das heute noch lesen? Einen Anfang wie diesen: »Wo beginnt es – des Menschen Schicksal, das unentwirrbar und unerklärlich ist? Schicksal, das er sein ausschließliches Eigentum nennt, und das immer von anderen Menschen geteilt wird, ja, mit von ihnen gebildet« – und so verwirrt es sich weiter und weiter. 2500 Seiten ist sein Hauptwerk *Helianth* (1920) lang. Als der Weidle Verlag es 1995 noch einmal in einer vom Autor im Exil umgearbeiteten Fassung herausbrachte, schrieb der Verlag: »Das Werk markiert einen End- und Wendepunkt der deutschen Literatur.« Das mag glauben, wer will. Der Romanverführer und Lesekünstler Rolf Vollmann – neben Hans Henny Jahnn und Arno Schmidt der größte Freund dieses Buchs – schreibt, nachdem er seitenlang vom Lesen in diesem Endlosbuch geschwärmt hatte: »Es ließe sich auch über Schaeffer noch lange reden, zum Beispiel darüber, ob dieses ungeheuerliche Buch, in seiner willentlichen (und wenn man gerne so möchte: dialektischen) Zeitferne, seiner wunderlichen Antiquiertheit (wenn man bedenkt, was wir sonst alles schon gelesen haben), seiner ausufernden Sprachseligkeit –, ja, ob dieses Buch überhaupt wirklich gut ist … ich weiß es nicht; und ich glaube, daß in solchen Fällen, es sind ja die seltensten, die Kunst des Romanelesens auch darin besteht, davon für einmal (für zweimal, Gutzkow dazugerechnet) nichts wissen zu wollen …« Also gut.

Wahrscheinlich wäre alles anders gekommen, wenn sich Johanna Bleschke nicht **Rahel Sanzara** (1894–1936) genannt hätte. Das war im März 1917, sie trat mit einem eigenen Soloprogramm in der Berliner Secession am Kurfürstendamm auf, da nannte sie sich, aus einer Laune heraus, aus Verehrung für ihre vielen jüdischen Freunde, aus Sehnsucht nach einem anderen Leben: Rahel Sansara, später Sanzara. Ihre Tanz- und Schauspielkarriere begann glanzvoll. Als »Tanja« in dem gleichnamigen Stück ihres Freundes Ernst Weiß wurde sie nach dem Krieg gefeiert, sie tanzte, trat in Filmen auf, nahm ein festes Engagement am Landestheater Darmstadt an. 1924 wollte sie den Anfangserfolg mit »Tanja« in Berlin wiederholen, doch Stück und Schauspielerin wurden plötzlich in einer Weise von Publikum und Kritik verhöhnt, dass sie die Karriere aufgab. Schon zwei Jahre später veröffentlichte sie einen Roman, der sie berühmt machte: *Das verlorene Kind* war das Buchereignis des Jahres 1926, von Gottfried Benn, Carl Zuckmayer und vielen anderen Schriftstellerkollegen und Kritikern gefeiert, Albert Ehrenstein sagte sogar:

»*Das verlorene Kind* scheint mir das beste Prosastück zu sein, das von einer deutschen Dichterin während der letzten Jahrhunderte geschrieben wurde ... Das Buch ist nämlich auf der ethischen Höhe eines Tolstoi, eine sprachlich vollkommene Meisterleistung.«

Wer das Buch heute liest, wird staunen, was da so atemlos gepriesen und von den Menschen in Deutschland und Europa massenhaft gekauft wurde. Denn selbst wenn man den expressionistischen Zeitgeschmack abzieht, wird einem die Sprache dieses Buches gefühlsschwer, mythisch verschlungen, sentimental und schaurig vorkommen: »Aus des Mädchens weitem Blick war Finsternis über ihn geschlagen, aber der Furcht drängte sich jetzt in gewaltiger Erregung das Verlangen des Glückes entgegen, und sein Herz entschied, sich hinzugeben Furcht und Glück zugleich.« Wer jetzt? Ah, er: »Doch Christian kehrte nicht zur Stadt zurück. Ihn hielt die Heimat, der Duft der Erde, der Dunst der Tiere, die Nähe der Menschen, die gleich ihm groß, licht und still waren.« Dann geht es auch schon los: »Er fühlte sein Blut, wie es leise, fast kosend und schmeichelnd von seinem Herzen kam, wie es durch die Glieder trieb, wie es ...« Und so weiter. Die große Aufregung um das Buch entzündete sich vor allem an seinem Gegenstand: Es geht um den Sexualmord an einem vierjährigen Mädchen, bei dessen Schilderung die gefühlige, schicksalsblutige Sprache der Autorin zu einem schaurigen Gipfel emporsteigt: »Von böser Macht emporgezaubert stieg die furchtbare, teuflische Maske auf aus den Tiefen seines Blutes, und überschwemmte mit wilder Gier die sanften Züge seines engelsgleich gebildeten Gesichtes. Unter dem Röckchen fühlte er des Kindes zartes, weiches Fleisch. Leise durchzittert von Pulsen ...«, da brechen wir lieber mal ab. Was da übrigens »aus den Tiefen seines Blutes« empor sich zaubert, das ist die Tatsache seines eigenen Gezeugtwerdens durch eine Vergewaltigung. Seine Mutter wird ihm das in einer dramatischen Gerichtsszene später offenbaren. Das Ganze beruht auf einem authentischen Fall aus dem 19. Jahrhundert, eine Geschichte aus dem *Neuen Pitaval*, was das Buch auch nicht besser macht. Sanzara hatte sich deshalb zunächst mit Plagiatsvorwürfen auseinanderzusetzen, und als dabei nichts herauskam, wurden Vermutungen laut, das Buch habe in Wahrheit ihr Freund Ernst Weiß geschrieben. Dem Erfolg tat das alles keinen Abbruch.

Auf den Scheiterhaufen des 10. Mai 1933 ist das Buch wohl nur geraten, weil die Nazis Johanna Bleschke, die sich Rahel Sanzara nannte, für eine Jüdin hielten.

Georg Hermann (1871–1943) hieß eigentlich Georg Borchardt, war ein Cousin des Dichters Rudolf Borchardt und Bruder des Archäologen und Nofretete-Entdeckers Ludwig Borchardt. Doch er nannte sich Hermann, nach dem Vornamen seines Vaters, »dessen Leben und Sterben das harte Leben und bittere Sterben eines hoffnungslos Unterliegenden war«. Er wollte an ihn erinnern, ein Leben lang, an diesen aufrecht kämpfenden jüdischen Kaufmann, der 1877 bankrottging, weiterkämpfte und schließlich aufgrund der Mühen des Überlebenskampfes für sich und seine achtköpfige Familie im Alter von 59 Jahren starb. Da war Georg Hermann neunzehn Jahre alt. Er hat ein breites Werk hinterlassen, 21 Romane, dazu Essays, Erzählungen, Theaterstücke, Reisetexte. Seine Romane sind Unterhaltungsliteratur im besten Sinne, es sind Romane aus dem jüdischen Berlin um die Jahrhundertwende und danach. *Jettchen Gebert* (1906) und *Henriette Jacoby* (1908) waren Bestseller. Die jüdische Welt, die er beschreibt, trägt immer schon die Ahnung des Verwehens in sich. Und das ist nicht aus heutiger Perspektive erst hineingelesen. Die Ahnung, an einer Epochenschwelle zu stehen, ein letzter Mitschreiber dieser jüdisch-deutschen Welt zu sein, findet sich in allen seinen Büchern. Zunächst lief das so untergründig mit. Mit den Jahren trat es in den Vordergrund. Spät erinnert er sich: »Also bis 1914 wußte man eigentlich kaum, daß man Jude war, oder erst in dritter Linie. Antisemitismus war da, lästig wie Mücken an einem Sommerabend; aber man scheuchte sie weg und fand es doch ganz schön draußen, weich und warm. […] Nach 1914 hat sich das bedenklich gewandelt. Ich aber kann sagen, daß ich, abhold jeder Religion, doch mein Judentum von früh an im Blut gespürt habe und mich zu Zeiten, da es durchaus inaktuell war, innerlich konstant mit ihm beschäftigt habe … Das Judentum ist mir die Weste unter dem Rock des anständigen Europäers gewesen.«

Die Zeit hat ihn zu einem Chronisten der jüdischen Kultur, des jüdischen Lebens in Deutschland gemacht. In einer fünfbändigen Romanreihe (*Die Kette*, 1917–1934) hat er es detailfreudig beschrieben. Über den Helden der Reihe, Fritz Eisner, ein nur wenig verborgenes Selbstporträt des Autors, schreibt er: »Er mochte keine Unproblematischen, keine Arrivierten, keine Menschen in Stellungen oder in Berufen; für ihn galten nur die, die draußen standen und auf ihren eigenen Wegen heute noch nicht wußten, was morgen sein könnte. Und nur kein Gelingen! Und nur keine Zufriedenheit!«

Bis zur letzten Zeile folgte er dem Auftrag, den er sich zu Beginn des Schreibens mit der Wahl des Namens seines Vaters gegeben hatte.

Im März 1933 verlässt er überstürzt sein Heimatland, verlässt sein mit Erinnerungen und Bildern vollgestopftes Haus in Neckargemünd, geht nach Holland, lebt dort, verarmt und krank, zusammen mit seiner jüngsten Tochter Ursula. Die Briefe, die er in diesen Jahren an seine Tochter Hilde schreibt, die in der Welt unterwegs ist, sind herzzerreißend. Am Ende ist sie in Teheran, kann während des Krieges mit Briefen nicht mehr erreicht werden, kann gar nicht mehr erreicht werden. Hermann schreibt in einem Essay, einem letzten Essay, *Weltabschied (für meine Kinder bestimmt)* (1935), am Ende: »Schade ist es eigentlich doch, daß so viele originelle Erinnerungen und kleine Erlebnisse, Dinge, Worte, Eindrücke, Einmaligkeiten des Daseins, die nett sind und einzigartig und nicht vergessen zu werden brauchten, mit mir zugleich aus der Welt schwinden werden. Aber zum Schluß habe ich mich genug menschlich mitgeteilt für euch und für jeden, der später noch mal Sehnsucht haben sollte, mit mir zu reden. Wenn ich mal nicht mehr sein werde, wird es nur so sein, als ob ich mit unbekanntem Ziel verreist bin, auch wenn ich keine Ansichtspostkarten schicke. Aber endlich habe ich soviel Briefe geschrieben in tausenderlei Form, in denen braucht man nur zu blättern, dann bin ich wieder da – und wenn man es nicht will, so schadet es auch nichts, Kinder. Außer euch habe ich niemand, von dem ich mich hier verabschieden mußte; macht es gut.«

1943 kam Georg Hermann ins KZ Westerbork in den von

deutschen Truppen besetzten Niederlanden, von dort aus wurde er, schwer herz- und zuckerkrank, 72 Jahre alt, im November desselben Jahres nach Auschwitz deportiert und ermordet.

10

Heran alle, die Glauben haben!

Fritz von Unruh – Kaiserfreund mit langem Haar, Held des Krieges und sein größter Gegner. Emil Felden – Pastor für den Frieden und für die SPD. Karl Schröder – Ankläger der Heuschreckenwirtschaft, Ausschluss aus der KPD wegen linkskommunistischer Positionen, und Bleiben im Land, um kämpfen zu können

Halt! Ruhe jetzt! Wir liegen vor Verdun!: »Angesetzt sind drei Korps! Unseres in der Mitte. – Den Caureswald sollen wir stürmen bis Beaumont und 344. Der Generalstab glaubt, wenn wir diese Linie und den Thiaumont-Rücken erreicht hätten, so wäre Verdun als Festung erledigt. Fast drei Millionen Schuß stehen bereit, und dann am 13., früh 11 Uhr, – dann soll's losgehen! Ehern ist das Vertrauen, vom Chef des Feldheeres bis zur Division! Zweifel, daß es nicht glücken könnte, gibt es nicht. Rücksichtslosigkeit allen Einwänden gegenüber! Sagte der General. Das ist es! Und gäbe es nicht tausend, bei einem Angriff auf Verdun?‹ – Er hieb durch die Luft. ›Aber da heißt es: Fort, abtreten und heran alle, die Glauben haben! Nur damit ist in der Welt etwas anzufangen. Den Sturm einer Vision haben viele, Gedanken, ihn zu begreifen, manche. Ihn zu gestalten, dazu gehört Mut! Unsere eigenwillige Wucht!‹ meinte der General.«

Das hat **Fritz von Unruh** (1885–1970) geschrieben, Sohn eines preußischen Offiziers, erzogen in der Kadettenschule in Plön gemeinsam mit den Kaiser-Söhnen Oskar und Wilhelm, Offizier beim Kaiserlichen Garderegiment in Berlin, 1911 zum Abschied gezwungen, nachdem sein erstes Theaterstück *Offiziere* gedruckt und auf der Bühne bejubelt worden war. Sein zweites Stück *Louis Ferdinand Prinz zu Preußen* (1913) hatte der Kaiser persönlich verbieten lassen. Zu militärkritisch, zu majestätskritisch, zu realistisch. Max Reinhardt plante trotzdem eine Aufführung. Das hätte einen schönen Skandal gegeben. Doch dann kam der Krieg. Von Unruh versprach seiner Mutter – die ersten vier Söhne waren schon im Feld –, sich als Einziger nicht freiwillig zu melden. Doch die Begeisterung, das Pflichtgefühl riss auch ihn davon. Er wurde Bataillonschef, Kompaniechef, sollte Propagandatexte schreiben für die Oberste Heeresleitung. Die war entsetzt. Realistischer Wahnsinn! Sie wollten Helden! Dann schrieb er *Opfergang,* im Jahr 1916, das Zitat oben stammt daraus, die Schlacht um Verdun war im vollen Gange. Er schrieb live mit, nicht mehr in dramatischen Versen, der Gegenwart kam nur noch Prosa bei. Schreie und Befehle, Hoffnung, Angst und Entsetzen: »Ja, jeder fühlt es! Wer erklärt diesen Drang durch die Menschengeschlechter? Auflodern, bis Schlacken des Wahnsinns von Europa fallen! – Verdun!« Was für unglaubliche Momente, in denen sich Welt- und Literaturgeschichte begegnen, wie hier, 1916, im Zelt der Obersten Heeresleitung: Hier hat er den Text seinem alten Mitschüler aus Plön vorgelesen, dem ahnungslosen Kronprinzen las er sein Buch vor. Der war entsetzt. Das Buch durfte natürlich nicht gedruckt werden, aber es heißt, in den Schützengräben kursierte es in Abschriften massenhaft. Im selben Jahr schreibt er die Tragödie *Ein Geschlecht,* die 1917 erscheint. Schauplatz ist nicht mehr ein Schlachtfeld, sondern ein gigantischer Friedhofshügel: »Zum Blutbund alle Mütter aufgerufen! / Ihr bleicher Segen, der dem Todessturm / des Weltbrands Flügel gab, ball sich zum Fluch!«

Nach dem Krieg war er der König der deutschen Bühnen. Ein Adliger und Kaiserfreund, von glänzender Schönheit mit langem Dichterhaar, nach hinten geworfen, Offizierssohn, Held des Krieges und gleichzeitig sein entschiedenster Gegner. Seine Stücke wurden von der Jugend als Offenbarungen gefeiert. »Er war ein junger preußischer Offizier, wie es viele gibt – oder doch wohl nicht einer, wie es viele gibt«, schreiben Klaus und Erika Mann später in ihrem Exilanten-Katalog *Escape to Life,* »denn ihm war es beschieden, noch während der Krieg tobte, die große, den Geist befreiende und die Seele aufwühlende Wandlung durchzumachen. Der Jüngling aus der alten preußischen Offiziersfamilie wurde zum Apostel des Friedens und der internationalen Versöhnung.«

Doch dann kam nichts mehr. Er schrieb zwar weiter, aber sein Feuer war verbraucht. Fritz von Unruh hatte seine große Zeit schnell hinter sich. Seine neuen Dramen fielen durch bei Kritik und Publikum. »Die Anstrengung zu einer steinern großen, zugleich symbolischen Plastik hat der Gestalt seines Dramas nur Krampfadern eingebracht«, hat Arthur Eloesser schon über die frühen Werke geschrieben. Und die *Vossische Zeitung* urteilt: »Nun, da der Krieg hinter uns liegt, das Gewitter der Revolution die schwüle Luft reinigt, will uns der wilde Schrei der Empörung, der durch diese Tragödie gellt, schon nicht mehr ganz so wild bedünken.«

Es ist hart, ein Leben auf den Spuren eines vergangenen Erfolges weiterzuleben. Von Unruh hielt Reden, schrieb Dramen, später auch Romane, ging ins Exil nach Italien, dann nach Frankreich, Spanien, schließlich in die USA. Nach dem Krieg feierte er noch einmal einen Triumph, er durfte, hundert Jahre nach der Paulskirchen-Versammlung von 1848, am selben Ort eine große *Rede an die Deutschen* halten. Doch auch sie verklang fast ohne Nachhall. Und er wurde nicht mehr heimisch. Die Erfolglosigkeit auf der einen Seite, die Restauration auf der anderen Seite verbitterten ihn. Er bekam immer wieder anonyme Drohbriefe, mit SS-Runen unterzeichnet, in denen man ihn als Vaterlandsverräter beschimpfte, er war – wie alle Emigranten – im neuen Deutschland, im Westen nicht willkommen. Aus Protest gegen die Wiederbewaffnung der BRD verließ er 1954 erneut das Land Richtung Amerika, kehrte aber 1962 zurück und starb, für immer heimatlos, 1970 im Alter von 85 Jahren.

Albert Schweitzer hat über ihn gesagt: »Sein Idealismus machte ihn zum Kämpfer. Theologisch waren wir kaum verschieden.« Das lag wohl an den gemeinsamen Grundlagen, ihrer theologischen Lebensbasis, die Albert Schweitzer und **Emil Felden** (1874–1959) bei ihrem Studium Ende des 19. Jahrhunderts in Straßburg erwarben. Der lebenslange Kämpfermut des evangelischen Theologen Emil Felden kann sich jedenfalls mit dem seines Kommilitonen messen. Er ging immer dahin, wo es wehtat, schwierige Wege scheinen ihn magnetisch angezogen zu haben. Seine erste Pfarrstelle trat er in Dehlingen im erzkatholischen Elsass an, nach drei Jahren ließ er sich freistellen, um für das antiklerikale *Elsässische Tageblatt* als Redakteur zu arbeiten. Er bewarb sich um ein Reichstagsmandat im Wahlkreis Colmar, das seit Ewigkeiten in den festen Händen eines Erzchauvinisten war – und verlor. Er wurde Pastor in Bremen, setzte sich für die Aufnahme von Arbeitern in den Konvent ein, ließ 1908 eine Frau predigen und verankerte die kirchliche Gleichberechtigung von Mann und Frau in der Gemeindeverordnung.

So geht das Leben dieses Kämpfers weiter. Während des Ersten Weltkriegs arbeitet er für die pazifistische Zentralstelle »Völkerrecht« und ruft in Artikeln zur Beendigung des Völkermordens auf. Nach dem Krieg veröffentlicht er die Loseblattsammlung *Anti Anti* (1923) gegen Antisemitismus, wird Reichstagsabgeordneter für die SPD. Immer wieder warnt er vor dem aufkommenden Nationalsozialismus. 1933 ist er der erste Pastor, der aus politischen Gründen seines Amtes enthoben und vorzeitig pensioniert wird.

Neben seinen Zeitungsartikeln und politischen Aufrufen hat Felden so ziemlich alles publiziert, was man publizieren kann. Ein Märchenbuch, *Der Mann mit dem harten Herzen* (1922), ein Werk über Ibsens Schauspiele, ein Buch über *Die Kaninchenzucht* (1916), Briefe aus schwerer Trennungszeit einer Ehe (*Königskinder*, 1914), Zukunftsberichte (*Menschen von morgen*, 1918), *Im Kampf um Frieden – Ein Buch für freie Menschen* (1918), religiöse Lieder, den humoristisch-satirischen Roman *Die Mäntel der Liebe* (1924) und noch vieles mehr. Ein unglaubliches Leben, eine unglaubliche Büchersammlung. Fast alle diese Bücher sind heute verschwunden. Sie werden wohl auch nicht allzu viel getaugt haben. Wer so radikal und wahllos über alles schreibt, dem gerät das einzelne Buch meist eher flüchtig. Ein Buch von Felden ist noch in manchen Antiquariaten zu finden, *Eines Menschen Weg* (1927), sein einziges populäres Buch und neben seinen jahrelangen öffentlichen Aktivitäten gegen den Antisemitismus auch der Hauptgrund, dass sein Werk auf den Geistesscheiterhaufen kam. Es ist der Lebensroman Friedrich Eberts. Eine treuherzige, sozialdemokratische Heldengeschichte, schön zu lesen. »Gemütvoll«, könnte man sagen, manchmal etwas kitschig, niemals kritisch. Die Kindheit in Heidelberg, der tiefe Wille zur Gerechtigkeit, das Wissen um die gute, die richtige Sache vom ersten Moment an. Am Tag der Entscheidung, dem 9. November, da ist er ganz nah dran, an dem Mann, auf dem nun die Last liegt, die Last der frischen Niederlage, Niederschlagung der Revolution, erster Reichskanzler einer deutschen Republik; Scheidemann ruft vorschnell die Republik aus, Eberts Entsetzen, der Wille zur Ordnung – »Ebert steht am Fenster des Reichstags und blickt auf die ungeheure Menschenmasse, die auf dem Königsplatz im Tiergarten brandet. Eiserne Ruhe beherrscht ihn. Dieser Mann hat Nerven!« Ja, das ist manchmal unfreiwillig komisch. Aber man hat immer das Gefühl, ganz nah an der Wahrheit zu sein. Kein biographisches Meisterwerk, aber ein warmherziges Buch, das Felden kurz nach dem Tode Eberts schrieb. Das erste Werk, in dem das Leben des Gründungsvaters der Weimarer Republik für die Nachwelt festgehalten wurde. Als Heldenbild.

Karl Schröder (1884–1950) schrieb Arbeiterromane, Kämpfergeschichten aus der Arbeitswelt. Direkt aus der Fabrik, aus den Arbeitskämpfen, aus der Ungerechtigkeit, aus der Unterdrückung heraus. Und nicht süßlich-mitleidig empfunden. Sondern immer die Mechanismen des Kapitalismus mit beschreibend, mit bedenkend. Arbeitskämpfe und woran sie scheitern, Briefkastenfirmen und wie sie agieren, wie eine Firma zerschlagen und mit 500 Prozent Gewinn weiterverkauft wird, Heuschreckenmethoden, Verbrechermethoden, Kapitalismus als Ausbeutung. *Aktien-Gesellschaft Hammerlugk* (1928) ist so ein exemplarischer Roman aus der Werkstatt des Radikalkommunisten Karl Schröder. Den man 1919 wegen linkskommunistischer Positionen aus der KPD ausschloss, der in Moskau mit Lenin und Trotzki und Bucharin zusammentraf, in Deutschland den größten Lesering für deutsche Arbeiter gründete und leitete und Anfang der 30er Jahre die »Roten Kämpfer« um sich sammelte. Kühle kommunistische Romane, mit klarer Botschaft. Aufruf zur Solidarität, immer wieder dies: zusammenstehen. Nur gemeinsam hat der Kampf Erfolg. Und der Kampf geht um alles. Ein neues System. Eine neue Welt. Am Ende von *Aktien-Gesellschaft Hammerlugk* schreibt der Held, Erwin Grünberg, an den früheren Direktor seiner Fabrik, ein guter Mensch, aber eben Kapitalist, der Grünberg abwerben will für sein neues Unternehmen: »Ich will ganz aufrichtig zu Ihnen sprechen, Herr Direktor: Was ich niemals theoretisch gelernt hätte, in der wenn auch kurzen Zeit meiner Praxis habe ich es ganz begriffen – so wie die Welt jetzt aussieht, kann sie nicht bleiben. Ich sage das nicht, weil ich über irgendetwas moralisch entrüstet bin; die meisten von uns und auch ich haben keinen Grund dazu; sondern einfach deswegen, weil ich gelernt habe, daß unter dem heutigen System ein Zwang zur Unmoral besteht. Ich bin kein Arbeiter, möchte es auch nicht sein, denn es muß eine einzige Qual sein. Ich bin, wie man sagt, Geistesarbeiter. Aber ich weiß jetzt, daß nur in der opfermütigen, solidarischen Kraft, die Hand- und Kopfarbeiter entfalten, die Möglichkeit einer gesunden Zukunft ruht.«

Karl Schröder ging 1933 in den Untergrund. Wurde 1936 verhaftet, zu vier Jahren Gefängnis verurteilt, kam danach in verschiedene KZs, überlebte mit letzter Not, begann nach dem Krieg mit dem Aufbau der Volkshochschule in Berlin-Neukölln, deren Leiter er wurde, trat in die SED ein und starb, 1950, an den Folgen der langen Haft.

Dies da wird ein heißes Buch!

11

Arthur Holitscher – das elende Leben als Romanfigur von Thomas Mann. Günther Birkenfeld – der Cäsar aus Cottbus. Jakob Wassermann – der tiefe Sturz des Millionensellers. Arthur Schnitzler – der Zweifel an allem und das Glück des frühen Todes

Wenige Bücher haben mich während der Arbeit an diesem Buch so beeindruckt und bewegt wie die Lebenserinnerungen des Schriftstellers **Arthur Holitscher** (1869–1941). Kaum jemand kennt ihn heute noch, und doch haben viele von ihm gehört und gelesen – unter anderem Namen: Detlev Spinell. Der Schriftsteller

Spinell, Patient im Sanatorium »Einfried«, Protagonist der Novelle *Tristan* aus der Zeit kurz nach den *Buddenbrooks,* Anfang des 20. Jahrhunderts. Das ist eine der lächerlichsten und am erbarmungslosesten gezeichneten Figuren im Werk Thomas Manns. »Verwester Säugling« wird Spinell hinter seinem Rücken von einem Mitpatienten genannt. Spinell kann gar nichts, Spinell sieht furchtbar aus – kariöse Zähne, riesige Füße, fleischige Nase –, Spinell hält sich für überlegen und ist doch den einfachsten Anforderungen des Lebens nicht gewachsen. Spinell hat ein Buch geschrieben, das er stolz streichelnd im Schoße hält; er verschickt zwei Briefe jeden Tag, selbst bekommt er niemals Post. Spinell versucht, die angebetete Mitpatientin Gabriele Klöterjahn für die Welt der Kunst und die Liebe zu gewinnen, und schreibt Herrn Klöterjahn, ihrem Ehemann, dem er täglich zu Tisch und auf den Gängen begegnet, einen beleidigenden Brief. Dieser beantwortet ihn persönlich, sehr persönlich – »Dann lassen Sie sich die Antwort mündlich geben, mein Lieber, und zwar in Anbetracht des Umstandes, daß ich es für blödsinnig halte, jemandem, den man stündlich sprechen kann, seitenlange Briefe zu schreiben ...« Spinell hat dem Leben nichts entgegenzusetzen, und am Ende, ganz am Ende, da schlägt ihn sogar der Säugling Klöterjahn, der rosafarbene, kerngesunde Winzling, im Sanatoriumspark durch sein Lachen in die Flucht: »Da machte Herr Spinell kehrt und ging von dannen. Er ging, gefolgt von dem Jubilieren des kleinen Klöterjahn, mit einer gewissen behutsamen und steif-graziösen Armhaltung über den Kies, mit den gewaltsam zögernden Schritten jemandes, der verbergen will, daß er innerlich davonläuft.«

Jeder Intellektuelle in München zu Beginn des vorigen Jahrhunderts wusste, wer gemeint war, wer jener »verweste Säugling« aus der Novelle war. München lachte. Für Holitscher war es ein Albtraum. Bald schon wusste es das ganze Land. Und noch als Kurt Tucholsky, zehn Jahre nach Erscheinen des *Tristan,* Holitschers Buch mit Reportagen aus Amerika für den *Vorwärts* begeistert besprach, rief er emphatisch aus: »Spinell ist tot, es lebe Arthur Holitscher!«

Der Makel »Spinell« klebte an ihm fest, für immer. In seinen Erinnerungen schildert Holitscher, wie er von Thomas Mann beobachtet wurde, wie dieser morgens früh in Holitschers neue Wohnung kam, ohne rechten Grund, nur um zu sehen, wie der morgens, gleich nach dem Aufstehen, sich benahm. Ein anderes Mal blickte sich Holitscher nach einem Besuch bei Mann auf der Straße noch einmal um: »Da sah ich oben im Fenster der Wohnung, die ich soeben verlassen hatte, Mann, mit einem Opernglas bewaffnet, mir nachblicken. Es dauerte indes nur einen Augenblick, im nächsten verschwand der Kopf blitzschnell aus dem Fenster.« Mann schrieb die Novelle, sandte sie mit herzlichen Grüßen Holitscher zu, und Holitscher, der sich sofort erkannt hatte, versicherte Mann trotzdem, voller Bewunderung für seine Kunst, seiner »zuverlässigen freundschaftlichen Gefühle«. Doch der Schmerz war zu groß: »Erst einige Monate später gab ich Mann in einem Briefe zu erkennen, daß man ja, auch wenn man nicht persönlich betroffen war, gegen diese Art von Interpretation lebender Modelle einige moralische und künstlerische Bedenken haben könne. Er antwortete wehleidig und verletzt, die zarte melancholische Ironie schien mit einemmal gallig bitter und scharf geworden zu sein.« Das Ende einer Freundschaft unter Künstlern.

Es gab auch nichts mehr zu vermitteln. Denn das Schlimme war: Thomas Mann hatte viel zu tief in ihn hineingeblickt, mit seinem Opernglas, mit seinem morgendlichen Besuch. Er hatte den Mann gesehen, der innerlich davonläuft, mit dem größten Plan vom Leben und den kleinsten Erfolgen, den hässlichen Wicht, der die Schönheit so liebte.

Arthur Holitscher also, 1869 in Budapest geboren, entstammte einer jüdischen, großbürgerlichen Kaufmannsfamilie. Seine Kindheit hat er als »Parodie einer Kindheit« erlebt, seine eigene Mutter hasste und verachtete ihn für seine Hässlichkeit, die er in seinen Erinnerungen einer körperlichen Degeneration als Folge der nahen Blutsverwandtschaft seiner Eltern – seine Mutter war die Nichte seines Vaters – zuschrieb. Sein Judentum, seine deutsche Sprache, all das ließ ihn schon früh ein Außenseiterleben führen. Er las unaufhörlich Bücher und träumte vom Dichtersein. Doch die Eltern verfügten eine Karriere als Bankkaufmann. Sechs Jahre hielt er in dem Beruf aus. Jahre, die er später immer wieder als »verlorene« beklagte. Doch irgendwann reiste er nach Paris, traf den verehrten Schriftsteller Knut Hamsun und einen Kreis von Anarchisten und war für Bankgeschäfte für den Rest des Lebens verloren. Er wurde Schriftsteller, Journalist, arbeitete, wie Thomas Mann, einige Jahre als Redakteur der Zeitschrift *Simplicissimus* und feierte kleine Anfangserfolge. Sein erster Roman *Weiße Liebe* erschien 1896, sein größter Triumph war jedoch jenes Amerika-Buch, das Tucholsky so begeistert feierte. Der Verleger Samuel Fischer hatte ihn nach Amerika geschickt, wo er ein so entschlossenes, subjektives Beobachtungsbuch schrieb, wie es das vorher nicht gegeben hatte. »Daß endlich mal einer uns diesen Begriff ›Amerika‹ auflöst in hundert kleine menschliche Einzelzüge – das ist es«, schreibt Tucholsky, und er endet: »Lest dies Buch: so sieht es drüben aus. Lest dies Buch: so sieht einer die Welt!«

In den frühen Münchner Jahren hatte er sich bemüht, einem strengen, gebändigten Naturalismus zu folgen. Wie hatte er um Objektivität gerungen. Später, in seinen Erinnerungen, hat er die tiefe Vergeblichkeit dieses Kampfes eingesehen: »Wäre ich dem Drängen mutig gefolgt, manche Qual wäre mir erspart geblieben. Aber in der Seele eines sentimentalen Juden, den viele Schmerzen, angeborene, eingebildete und selbstzugefügte, belasteten, lebte eine tödliche Angst vor der Naivität, dem Vertrauen zum eigenen Gefühl, dem der Instinkt der Welt und die Erfahrung der Mitmenschen widersprach.« Mit den Jahren rang er sich zu einem entschlossenen Subjektivismus durch. Davon ist sein Amerika-Buch durchdrungen. Vor allem aber seine Erinnerungen, die in zwei Bänden – *Lebensgeschichte eines Rebellen* (1924) und *Mein Leben in dieser Zeit 1907–1925* (1928) – erzählt werden.

Es ist die fulminante Geschichte eines Scheiterns, eines missratenen Lebens von Anfang an, die Geschichte eines Mannes, der innerlich davonläuft, immer schon, vor den Eltern, vor dem vorbestimmten Beruf, vor der Heimatstadt, der läuft und läuft und niemals ankommt. Nicht in der Liebe, nicht in der Freundschaft, nicht in der Kunst. Ein Verzweiflungsbericht. Zweites Lebenstrauma ist der Misserfolg seines Theaterstücks *Der Golem* aus dem Jahr 1908, dessen Aufführung immer weiter hinausgezögert wird, bis schließlich Paul Wegener 1914 einen Stummfilm gleichen Titels mit riesigem Erfolg in die Kinos bringt und ein Jahr später Gustav Meyrinks Roman erscheint. Holitschers Stück fällt durch, Meyrink und Wegener triumphieren. Holitscher glaubt an eine Verschwörung, klagt und tobt – vergebens. Seine Lebenserinnerungen sind ein Kampf gegen das Vergessen, gegen das Versinken in der Vergangenheit. Sie erzählen lebendig und wahrhaftig von einem Künstlerleben aus Verachtung, einem Leben, in dem Selbstverachtung und Verachtung durch die Welt eine unlösbare, unheilvolle Verbindung eingehen. Wie wahr ist vieles, die Ereignisse des 9. November, so plastisch, subjektiv, engagiert und mittendrin dabei. Ob er nicht Außenminister werden wolle, wird er in den Tagen der Revolution gefragt, er sei doch schon in Amerika gewesen. Als er sagt, das überlege er sich mal, heißt es schon: »Wenn du dich nicht rasch entschließen kannst, müssen wir jemand anderen suchen.«

Immer zu spät, immer allein. Den zweiten Band seiner Memoiren hatte er gleich nach Ende der Niederschrift verbrannt. Er genügte seinen Ansprüchen nicht. Vielleicht auch nicht den Ansprüchen seines Verlages S. Fischer. Er schrieb ihn neu, und der Band erschien bei Gustav Kiepenheuer. Am Anfang erinnert er an den ersten Brand: »Eines aber weiß ich: Dieses neue Buch wird ebenfalls brennen. In seinem eigenen Feuer wird es brennen. Dies da wird ein heißes Buch! Noch ehe ich eine Zeile geschrieben habe, versengt es mir das Herz; es muß heraus, sonst werde ich Asche.«

Fünf Jahre nach seinem Erscheinen wird es wirklich brennen, das Buch des Lebens des Arthur Holitscher. Die Angst, vergeblich geschrieben und vergeblich gelebt zu haben, dieses einsame, schwere, kämpferische Leben umsonst gelebt zu haben, die hat er auf jede Seite gebracht, und je weiter er schrieb, desto verzweifelter wird der Ton. Erst ein, dann zwei, am Ende drei Ausrufezeichen. Vergesst! Mich! Nicht!: »Ihr wißt, was an meiner Lebensarbeit gut, notwendig, des Hinübergehens in die Zukunft wert ist; was aus dieser Arbeit künftige Generationen angeht; was durch sie für das Leben des Menschen unter Menschen geschehen ist. Verhindert, daß meine Bücher verschwinden, daß sie vergessen werden, so, als wären sie nie geschrieben. Manchem unter diesen Büchern droht dies Schicksal durch äußere Umstände. Sorgt dafür, daß unter meinen Büchern jene, die auf schlechtes Papier gedruckt wurden, auf gutem, dauerhaftem, neuem erstehen. Daß vergriffene Bücher wieder erscheinen. Sorgt dafür, daß das, was euch, was die nach euch Kommenden aus meinen Büchern reicher, freier, froher machen kann, nicht vergehe. Daß es nicht vergeblich, in Schmerz und Liebe vergeblich entstanden sei!«

Und schließlich, auf der letzten Seite: »Ihr, die ihr dieses Buch dahier gelesen habt, denket an die Not eines Menschen. Laßt seinen Schrei nicht an tauben Ohren vergellen. Rettet das Werk. Laßt es nicht erlöschen, schürt die Flamme, hütet den Funken.«

1933 floh Arthur Holitscher nach Paris, später nach Genf, wo er am 14. Oktober 1941 in einem Quartier der Heilsarmee starb.

An diesem Mann gehen wir schnell vorbei. **Günther Birkenfeld** (1901–1966), in Cottbus geboren, war in den zwanziger Jahren für einige Zeit Generalsekretär des Reichsverbandes deutscher Schriftsteller. Sein erstes Buch, der Jugendroman *Dritter Hof links* (1929), wurde verbrannt. Doch schon sein zweites Buch, eine Augustus-Biographie, konnte 1934 im Deutschen Reich erscheinen. Hatte er darin Anspielungen auf die Gegenwart verborgen und an der Zensur vorbeigeschmuggelt? »Also Diktatur des Schwertes. Als Herr der Legionen konnte Cäsar die republikanische Staatsform großmütig dem Scheine nach bestehen lassen.« Eine Analogie? Eine Kritik? »Der Tempel war der erste steingewordene Ausdruck des dritten Weltzeitalters. Die Verhältnisse der mächtigen Bogenhallen waren edel und wirkten so zart wie die Erscheinung des Cäsar.« Eine Huldigung? Aber hier: »Der Kaiser hält vor der Wandtafel Germania inne, fährt langsam mit dem Zeigefinger auf der roten Grenzlinie längs der Elbe hinab und befiehlt mit einer gleichsam leblosen Stimme: ›Diese Linie ist weiß zu übermalen.‹« Letztlich hilft es nicht viel – literarisch ist das Buch eher dürftig, kitschig, übermenschlich, ausgedacht, wurde aber auch international ein schöner Erfolg. Birkenfeld jedenfalls blieb in Deutschland, schrieb und veröffentlichte weitere Bücher und zählte gleich nach dem Krieg zu den Mitgliedern der »Kampfgruppe gegen

Unmenschlichkeit«, die sich jedoch nicht etwa gegen die Nazi-Verbrechen, sondern gegen die fortbestehenden Lager im Ostteil des Landes richtete; 1950 veröffentlichte er die anklagende Studie *Der NKWD-Staat.*

Einigen Erfolg hatte Birkenfeld dann noch mit seinem 1955 erschienenen Roman *Wolke, Orkan und Staub,* einem der wenigen frühen Bücher über das Alltagsleben in Nazi-Deutschland. Aber Birkenfeld war nicht der Mann, dies künstlerisch zu gestalten. Das Buch ist blass, schablonenhaft, voller Stilblüten dieser Art: »Die Schnur des Paketes schnitt in ihre Finger und jeder Gedanke an Klaus Schilling in ihr Herz.« Dann steigt der SA-Mann in die Straßenbahn und ruft: »Wir fackeln nicht mehr lange!«

Viel schlechter hätte man es sich auch nicht ausdenken können.

Einen der »Welt-Stars des Romans« hat ihn Thomas Mann genannt. **Jakob Wassermanns** (1873–1934) Bücher erzielten gigantische Auflagen in der letzten Phase der Weimarer Republik. Die Leser liebten ihn, liebten den *Fall Maurizius* (1928), jenen Roman eines Justiz-Skandals, in dem der sechzehnjährige Sohn des Oberstaatsanwalts ein von seinem Vater verantwortetes, achtzehn Jahre zurückliegendes Unrechtsurteil aufzuheben sucht. Wassermanns oft sehr moralische Gesellschaftsromane gehörten zu den meistverkauften Büchern der Zeit. 180 000-mal hatte sich allein *Der Fall Maurizius* verkauft. Und jetzt, nicht mal ein Jahr nach der Machtübernahme der Nazis, war er ein gebrochener Mann. Am 20.12.1933 notierte Thomas Mann in sein Tagebuch: »W, von seiner holländischen Reise zurück, sieht sehr schlecht aus und injiziert dreimal täglich Insulin. Seine Angelegenheiten stehen desolat. Er macht den Eindruck eines ruinierten Mannes.«

Wohl kaum einen Schriftsteller hat die neue Lage in der Heimat so schwer getroffen wie Jakob Wassermann. Eben noch Weltstar, jetzt ein ruinierter Mann. Dem Rauswurf aus der Akademie nur knapp durch eigenen Austritt zuvorgekommen, der S. Fischer Verlag weigerte sich, auch nur den Versuch zu unternehmen, seinen neuen Roman zu publizieren. *Joseph Kerkhovens dritte Existenz* (1934) war die unverhüllte Abrechnung mit seiner ersten Ehefrau Julie Speyer, der er nach der Scheidung, wie er selbst nicht aufhörte zu betonen, angeblich fast sein gesamtes Vermögen überlassen musste. In Holland, wo er einen Vortrag über »Humanität und das Problem des Glaubens« gehalten hatte, schlief er, wie er den Manns berichtete, um Geld zu sparen, bei eisiger Kälte in einer ungeheizten Autogarage. Er ist krank, niedergeschlagen und ohne Hoffnung. Im Gespräch erzählt er seinen Gastgebern von einem »chemischen Industriellen«, der ihm kürzlich erklärt hatte, »im ›Ernstfall‹ würden innerhalb 6 Stunden 16 Millionen Menschen tot sein«. Thomas Mann notiert das eher emotionslos. Zehn Tage nach dem Besuch im Hause Mann in Zürich ist Jakob Wassermann gestorben.

Seine jüdische Identität hat Wassermann schon früh beschäftigt. Das Gefühl, nie ganz dazuzugehören, auch wenn er, wie sein Vater immer betonte, in ein »Zeitalter der Toleranz« hineingeboren worden war. Doch das Bewusstsein, dass das nicht immer so war und nicht immer so bleiben würde, war in Jakob Wassermann schon früh und tief verankert. In seinem 1921 erschienenen autobiographischen Text *Mein Weg als Deutscher und Jude* zeichnet er den langen Weg seiner jüdischen Familie in seiner Heimatstadt Fürth nach. »Drückende Beschränkungen, wie das Verbot der Freizügigkeit und der freien Berufswahl, waren noch bis in die Mitte des neunzehnten Jahrhunderts in Kraft. Der Vater meiner Mutter, ein Mann von Bildung und edler Anlage, verblutete an ihnen. Daß finsterer Sektengeist, Ghettotrotz und Ghettoangst dadurch immer frische Nahrung erhielten, versteht sich am Rande.« Und so war auch für ihn, Jakob Wassermann, sein Judentum »der problematischste Teil« seines Lebens, »nicht als Jude schlechthin, sondern als deutscher Jude, zwei Begriffe, die auch dem Unbefangenen Ausblick auf eine Fülle von Mißverständnissen, Tragik, Widersprüchen, Hader und Leiden eröffnen«.

Am Ende seines Lebens war diese Doppelexistenz für Wassermann unmöglich geworden. Deutschland hatte seine Bücher verbrannt. Ein Leben als Deutscher und Jude sollte nicht mehr möglich sein. Joseph Roth schrieb einige Monate nach Wassermanns Tod: »Er war seinen Weg als Deutscher und Jude nicht zu Ende gegangen. Dieser Weg führte zu keinem Ziel. Er führte vor eine plötzlich aufragende Mauer aus Haß und Brutalität. Vor dieser Mauer mußte Jakob Wassermann umkehren, den alten jüdischen Wanderstab in der Hand, und das Exil aufsuchen. Dennoch sprach er von seiner Heimat mit der Liebe eines Deutschen und mit dem Gerechtigkeitsgefühl eines Juden.«

Manchmal kann es fast so etwas wie Glück sein, nicht zu lange zu leben. Zu sterben und noch kurz vorher formuliert zu haben: »Das Leben ist doch schön und interessant – ich möchte um der schönen Stunden willen gleich noch einmal leben.« Das hat der Arzt, Novellist und Dramatiker **Arthur Schnitzler** (1862–1931) am 20. Oktober 1931 seiner Altersfreundin Clara Pollaczek gesagt. Einen Tag später ist er gestorben. Auch der Jude Arthur Schnitzler wusste sein Leben lang vom Schwanken des Bodens unter sich und seinesgleichen. Immer wieder hat er in Novellen und Dramen wie dem *Professor Bernhardi* (1912), in dem er das Schicksal des eigenen, von scheinliberalen Judenfeinden lebenslang gedemütigten Vaters schildert, die prekäre Lage der Juden in Österreich dargestellt. Immer war er öffentlichen Anfeindungen ausgesetzt. Nach der Veröffentlichung der Novelle *Leutnant Gustl* (1900), in der er den Ehrenkodex der k.u.k.-Armee verspottet (und ganz nebenbei den »Inneren Monolog« als Stilmittel und Erlebnis für die deutschsprachige Literatur erfindet), ist er übelster antisemitischer Hetze ausgesetzt und wird seines Offiziersranges enthoben. Kurz zuvor war er in Wien dem soeben von der *Frankfurter Zeitung* als Theaterkorrespondent dorthin entsandten Jakob Wassermann begegnet, der ihm ein eigenes Stück zur Begutachtung vorgelegt hatte. Schnitzler riet ihm, es zu verbrennen. Es tauge leider gar nichts. Dabei gebe er, Wassermann, auf epischem Gebiet zu allergrößten Hoffnungen Anlass. Wassermann erinnerte sich später: »Mir war aber eine so schonende und achtungsvolle Behandlung durchaus neu, von soviel Freundlichkeit entzückt, gab ich mein Produkt sogleich mit hellem Vergnügen preis, denn die Verurteilung, die es erfuhr, hatte sonderbarerweise etwas Ehrendes für mich, da sie sich von vornherein auf der Ebene von gleich zu gleich vollzog.« Es war der Beginn einer lebenslangen Freundschaft, und nach Schnitzlers Tod schrieb Wassermann: »Wenn man sagen kann, daß man mit dem Tod eines Freundes eine Welt verliert und um ein Leben ärmer wird, so war es hier der Fall.« Schnitzler war, fährt er fort, »der edelste Repräsentant einer nun vergangenen Epoche«.

Es war die Epoche des Wiener Fin de Siècle, der Träume und der verbotenen Liebe, des schwankenden Bodens, nicht nur unter den Füßen der Juden, die Fundamente der Gesellschaft schwankten. Sigmund Freud hat sich einmal Schnitzler gegenüber zu einer Art »Doppelgängerscheu« bekannt und dem Dichter zu seinem 60. Geburtstag ehrfürchtig geschrieben, Schnitzler würde »infolge seiner Selbstwahrnehmung alles das wissen, was ich in mühseliger Weise an anderen Menschen aufgedeckt habe«. Schnitzler selbst hatte es etwas unfreundlicher Jahre vorher so ausgedrückt: »Nicht die Psychoanalyse ist neu, sondern Freud.«

Das Unbewusste ist die treibende Kraft der Welt, so wie Schnitzler sie sieht und beschreibt. Er blickt in die Seelen der Menschen. Nicht in die kranken, nein, in die kerngesunden, in die Seelen der Menschen, die das gefestigtste Dasein führen, in der Liebe, im Beruf. Hier lauert überall der Abgrund des Verlangens, der Abenteuerlust, der Begierde. Nirgendwo ist das so schön, so unheimlich, so dunkel und rätselhaft und sonderbar beschrieben worden, wie in seiner *Traumnovelle* (1926), den Traumerlebnissen von Fridolin und Albertine, die den Mann eines Nachts in das sonderbare Maskenschloss hinein entführen, in dem Dinge geschehen, die auf grausame Weise mit der Realität verknüpft zu sein scheinen, und in das er doch nie wieder zurückkehren kann. Stanley Kubrick hat sie fast hundert Jahre später unter dem Titel *Eyes wide shut* genial verfilmt. Und mit »weit geschlossenen Augen«, mit tiefem Blick in dunkler Nacht, geht die Reise durch das Werk Arthur Schnitzlers immer weiter hinab. Die plötzliche Liebe, die Schreckensleidenschaft, Blumen von einer Toten, Selbstmord wegen eines Traumes, Tod und Liebe im Wien der Jahrhundertwende, das gehört im Werk Arthur Schnitzlers immer eng zusammen. Der Abgrund kann sich immer öffnen: »Doch aus dem leichten Geplauder über die nichtigen Abenteuer der verflossenen Nacht gerieten sie in ein ernsteres Gespräch über jene verborgenen, kaum geahnten Wünsche, die auch in die klarste und reinste Seele trübe und gefährliche Wirbel zu reißen vermögen, und sie redeten von den geheimen Bezirken, nach denen sie kaum Sehnsucht verspürten und wohin der unfaßbare Wind des Schicksals sie doch einmal, und wär's auch nur im Traum, verschlagen könnte.« So reden Fridolin und Albertine dahin. Die Nacht kommt. Schließt die Augen fest und weit.

Eine Novelle aus dem Nachlass von Schnitzler trägt den Titel *Ich* und wurde 1917 verfasst. Sie handelt von einem Mann, der den Boden unter den Füßen verliert. »Bis zu diesem Tage war er ein völlig normaler Mensch gewesen.« So fängt es an. Er legt sich für ein halbes Stündchen hin. Er geht spazieren. Er kommt an einem Park vorbei. An einen Baum ist ein Schild genagelt, darauf steht »Park«. Ihm war das Schild bisher nicht aufgefallen. Er findet es albern. Überlegt, was der Grund sein könnte, das Offensichtliche noch einmal für alle sichtbar zu benennen. Vielleicht ist nicht alles so gesichert, wie er denkt? Vielleicht träumte er nur? »Mit einem plötzlichen Entschluß trat er sich selbst mit einem Fuß auf den andern, und zum Überfluß faßte er sich an der Nase. Er spürte alles ganz genau. Und das wollte er als Beweis für sein Wachsein gelten lassen.« Doch der Zweifel ist da. Und er wird bleiben. »Sonderbar, das alles zu wissen. Wie, wenn er vergessen hätte, daß er in der Andreasgasse wohnte?« Und er beginnt, um die Welt um sich herum abzusichern, alles mit Schildern zu markieren: »Sessel«, »Schrank«, »Schwiegermutter«, »Schwägerin«, einige Zettel werden gleich wieder entfernt, die Welt verschwimmt, alles schwankt: »Welche ungeheure Verwirrung war in der Welt.« Es brauchte nur einen Tag, einen Spaziergang, ein Parkschild am Eingang eines Parks, nur drei, vier Seiten einer Erzählung, um die Beziehung zwischen diesem Mann und der Welt für immer aus dem Gleichgewicht zu bringen. Am Ende heißt es: »Indessen hat die Frau den Arzt verständigt. Wie der hereintritt, tritt ihm der Kranke entgegen mit einem Zettel auf der Brust, auf dem mit großen Buchstaben steht: ›Ich‹. –«

Für seinen Tod hatte Arthur Schnitzler, der noch einen Tag zuvor vom Wunsch beseelt gewesen war, ein weiteres Mal zu leben, für den eignen Tod hatte der Kenner des Lebens und des Todes schon im April 1912 unmissverständliche Anweisungen

gegeben: »Bestimmungen, die ich nach meinem Ableben zu er-
füllen bitte. –

Herzstich! –

Keine Kränze!

Keine Parte! Auch in den Zeitungen nicht!

Begräbnis letzter Klasse. […]

Keine Trauer tragen nach meinem Tode, absolut keine. –«

12 | Eure vergessenen Bücher

Kurt Pinthus – der Sammler. Franz Werfel – dicker Sänger und
Franz im Glück. Heinrich Eduard Jacob – die Erfindung des modernen Sachbuchs im Geiste des Kaffees. Karl Grünberg – gut
gemeint ist schlecht geschrieben

»Ihr müßt in die *New School* kommen und Euch meine Bibliothek anschauen. Dort ist nämlich ein Teil von ihr ausgestellt.
Ihr seid alle vertreten, alle Eure Bücher sind da, und ich habe
von allen die Erstausgaben. Ihr werdet Werke von Euch wieder-
finden, die Ihr selber schon ganz vergessen habt. Eure wilden
Ausbrüche von 1919 und 1920, ich habe sie alle gesammelt, es
ist wirklich eine umfassende Kollektion!« So ruft **Kurt Pinthus**
(1886–1975) im September 1938 seinen exilierten Schriftsteller-
freunden zu. So haben es Klaus und Erika Mann in ihrem Exil-
Kompendium *Escape to Life* aufgeschrieben. Kurt Pinthus war
ein großer Sammler, Bewahrer und Vermittler. Seine große Tat,
für die er auf immer in den Literatur-Annalen geehrt werden
wird, ist die berühmte Sammlung expressionistischer Dichtung,
die *Menschheitsdämmerung*, die er 1919 herausgab. Alle waren dabei: Himmelsstürmer, Friedensengel, Kriegstrompeter, Gläubige,
Betende, Singende – all die Dichter des hohen Tons der neuen
Zeit, die sich dem Pinthus-Wort aus seiner Vorrede verpflichtet fühlten: »Niemals war das Ästhetische und das L'art-pour-
l'art-Prinzip so mißachtet wie in dieser Dichtung, die man die
›jüngste‹ oder ›expressionistische‹ nennt, weil sie ganz Eruption,

Explosion, Intensität ist – sein muß, um jene feindliche Kruste zu sprengen.« Die feindliche Kruste der alten Zeit. Dagegen dichteten unter anderem: Becher, Benn und Hasenclever, Heym und Stadler, Trakl und Franz Werfel. Es ist die repräsentative Sammlung expressionistischer Dichtung bis heute geblieben. Einige Beiträger, wie Ernst Stadler und August Stramm, waren, noch bevor die Sammlung erscheinen konnte, in jenem Krieg gestorben, den sie selbst ersehnt und zum Teil mit hymnischen Gedichten begrüßt hatten.

Pinthus sammelte die Besten und schloss seine Vorrede mit den Worten: »Die zukünftige Menschheit, wenn sie im Buche *Menschheitsdämmerung* lesen wird, möge nicht den Zug dieser sehnsüchtigen Verdammten verdammen, denen nichts blieb als die Hoffnung auf den Menschen und der Glaube an die Utopie.«

Pinthus selbst war schon vor dem Krieg als Lektor beim Kurt Wolff Verlag und als literarischer Berater von Rowohlt tätig, nach dem Krieg arbeitete er für kurze Zeit als Dramaturg an Max Reinhardts Deutschem Theater, später dann als Rundfunksprecher für die »Funkstunde Berlin« und blieb immer in engem Kontakt mit den Schriftstellern der Zeit.

Erst 1937 verließ der Jude Pinthus Deutschland in Richtung New York. Doch wer da glaubt, das sei eine Abreise in letzter Not gewesen, der kennt Kurt Pinthus nicht. Denn als ihm in der Neuen Welt langsam klarwurde, dass sein Aufenthalt von langer Dauer sein würde, musste er entsetzt feststellen, dass es ihm massiv an Büchern fehlte, dass er, der große Menschen- und Büchersammler, ohne seine Sammlung in Amerika leben sollte. Das konnte nicht sein, und so kehrte Kurt Pinthus im Dezember unter Lebensgefahr noch einmal nach Berlin zurück. Fünf Monate lebte er dort im Untergrund, sammelte an Büchern, was zu sammeln war, verschiffte alles in einer halsbrecherischen Aktion in Containern verpackt über den Ozean und verließ im Mai ein zweites Mal sein Heimatland mit Zielhafen New York. Sodass er schließlich Klaus Mann und all den anderen im September zurufen konnte: »Kommt und seht, was ich für Euch gesammelt habe!«

Lange blieb Pinthus in Amerika. Erst 1967 kam er endgültig zurück, und mit ihm seine Bibliothek, die inzwischen auf 8800 Exemplare angewachsen war und die heute noch im Literaturarchiv im schwäbischen Marbach zu besichtigen ist. Hier, in Marbach, hat er die letzten Jahre seines Lebens gelebt und gearbeitet. Im Archiv – das war nun sein Ort geworden. In einer Neuauflage der *Menschheitsdämmerung* schrieb er: »Denn es war den Nazis gelungen, die dreiundzwanzig Dichter der *Menschheitsdämmerung*, sowohl die, welche noch lebten, wie die, welche bereits tot waren, getötet wurden, oder sich selbst getötet haben, in solchem Ausmaß als entartet oder zumindest als unerwünscht zu brandmarken und ihre Werke zu verbieten, zu verbrennen und auszurotten, daß ihr Leben oft in Dunkel gehüllt ist, viele ihrer Bücher fast oder völlig unauffindbar und selbst die Titel ihrer Veröffentlichungen nur mit größter Mühe feststellbar sind.«

Und seine eigene Arbeit, seine eigene Aufgabe beschrieb er jetzt so: »Als einer der letzten Überlebenden jener Generation, der all diese Dichter, soweit sie 1919 noch lebten, gut gekannt hat und die ihnen Nahestehenden kennt, habe ich eine bereits vor fünfzehn Jahren begonnene Arbeit, eine Bibliographie aller Ausgetriebenen und Umgekommenen aufzustellen und ihren Schicksalen nachzugehen, für die Dichter der *Menschheitsdämmerung* in zeitraubender Sucharbeit zu Ende geführt. Diese mühsame Sucharbeit wurde eine Arbeit der Liebe. Sie soll Dank und Denkmal sein für die Dichter – damit sie weiterleben oder wiederleben.«

Auch **Franz Werfel** (1890–1945) gehörte zu den von Pinthus Gesammelten. Von keinem anderen Dichter sind so viele Texte in die *Menschheitsdämmerung* aufgenommen worden. Hohe Lieder auf das Leben, wie dieses. Es heißt: »Der schöne strahlende Mensch«:

> *Die Freunde, die mit mir sich unterhalten,*
> *Sonst oft mißmutig, leuchten vor Vergnügen,*
> *Lustwandeln sie in meinen schönen Zügen*
> *Wohl Arm in Arm, veredelte Gestalten.*

Ach, mein Gesicht kann niemals Würde halten,
Und Ernst und Gleichmut will ihm nicht genügen,
Weil tausend Lächeln in erneuten Flügen
Sich ewig seinem Himmelsbild entfalten.

Ich bin ein Korso auf besonnten Plätzen,
Ein Sommerfest mit Frauen und Bazaren,
Mein Auge bricht von allzuviel Erhelltsein.

Ich will mich auf den Rasen niedersetzen
Und mit der Erde in den Abend fahren.
O Erde, Abend, Glück, o auf der Welt sein!

Ein Mensch, der platzt vor Glück und Lebenszuversicht. Wie haben die Menschen diesen Dichter des Glücks und des Pathos geliebt, von Anfang an. Wenn er aufstand im Prager Café Arco, aufstand, um seine Gedichte zu deklamieren, dann schwiegen alle und staunten über diesen hässlichen pausbäckigen Engel. Und einer bewunderte ihn ganz besonders, damals in Prag, einer, der wie Werfel von Max Brod entdeckt und früh gefördert werden sollte: Franz Kafka. Werfel war für Kafka eine Utopie, schreibt sein Biograph Reiner Stach: »Seit langem schon bestaunte Kafka diesen Knaben, dem alles, wonach er selbst vergeblich die Arme reckte, gleichsam ohne Bewußtsein zuzufallen schien. Allein Werfels Vitalität, die erstaunliche Tatsache, daß man derart auftrumpfen konnte, ohne daß die Welt zurückschlug, bedeutete einen Trost.« Im Dezember 1911 schrieb er über Werfels ersten Gedichtband *Der Weltfreund* in sein Tagebuch: »Einen Augenblick fürchtete ich, die Begeisterung werde mich ohne Aufenthalt bis in den Unsinn mitfortreißen.«

Die Bewunderung war übrigens durchaus einseitig. Als Brod Werfel ein erstes kleines Prosastück Kafkas vorlas, erklärte dieser: »Das geht niemals über Bodenbach hinaus.« »Bodenbach, das war«, wie Reiner Stach schreibt, »die böhmische Grenzstation, hinter der das Deutsche Reich begann. Dort, so glaubte Werfel, würde dieses Prager Geheimdeutsch kein Mensch verstehen.« Als Kafka später diese frühen kleinen Prosastücke in einem Band veröffentlichte, schrieb er für Werfel eine Widmung hinein: »Der große Franz grüßt den kleinen Franz.«

Werfel blieb ein Glückskind. 1924 gelang ihm mit seinem Verdi-Roman der Durchbruch als Romancier, 1929 heiratet er Alma Mahler, die Liebe seines Lebens, seine Bücher sind Welterfolge. Allein – die Flucht aus Europa über die Pyrenäen hätte der dickleibige Dichter beinahe nicht überlebt. Sein Gelübde in Lourdes, der heiligen Bernadette zu Ehren ein Buch zu schreiben, falls er es nach Amerika schaffe, ist – da er es mit dem Roman *Das Lied von Bernadette* (1941) schnell und ungeheuer erfolgreich einlöste – weltberühmt. Von seiner Ankunft in New York gibt es die erstaunlichsten Party-Berichte jener Zeit, als er mit George Grosz »eine Pulle französischen Champagner nach der anderen« auf seine Rettung leerte. Es feierte sich auch besonders schön, da sich von der Übersetzung seines Buchs *Der Veruntreute Himmel* (1939) innerhalb kürzester Zeit schon 150 000 Exemplare verkauft hatten. »Durch dieses Glück sind wir vorläufig aller Sorgen enthoben«, schrieb er, und das Ehepaar zog mit den anderen Glücksexilanten hinüber an die Westküste in ein Prachtanwesen in Beverly Hills. Sein Gelübde-Buch wird zum meistgelesenen Roman des Exils. Doch mit der Zeit verdüstert sich auch das Leben dieses Mannes. Nach einer schweren Herzattacke von Todesahnungen gepeinigt, vollendet er seinen finsteren Zukunftsroman *Stern der Ungeborenen* (1946) und stirbt nur wenige Monate nach Ende des Krieges an den Folgen einer Angina pectoris bei der Arbeit an einer Auswahl seiner besten Gedichte.

Heinrich Eduard Jacob (1889–1967) hat das moderne erzählerische Sachbuch erfunden. Das hat er zumindest immer von sich behauptet, später nach dem Zweiten Weltkrieg, als alle möglichen Erfolgsautoren wie C. W. Ceram mit seinem archäologischen Superbestseller *Götter, Gräber und Gelehrte,* Werner Keller mit *Und die Bibel hat doch recht* die Grundidee für sich reklamierten und Heinrich Eduard Jacob als einer von vielen betrachtet wurde. Dabei hatte er tatsächlich für den deutschen Markt damit angefangen, einen Stoff als Helden eines romanartigen Buches zu wählen. Der russische Avantgardist Sergej Tretjakow hatte Ende der 20er Jahre in seinem Aufsatz »Die Biographie des Dings« die Programmatik der Neuen Sachlichkeit auf die Spitze getrieben und erklärt, warum »das Aufbauen des Romans auf der Biographie eines menschlichen Helden von Grund auf falsch« sei und dass »das Ding« an seine Stelle treten müsse. Tretjakow schlug als Themen zukünftiger Bücher »Der Wald«, »Das Brot«, »Die Kohle« oder »Das Eisen« vor. Jacob wählte – den Kaffee. *Sage und Siegeszug des Kaffees* hieß das Buch, und der Autor zur Erklärung: »Nicht die Vita Napoleons oder Cäsars wird hier erzählt, sondern die Biographie eines Stoffes. Eines tausendjährigen treuen und machtvollen Begleiters der ganzen Menschheit. Eines Helden. Wie man die Biographie des Kupfers oder des Wassers erzählen könnte, so wird hier das Leben des Kaffees unter und mit den Menschen erzählt.« Und wie er das machte, das ist auch heute noch begeisternd und erstaunlich und spannend, auch wenn es uns so gar nicht mehr revolutionär erscheinen mag, da die Buchläden voll sind mit Kulturgeschichten und Ding-Biographien von allem Möglichen. Jacob arbeitete viele Jahre an seinem Kaffee-Buch, reiste seinem Helden in alle Weltgegenden hinterher, mit dem Zeppelin nach Brasilien und in andere Teile Südamerikas. Das Buch beginnt im Jemen und endet bei massenhaften Kaffee-Vernichtungen in Brasilien, Vernichtung von gigantischen Überschussproduktionen, um den Weltmarktpreis zu halten. Jacob ist dabei.

Das große Unglück war aber auch hier: der Erscheinungstermin des Buches. 1934, es hätte kaum zu einem schlechteren Zeitpunkt fertig werden können. Sein bis dato größter Erfolg, der Zeitroman *Blut und Zelluloid* (1930), war von den Nazis verbrannt worden. Musste geradezu verbrannt werden, denn noch niemand hatte vorher die propagandistischen Möglichkeiten des modernen Films so klar gesehen wie Jacob in diesem Buch: »Wie jede Industrie vermag heute auch die Filmindustrie sich jederzeit auf den Krieg umzustellen. Patronenstreifen aus Zelluloid! Bedenken Sie, was es heißt, meine Herren: Das Maschinengewehr des Films liefert zwanzig Hetzbilder in der Sekunde. Ein wirklich gut gemachter Hetzfilm eliminiert die Gerechtigkeit aus den Köpfen der Zuschauer. Seine Wirkung auf die Kultur ist konzentrierter als die des Gases.«

Und dieser Mann, Jude, verbrannter Autor, der 1933 auf dem PEN-Kongress in Dubrovnik erbittert und öffentlich gegen die Nazis im PEN protestiert und damit zur Spaltung des österreichischen PEN beigetragen hatte, dieser Mann wollte also 1934 sein revolutionäres Sachbuch, den Roman des Kaffees veröffentlichen. Und tatsächlich – das Buch erschien im Rowohlt Verlag. Es entsprach auf das herrlichste den Wünschen des Verlegers Ernst Rowohlt, der 1930 sein Programm mit den Worten vorgestellt hatte: »Natürlich habe ich meine ursprüngliche Neigung zur belletristischen Literatur nicht aufgegeben, aber auch hier glaube ich, daß eine Wandlung wahrnehmbar ist. Die junge Literatur wird immer mehr Tatsachen-Literatur werden, und nur nach dieser Richtung hin sehe ich für sie Erfolge.«

Jacob und Rowohlt waren befreundet, Jacob hatte genau das richtige Buch für den richtigen Verlag geschrieben – nur eben zum falschen Zeitpunkt. Das interessierte Rowohlt nicht, er veröffentlichte das Buch in Deutschland, bewarb es sogar im *Börsenblatt,* und die Resonanz war enorm, wie Jan Brandt in seinem Aufsatz »Der Biograph der Dinge« festgestellt hat. Die Zeitungen schwärmten von einem »schwer zu überbietenden Muster kulturgeschichtlicher Darstellung«, einem »unvergleichlichen Unikum an dokumentarischer Ergiebigkeit«; Otto Flake schrieb in der *Frankfurter Zeitung:* »Jetzt kommt einer und wählt als Helden einer romanhaften Biographie einen leblosen Stoff, ein Ding. Womit die Kaufleute Handel treiben, und siehe, es entstand ein so spannendes Buch, daß man von einem Griff sprechen kann.« Und Hermann Hesse pries Jacob im Berner *Bund* als »einen wahren Dichter«. Es wurden innerhalb kurzer Zeit Übersetzungsrechte in sechs Länder verkauft. Goebbels tobte, rief, so erinnerte sich Jacobs spätere Frau, Rowohlt persönlich an, er solle »seinen Juden zurücknehmen«, was Rowohlt verweigerte, bis schließlich, am 18. Februar 1935, Jacobs Gesamtwerk in Deutschland verboten wurde.

Die Flucht aus Österreich – Jacob war bis 1933 Chefkorrespondent des *Berliner Tagblatts* in Wien – gelang spät, fatal spät. Wegen eines spektakulären Betrugsprozesses gegen seine Halbschwester, der auch ihn als unschuldigen Mitangeklagten traf, konnte er Österreich nicht rechtzeitig vor dem »Anschluss« an

Deutschland verlassen. Mit dem ersten österreichischen Deportationszug, dem so genannten »Prominententransport«, wurde er am 1. April 1938 in das Konzentrationslager Dachau gebracht, später kam er nach Buchenwald. In höchster Not, durch eine Intervention eines Onkels aus Chicago, wie es heißt, wurde Jacob im Februar 1939 entlassen und entkam nach Amerika.

Dort hatte er zunächst kaum Erfolg, auch wenn eine Geschichte von ihm, die er unter Pseudonym veröffentlicht hatte, von Hemingway in eine Sammlung der besten Kriegserzählungen aufgenommen wurde. Jacob galt in Amerika nur als Sachbuchautor, doch selbst der konnte keine großen Erfolge mehr feiern. Als er 1944 eine große Kulturgeschichte des Brotes in englischer Sprache unter dem Titel *Sixthousand Years of Bread* veröffentlichte, war die Resonanz mäßig.

Jacob führte ein rastloses Leben, erhielt 1945 die amerikanische Staatsbürgerschaft, doch kehrte er Mitte der 50er Jahre nach Europa zurück, reiste durch die Länder, lebte in Hotels, trug Feuilleton-Redakteuren seine Artikel, die er zum Abdruck anbot, persönlich vor, schrieb populäre Biographien über Haydn, Mendelssohn Bartholdy und Mozart und rechnete bei einem Besuch bei den Jungdichtern der Gruppe 47 mit deren Erzählstil ab: »Ihr Verblendeten! Ein paar Jahre noch mögt Ihr weiter Drei-Sekunden-Erlebnisse zu Vollkapiteln aufblasen und Assoziationen als Buchfüllung bieten. Mögt das ›Gesetz der Handlung‹ verhöhnen und seine tausendjährige Weisheit. Mögt Psychologie und Syntax zerbrechen: Die ›konservative Revolution der Epik‹ wird kommen.«

Jacob hat sie nicht mehr erlebt, jene epische Revolution. Er litt in seinen letzten Lebensjahren stark unter den Spätfolgen seiner KZ-Haft, unter Depressionen, Ruhelosigkeit, konnte fast nicht mehr schreiben. Nur wenige erinnerten sich an einen der Väter des modernen Sachbuchs. 1964 durfte immerhin er selbst in der *Welt* an sich erinnern und schrieb einen großen Text unter dem Titel »Wie ich Sachbuchautor wurde«.

Die Bücher von **Karl Grünberg** (1891–1972) wirken wie aus einem sozialistischen Zauberreich. Oh, was war der Mann unterwegs im Osten. *Von der Taiga bis zum Kaukasus* (1970) heißt ein besonders populäres Reisebuch, das der aufrechte Kommunist nach dem Zweiten Weltkrieg in der DDR herausbrachte. »Vereidigung bei den Tscherkessen« heißt ein Kapitel und beginnt gleich mal so: »Wer hat nicht schon von den Tscherkessen gehört? – Ist der Begriff nicht mit exotischer Musik, Wirbeltänzen, wilder Tapferkeit und Räuberromantik verknüpft? So betrachtete ich mit andächtiger Neugier die ersten mir begegnenden Tscherkessen: schlanke, sehnige Gestalten, Adlernasen, feurige Augen und bronzene, sonnengegerbte Gesichter.« Und dann geht es flott zurück ins Zarenreich (»dezimiert«, »gejagt«, »unterjocht«) und schwebend, aber erzählerisch leicht hinüber zur Oktoberrevolution (»Befreiung«, »Molkereien«, »Pottaschefabriken«, »Selbständigkeit der Frau«, »Elektrifizierung«), ins reine Glück also. Und am Ende, als Grünberg die Tscherkessen mit ihren Wirbeltänzen wieder verlassen muss, da wurden er und seine Begleiter zu Ehrenmitgliedern der Gemüsekolchose ernannt: »Fortan solle bei jeder Versammlung unser Name aufgerufen und als Entschuldigung für unser Fehlen ›Abkommandiert zur Verbreitung des Kollektivgedankens in der kapitalistischen Welt‹ geantwortet werden. Tiefgerührt dankten wir.«

Das Moskau-Kapitel heißt hübscherweise »Moskau, wie hast du dich verändert«, und da gefällt mir diese Passage am besten: »Im Frühjahr 1931 fand ich hier erstmalig Arbeiter mit dem Anpflanzen von Sträuchern und der Anlage von Blumenbeeten beschäftigt; im Fünfjahresplan war auch die Schönheit nicht vergessen worden. Die sonst so eiligen Menschen blieben stehen, um mit den Gartenarbeitern zu diskutieren.«

Das Werk, das Grünberg in der Weimarer Republik zu einiger Berühmtheit verhalf, ist der Roman *Brennende Ruhr* (1928), ein heroischer Bericht über die Kämpfe der Roten Ruhrarmee gegen die Kapp-Putschisten. Aber auch dieses Buch liest sich heute wie ein satirisches Märchen von einem, der auszog, den Sozialismus zu dichten: »Mit einem furchtbaren Schlag seiner stahlharten Faust hatte sich der Titan Proletarier im Ruhrgebiet Luft gemacht. Über Nacht schossen wie die Pilze nach einem warmen Regen die Kampfformationen der Arbeiter, die Rote Armee aus der Erde.«

Grünberg, der 1920 in die KPD eingetreten war und 1928 den Bund proletarisch-revolutionärer Schriftsteller mitbegründet hatte, blieb während der Nazi-Diktatur in Deutschland. Die Berichte, die er über diese Zeit schrieb, sind der interessanteste Teil seines Werkes. Aber selbst diese Reportagen, z. B. über die Ermordung Erich Mühsams oder auch seine Beobachtung eines Güterzugs, der mit stummen, zusammengepferchten Menschen offensichtlich als Transport zu einem KZ durch die Reichshauptstadt fährt (»Welch ein furchtbares Geheimnis barg dieser Zug, der da gleich einem fliegenden Holländer auf Schienen, aber völlig unbekümmert und wie der selbstverständlichste Transport der Welt mitten durch eine Millionenstadt fuhr?«), wirkten unbeholfen und vor allem – ausgedacht.

In der Sowjetunion und in der DDR erschienen seine Bücher in hohen Auflagen. *Brennende Ruhr* allein in der Sowjetunion 400 000-mal, heißt es im Schutzumschlag einer deutschen Ausgabe. Und Grünberg blieb unruhig und reisefreudig, fast immer unterwegs, »abkommandiert zur Verbreitung des Kollektivgedankens in der Welt« – da hatten die Tscherkessen recht.

Mit Kafka nackt im Gras

13

Viktor Meyer-Eckhardt – Hölderlin-Nachfolge in super-heilig und der Krieg als rotgoldner Gott. Max Brod und Hermann Kesten – die Sammler und Jäger, Dichterfreunde, Dichterentdecker. Das eigene Dichten? Vergessen. Für immer. Theodor Plievier, Anarchist auf Wanderschaft, Trinken mit Kiepenheuer, Stalingrad und wie es die Soldaten sahen

Mitten im Krieg, 1941, erschienen vom westfälischen Bibliothekar, Wanderer und Hölderlin-Epigonen **Viktor Meyer-Eckhardt** (1889–1952) in neuer Auflage die zwei Gedichtzyklen *Dionysos* und *Apollon*. *Dionysos* war schon 1924 erschienen, aber jetzt, 1941, hatte das doch noch einen viel prächtigeren, heroischeren Klang. Er beginnt mit dem Gedicht »Die Weihe«:

Rotgoldner Gott, wie sprühst du Well um Welle
Von deines Traubenberges blutiger Schwelle,
wie schleuderst du die Blitze Licht um Licht
in meine Brust aus deinem Angesicht!
Entzündet weht in mir des Feuers Pracht,
mit Flammen tut sich an die lautre Nacht
aus düstrem Ungestüm verworfnem Frieden
sehnt sich mein Geist, dein wütend Bild zu schmieden.

So geht das weiter: »metallne Urflut bäumt sich aus dem Dämmer«, das reimt sich dann natürlich auf Hämmer usw. Ja, das ist ein Kriegsgedicht, was sonst? Ein kriegsbegrüßendes, ein kriegsfeierndes Gedicht. Das Buch ist voll davon. Aus seinem Erzählungsband *Menschen im Feuer* (1939), der zwei Jahre vorher erschienen war, haben wohlmeinende Forscher eine innere Opposition des Autors herauslesen wollen, einen im Historiengemälde verborgenen Widerstandsgeist gegen das Regime in Deutschland. Da gehört schon sehr viel guter Wille dazu. Man kann aus den historischen Erzählungen dieses Bandes, die vor allem zur Zeit der Französischen Revolution spielen, alles Mögliche herauslesen. Auch eine Feier des starken, schicksallenkenden, allmächtigen Staatsmanns. Vor allem aber ist die Sprache dieser Erzählungen, ebenso wie die der Gedichte, schauderhaft, schwergewichtig, Sprachen der Vergangenheit imitierend ohne inneres Leben, ohne innere Wahrheit.

Und wie war jetzt ein Buch von Viktor Meyer-Eckhardt auf den Scheiterhaufen von 1933 geraten? Es war eines seiner ersten Bücher, die Erzählung *Das Vergehen des Paul Wendelin* aus dem Jahr 1922, in der Meyer-Eckhardt eigene Erfahrungen als Unteroffizier im Ersten Weltkrieg verarbeitet und die Offiziere dabei offenbar zu kritisch dargestellt hatte. Es blieb das einzige verbotene Buch des Dichters. Er blieb während der ganzen Nazi-Zeit in Deutschland und veröffentlichte allein in diesen zwölf Jahren elf Bücher.

Das ist er eben vor allem, und das wird er bleiben im Gedächtnis der Menschen: der Entdecker Franz Kafkas, der Freund Franz Kafkas, der Kafka schon den besten Schriftsteller der Welt nannte, als dieser noch keine Zeile veröffentlicht hatte, der seine Romane für uns gerettet hat, obwohl Kafka ihn beauftragt hatte, sie zu verbrennen. Kafkas Freund. Das ist das Bild, das wir von **Max Brod** (1884–1968) haben. Dabei war er der viel erfolgreichere Autor, der viel produktivere, ein früher Star in Prag am Anfang des Jahrhunderts, in Berlin, ein früher Star der Expressionisten mit seinem Roman *Schloß Nornepygge* (1908). Brods viertes Buch, das er mit 24 Jahren schrieb, wurde bei den Expressionisten geradezu als Bibel und Offenbarungsschrift verehrt. Trotzdem ließ er sich von diesem Ruhm nicht blenden. Er wusste, dass da ein Größerer war, ein unendlich viel Größerer als er, jener Franz Kafka, der ihn am 23. Oktober 1902, nachdem er in der Prager »Lese- und Redehalle der deutschen Studenten« einen Vortrag über Schopenhauer gehalten hatte, auf dem Nachhauseweg ansprach. Brod erinnert sich: »Er pflegte an allen Sitzungen der ›Sektion‹ teilzunehmen, doch hatten wir einander bis dahin kaum beachtet. Es wäre auch schwer gewesen, ihn zu bemerken, der so selten das Wort ergriff und dessen äußeres Wesen überhaupt eine tiefe Unauffälligkeit war, – sogar seine eleganten, meist dunkelblauen Anzüge waren unauffällig und zurückhaltend wie er. Damals aber scheint ihn etwas an mir angezogen zu haben, er war aufgeschlossener als sonst, allerdings fing das endlose Heim-Begleitgespräch mit starkem Widerspruch gegen meine allzu groben Formulierungen an.« Die beiden wurden, nach anfänglichen Schwierigkeiten, Lebensfreunde. Der quirlige, eine früherlittene, starke Rückgratverkrümmung durch verdoppelte Lebensaktivität ausgleichende Erfolgsautor Brod und der blasse, schweigsame Perfektionist ohne Buch. Seit 1907 sahen sie sich beinahe täglich. Und wenn sie sich nicht sahen: Was für schöne Briefe verdanken wir dieser Freundschaft. Glücksbriefe – von Kafka – wie diesen: »Ich fahre viel auf dem Motorrad, ich bade viel, ich liege lange nackt im Gras am Teiche, bis Mitternacht bin ich mit einem lästig verliebten Mädchen im Park, ich habe schon Heu auf der Wiese umgelegt, ein Ringelspiel aufgebaut, nach dem Gewitter Bäumen geholfen, Kühe und Ziegen geweidet und am Abend nach Hause getrieben, viel Billard gespielt, große Spaziergänge gemacht, viel Bier getrunken, und ich bin auch schon im Tempel gewesen.« So viel zum Glück. Zwei

Briefe vorher hatte er noch an den Freund geschrieben: »Mein Weg ist gar nicht gut, und ich muß – soviel Übersicht habe ich – wie ein Hund zugrunde gehn. Auch ich würde mir gerne ausweichen, aber da das nicht möglich ist, freue ich mich nur noch darüber, daß ich kein Mitleid mit mir habe und so egoistisch also endlich geworden bin. Diesen Höhepunkt sollten wir noch feiern, ich und Du meine ich; gerade als künftiger Feind dürftest Du das feiern.«

Das war die Angst, die Angst des Lebensängstlichen, den Lebensfreudigen, dem das Leben und das Schreiben so leicht zu fallen schien, mit seiner schwarzen Seele zu verlieren. Aber Brod ließ sich nicht abbringen von Kafka und von seiner Liebe und Bewunderung für ihn und für sein Schreiben.

Brod war ein Emphatiker des Lebens, Schopenhauerianer und Lebensfeierer. *Tod den Toten!* (1906) hieß die Sammlung seiner Novellen aus den Jahren 1902–1906, die unter dem Titel *Die Einsamen* (1919) neu erschienen. »Lo« heißt einer der größten Helden in diesen »Novellen des Indifferenten«. Lo lebt im Bett, ein später Oblomow als Glückskind des Lebens: »Er lag weitaus die größere Zeit seines Lebens zu Bett, obgleich er durchaus nicht krank und am allerwenigsten verkrüppelt war. Im Gegenteil, er besaß einen wunderschönen, ebenmäßig gebauten, feingliedrigen Körper. Aber rätselhafte Anfälle peinigten ihn von Zeit zu Zeit furchtbar, warfen ihn nieder und beraubten ihn auf lange Wochen hinaus aller Kräfte. Er erholte sich zwar immer sofort nach dem Anfalle, gewann seine vorherige Heiterkeit und war der glücklichste Mensch von der Welt. Aber er blieb schwach und seltsam müde und durfte sich nicht aus dem Bett hinauswagen.« Am Ende muss er sterben. Brod verabschiedet ihn: »Er liebte die ganze Welt, der kleine kranke Lo; das ist sein tiefster Kern … Er liebte das ganze Leben mit allen Schmerzen, Widersprüchen, Jubeltänzen und Rätseln darin, als wahrer Indifferentist und Fanatiker des Lebens.«

Bald schon richtete sich Brods Lebenswunderglaube vor allem auf das Judentum, das er zum »Diesseitswunder« erklärte. Brod wurde zu einem entschlossenen Anhänger des Zionismus, der für ihn keinerlei nationalistische Züge trug: »Gerade weil ich kosmopolitisches universales Fühlen für ein wesentliches Merkmal jüdischer Eigenart halte, muß es mein Wunsch sein, diese Eigenart an einem bestimmten Punkt der Erdkugel zu konzentrieren, ihr einen Körper zu geben und sie auf diese Art aus Zerflossenheit und Dekadenz zu realer, sichtbarer Wirkung zu bringen.«

Mit dem letzten Zug vor Einmarsch der Deutschen hat Brod Prag in Richtung Palästina verlassen, wo er, bis zu seinem Tod am 20. Dezember 1968, in Tel Aviv gelebt hat.

Bei **Hermann Kesten** (1900–1996) braucht man nicht lange drum herumzureden. Seine Romane – und er hat insgesamt vierzehn geschrieben – taugen nicht viel. Wenn wir von Hermann Kesten nur die Romane, die Bühnenstücke, die Biographien, die Gedichte und die Novellen hätten – wir hätten ihn lange schon vergessen. Es waren Bücher für ihre Zeit, heute liest man darin wie in einer fremden Welt. Damals waren sie ein Erfolg, weit über Deutschland hinaus, in 22 Sprachen waren sie bis 1933 übersetzt. Joseph Roth, sein großer Freund, der viele Romane Kestens in der *Frankfurter Zeitung* mit freundschaftlichen Rezensionen – Kumpelkritiken – bedachte, hat über den Roman Ein *ausschweifender Mensch* (1929) einmal sehr schön geschrieben – und man merkt bei Roth ja immer, wenn er mal die Wahrheit verbiegt oder dem Leser nur wenig verhüllt seine ehrliche Meinung mitteilen möchte: »Manchmal scheint die Formulierung flinker gewesen zu sein als der Gedanke. Es ist gelegentlich so, als hätte sich ein Satz beeilt, der Überlegung zuvorzukommen, als hätte ein Klang eine Assoziation heraufbeschworen und als wäre ein Einfall einer Assoziation auf halbem Weg entgegengekommen.« Wenn man das einmal gelesen hat, kann man nicht mehr umhin, beim Lesen von Kestens Büchern ständig kleine Sätze umherrennen zu sehen, die sich sofort nach ihrer Geburt auf den Weg zu einem klugen Gedanken machen, der zu ihnen passen könnte.

Kesten war also kein großer Romanautor. Aber Kesten war ein großer Sammler. Sein berühmtestes, sein schönstes Buch ist seine Dichter-Porträt-Sammlung *Meine Freunde, die Poeten* (1953). So viel Liebe ist darin, so viel aufrechte Bewunderung für die Dichtkunst der Porträtierten. Von André Gide über Carl Sternheim, Ernst Toller, Joseph Roth zu Irmgard Keun und Luise Rinser. Kesten war ein großer Freund und Förderer, in seiner Zeit als Cheflektor beim Gustav Kiepenheuer Verlag, dann im Exil, wo er für Klaus Manns *Die Sammlung* schreibt und gemeinsam mit Walter Landauer die deutsche Abteilung des Allert de Lange Verlages leitet. Dort wollte er schon im August eine erste Sammlung von Erzählungen von Schriftstellern herausbringen, deren Werke von den Nazis verbrannt worden waren. Der Titel sollte *Der Scheiterhaufen* lauten, ein kämpferisches Vorwort stellte Kesten der Sammlung voran. Doch das Buch durfte unter diesem Titel, mit diesem Vorwort nicht erscheinen. Stefan Zweig, Robert Neumann und Felix Salten protestierten telegraphisch dagegen. Sie setzten auch nach der Verbrennung ihrer Werke auf den deutschen Markt unter der Nazi-Herrschaft. Diese schöne Naivität der ersten Monate, als ein Stefan Zweig noch glaubte, das werde alles so schlimm nicht werden – und wenn man sich nur ruhig verhalte, ziehe das Unglück an einem vorbei. Roth hatte dafür natürlich nur Spott übrig, hatte mit Zweigs Angst längst gerechnet. Kesten aber liebte er für seinen Mut, das Vorwort trotzdem gewagt zu haben: »Gott erhalte Ihnen Ihre Naivität«, schrieb er ihm, diesmal ganz ohne bösen Zwischenton.

Der Jude Kesten überlebte das Exil, wurde 96 Jahre alt und war im Nachkriegsdeutschland lange Zeit der eifrigste Agent der Autoren der früheren Jahre. 1974 wurde ihm mit dem Büchnerpreis die höchste Dichterehrung des Landes verliehen, aber in einer Rede zu seinem 75. Geburtstag schaffte es Wolfgang Koeppen, keinen einzigen Roman Kestens zu erwähnen. Nur das Buch *Meine Freunde, die Poeten*. Es ist nicht überliefert, ob Kesten das als Affront empfand oder sich längst damit abgefunden hatte, dass dies nun mal sein Buch und die Förderung und die Liebe für andere seine Aufgabe und Grundlage seines Ruhmes gewesen ist. Koeppen hat das wunderschön gesagt: »Wenn sie alle hier versammelt wären in diesem Saal, meine Freunde, die Poeten, sein Glück, sein Streben, sein Mitleid, wenn sie gekommen, wenn sie auferstanden wären, Hadesurlaub genommen hätten, um ihren Freund zu feiern, wir wären hier im überfüllten Kaffeehaus zur Weltliteratur, doch da dem nicht so ist, müssen wir uns bescheiden, uns freuen zu sagen, die Welt der Literatur ist unter uns, Hermann Kesten ist die Literatur.«

Was ist denn das jetzt für ein sonderbarer Zottel, der da in den Straßen von Weimar feurige Predigten gegen den Krieg und für einen radikalen Individualismus hält? Lange Haare, rotblond wuchernder Backenbart, Sandalen an den bloßen Füßen, Mönchskutte: »Krieg dem Kriege! Krieg dem Meuchelmord! Krieg dem Hunger! Wir müssen eine neue Welt bauen!«, ruft er entschlossen den Vorbeihastenden zu. Eine Gruppe amerikanischer Studenten kommt vorbei und fragt ihren Fremdenführer, was das für einer sei. Der antwortet nur: »Ein Verrückter!« Doch **Theodor Plievier** (1892–1955) war nicht verrückt. Theodor Plievier war nur ein entschlossener Weltverbesserer und radikaler Anarchist, der früh in der Welt unterwegs gewesen ist. 1892 ist er im Berliner Arbeiterbezirk Wedding als Sohn eines Feilenhauers geboren worden. Schon mit zwölf musste er in den Kellereien der Weddinger Markthalle arbeiten, um Geld für die Familie zu verdienen. Mit sechzehn lief er von zu Hause fort, wanderte durch Deutschland, fuhr zur See. In seinem Tagebuch schreibt er: »Ich lebte als Dolmetscher, Viehtreiber, Minenarbeiter. Ich schmuggelte und schanghaite Matrosen, wusch am Capaj Mayo Gold, verdiente in der Wüste Atacama in einer Kupfermine Geld und verlor es wieder auf einer Expedition, die mich in das Quellengebiet des Amazonas brachte. Meine Fahrten brachten mich auch sonst in Gebiete, die abseits von der Zivilisation liegen, so auf die Insel Pitcairn im Stillen Ocean, die von den Nachkommen der Piratenmannschaft der ›Bounty‹ bewohnt wird, oder auf die von Kannibalen bewohnte Insel Waigoe in der Südsee. Von einem Schiff aus, das sich nur mit Not durch das Eis arbeiten konnte, sah ich das Nördliche Eismeer.«

Dann kam der Erste Weltkrieg, und Plievier war auf dem deutschen Hilfskreuzer »Wolf« dabei. Er gehörte zu den ersten Revolutionären, die kurz vor Kriegsende in Wilhelmshaven den Umsturz im Lande einleiteten, aber schon bei den Unruhen der November-Revolution war er kaum noch beteiligt. Plieviers politisches Programm liest sich so: »Anarchie! Herrschaftslose Ordnung, aufgebaut auf der sittlichen Kraft freigewordener Einzelmenschen! Urreligion der Menschheit, Glaubensbekenntnis der Zukunft und der Zukünftigen!« Und an anderer Stelle: »Es ist der Glaube an das Ich, die aus der Tiefe des persönlichen

Lebens aufsteigende Urreligion der Menschheit: der Individualismus.«

Mit diesem Erlösungs-Programm zog er durchs Land, seine Heiligen hießen Michail Bakunin und Leo Tolstoi, und er erzählte vom Krieg, vom Aufstand, von seinen Weltreisen, sammelte auf abendlichen Veranstaltungen Geld zugunsten der hungernden Menschen in Russland und lebte selbst in ärmlichsten Verhältnissen in Berlin.

Und – ein Schriftsteller? Wie ist Theodor Plievier ein Schriftsteller geworden? Broschüren, politische Broschüren hatte er schon immer geschrieben. Dann kam der November 1928. Plievier hatte Freunden davon erzählt, dass er endlich einmal einen Roman schreiben wolle, über Südamerika, Deutschland, die Revolution und das Meer. Und einer dieser Freunde hatte das dem Verleger Gustav Kiepenheuer erzählt, brachte die beiden, Verleger und potenziellen Autor, für einen Abend zusammen. Plievier hat es so erlebt: »Wir haben die ganze Nacht gesoffen – und Kiepenheuer kann einen Stiefel vertragen. Aber am Morgen lag er unter dem Tisch. Über den Vertrag haben wir in dieser Nacht eigentlich gar nicht gesprochen. Ich habe ihm von meiner Zeit auf den Segelschiffen und von der Marine erzählt. Vorige Woche kam der Vertrag, mit dem ich schon gar nicht mehr gerechnet hatte. Und gestern kam das Geld.«

Und Plievier schrieb. Einen Anklageroman gegen die Zustände auf den Schiffen der deutschen Marine, einen Revolutionsroman, Aufforderung zum Ungehorsam. Nein, natürlich keinen Roman. Die Wirklichkeit als Bericht. Er erschien 1930, unter dem Titel *Des Kaisers Kulis,* Höhepunkt der Neuen Sachlichkeit: »Hier ist kein Roman. Hier ist ein Dokument!«, heißt es in diesem Dokument. Wir sind mitten im Kriegsgeschehen, kunstlos, Dialog auf Dialog, authentisch, dramatisch:

» – Freiheit muß kommen!
  – Freiheit muß werden!
  – Die Aristokraten! Die Halsabschneider! Die kaiserliche Marine: Nieder! Nieder!
  – Ein Scheinwerfer: Morsezeichen!
  – SMS ›Helgoland‹ antwortet:

- Kameraden haltet durch! Wir machen dasselbe!
- ›Thüringen‹ bleibt auf Schilligreede liegen.
- ›Helgoland‹ bleibt auf Schilligreede liegen!
- Die Flotte, die Panzerkreuzer und Linienschiffsgeschwader fahren. Unter den weißen Lichtkegeln der Scheinwerfer ist es den Kommandos gelungen, die Ansammlungen auf Deck zu zerstreuen und das Ankerlichten zu sichern …
- Funkspruch vom Flottenchef:
- ›Vorhaben ist unbedingt auszuführen!‹
- Antwort: ›Vorhaben ist nicht auszuführen!‹
- Eine Sirene heult.«

Gustav Kiepenheuer hat das Buch übrigens doch nicht verlegt. Zu politisch, meinte er, passt nicht zum Profil des Verlages. Und der Markt für Antikriegsbücher sei spätestens mit Remarques *Im Westen nichts Neues* mehr als gesättigt. Kurt Kläber wollte ihn für seinen Internationalen Arbeiter-Verlag gewinnen. Doch Plievier ging zu Wieland Herzfeldes Malik-Verlag. Das Buch war ein Erfolg, gering natürlich im Vergleich zu Remarque. Erwin Piscator brachte sogar eine dramatisierte Version auf die Bühne, mit Plievier als Schauspieler. Das Stück wurde wegen Erfolglosigkeit nach einem Monat wieder abgesetzt.

Ins Exil ging Plievier in den Osten, nach Moskau, verlegte sich dort, aus Angst vor der Zensur, auf das Schreiben von Abenteuer-Erzählungen – bis ihm 1942 noch einmal eine ganz besondere Aufgabe zufiel. Ihm wurden die Briefe gefallener oder gefangener deutscher Soldaten zur Auswertung vorgelegt. Nicht nach militärischen Geheimnissen sollte er suchen, sondern als Psychologe war er gefragt. Wie ist die Stimmung bei der Bevölkerung in Deutschland, wie die der Soldaten im Feld? Darüber sollte Plievier berichten. Und er berichtete und nutzte diese unendliche Materialsammlung auch noch für etwas anderes: für den Roman, mit dem sein Name noch lange verbunden bleiben wird, sein bestes Buch: *Stalingrad* (1945) – der Bericht vom Untergang der 6. Armee, zusammengestellt aus Dokumenten der Soldaten, zusammengefügt zu einem Roman des Untergangs. Er hatte seinen Freund Johannes R. Becher gefragt, ob ein solcher Roman genehm und politisch erwünscht sei. Becher sagte sofort »Ja«, doch die Politiker Pieck und Ulbricht waren strikt dagegen, einem parteilosen Schriftsteller den Auftrag für *das* Stalingrad-Epos zu erteilen. Schließlich setzte sich Becher durch, Plievier erhielt die Möglichkeit, mit deutschen Soldaten, sogar mit dem Oberkommandierenden Paulus, zu sprechen. Schon 1945 erschien der Roman, wurde ein riesiger Erfolg, in zwanzig Sprachen übersetzt, doch in eine nicht. Die Sprache des Landes, in dem Plievier das Buch geschrieben hatte. Die Rolle der Roten Armee wurde allzu unheroisch geschildert, meinten die Machthaber dort.

Trotzdem entschied sich Plievier zunächst für eine Übersiedlung in den östlichen Teil Deutschlands, arbeitete in offizieller Funktion mit, ging 1947 doch zurück in den Westen, hielt Reden gegen die »rote Gefahr« und für die Wiederbewaffnung Europas, schrieb noch zwei schwächere Romane, *Moskau* (1952) und *Berlin* (1954), für die es ihm vielleicht an Material, vielleicht an Dringlichkeit des Stoffes gefehlt hat. 1953 verließ er Westdeutschland, zog in die Schweiz, wo er am 12. März 1955, bei einem Spaziergang mit seiner Tochter, an Herzversagen gestorben ist.

14 | Du brauchst weiß Gott kein Kommunist zu sein!

Heinz Liepman – »Ich war ein Gegner.« – Morphium-Sucht und aufrechter Gang aus Osnabrück. Alfred Schirokauer – Weltkriegsbuch mit deutschem Hallo! Drehbücher zum Spaß und Lassalle als Verhängnis. Joseph Breitbach – der Millionär mit dem verlorenen Opus Magnum. Und einem Fehler im entscheidenden Moment. Lion Feuchtwanger trifft Adolf Hitler im Café und sieht die Bücherverbrennung voraus. Arnold Ulitz – Nazi-Novellen vom Feinsten

»Ich habe mein Vaterland – für das mein Vater 1914 freiwillig in den Weltkrieg ging und 1917 mit einem Bauchschuß starb – Ende Juni verlassen; im Juli und September habe ich es – inkognito – noch zweimal besucht. Daß man mich – seit Februar – ununterbrochen verfolgte (und im Juni zu finden wußte), das erstaunt mich nicht, und darüber beschwere ich mich nicht. Auch daß man meine Bücher verbrannte und verfemte, ist mir nicht unverständlich, im Rahmen des Kulturprogramms derjenigen (augenblicklichen) deutschen Machthaber, die mit ihren eigenen geistigen Erzeugnissen niemals gedruckt wurden. Ich beklage mich nicht darüber. Ich war ein Gegner.«

Das schreibt **Heinz Liepman** (1905–1966) im Vorwort von *Das Vaterland*. Es war der erste Roman, der im Dezember 1933 mit dokumentarischen Mitteln aus dem neuen Deutschland berichtete. Die Handlung spielt in den ersten Monaten der neuen Diktatur, der Erzähler ist fassungslos unterwegs in einem Land, das sich in Windeseile dem neuen Geist anpasst, protestiert, wo er kann, wenn Juden aus dem Theater geworfen, Menschen grundlos verhaftet werden. Der Erzähler ist da, hilft, schreibt mit. Der Roman will kein Roman sein, sondern ein Pamphlet. Das trifft es auch besser. Mitunter geht es recht holzschnittartig zu, manchmal auch pathetisch, immer schnell und immer entschlossen. »Ich war Gegner!« Und er ist es mehr denn je. Mehrmals wurde er inhaftiert. Floh nach Holland. Schrieb in Windeseile den Roman. Dann wurde ihm in Holland der Prozess gemacht wegen »Beleidigung des Oberhauptes eines befreundeten Staates« – Hindenburg war gemeint, so dachte man in Holland noch, sich den Nachbarstaat vom Leibe zu halten. Liepman kam ins Gefängnis, wurde abgeschoben nach Belgien, England, Frankreich. Er schrieb gleich sein nächstes Buch. Die Welt musste doch Bescheid wissen. Am besten mit den Mitteln des Romans. *Das Vaterland* wurde in 17 Sprachen übersetzt. Das nächste hieß: … *wird mit dem Tode bestraft* (1935). Mit Zwischentönen war auch da nichts zu gewinnen. Es ist ein Anklage- und Aufforderungsbuch. Die Juden werden sterben, massenhaft – doch noch ist Zeit zu handeln: »Du *mußt* handeln, moralisch handeln. *Du brauchst weiß Gott kein Kommunist zu sein, um mit uns zu stehen* – du brauchst noch nicht einmal ein Schriftsteller zu sein –, *es genügt, wenn Du ein anständiger Mensch bist*: Du hast *gegen* die Unmoral, die Barbarei, die mörderische Dummheit zu kämpfen. Entweder – oder. Es gibt kein Mittelding mehr –«

Liepman konnte es nicht fassen, dass der innerdeutsche Widerstand praktisch ausblieb. Über seine Zeit im Exil ist nicht viel bekannt. Er war stark morphiumabhängig, was ihn immer wieder, in England, später auch in Amerika, ins Gefängnis und in Kliniken brachte. Romane schrieb er keine mehr. Immer mal wieder einen Artikel und dann, 1937, veröffentlichte er in England eine Studie über die Gefahren chemischer und biologischer Waffen. 1947 kehrte er zurück nach Deutschland, hatte von einigen amerikanischen Verlagen den Auftrag erhalten, sich nach lohnenden neuen deutschen Autoren umzusehen. Doch Liepman fand das Gegengeschäft lohnender: Er vermittelte amerikanische Autoren wie Norman Mailer und F. Scott Fitzgerald nach Deutschland und gründete zusammen mit seiner Frau Ruth eine Literaturagentur, die auch heute noch zu den führenden zählt. Liepman selbst verlor schnell das Interesse an der Agentur, ganz im Gegensatz zu seiner Frau. Ruth Liepman, geb. Lilienstein, hatte schon 1934 als verfolgte Jüdin und Kommunistin Hamburg verlassen und in Holland vor und nach der deutschen Besatzung im Untergrund gegen die Nazis gearbeitet. Sie führte die Agentur weiter, während ihr Mann sich wieder dem Schreiben widmete. 1962 entschlossen sich die Liepmans zu einer »zweiten Emigration« in die Schweiz, wo Heinz Liepman oft mit seinem Freund Remarque zusammentraf. 1966 veröffentlichte er eine Grundsatzschrift zum Recht auf Kriegsdienstverweigerung in Deutschland, die für Generationen von angehenden deutschen Zivildienstleistenden zu einem wichtigen Rechts- und Entscheidungshilfebuch wurde. Im Jahr des Erscheinens, am 6.6.66, ist Heinz Liepman im Tessin an einem schweren Herzanfall gestorben.

Alfred Schirokauer (1880–1934) wurde am 13. Juli 1880 in Breslau geboren, ging in Berlin und London zur Schule, studierte Jura und Philosophie in Wien, Berlin und Breslau und ließ sich schließlich als Rechtsanwalt in Berlin nieder. Er hat in den zwanziger und frühen dreißiger Jahren zahlreiche historische Romane geschrieben, über Mirabeau, August den Starken, Kleopatra und Lord Byron. 1914 hat er einen rasend schnell verfassten ersten Ermutigungs- und Kampfroman zum Ersten Weltkrieg, *Die* *siebente Großmacht,* veröffentlicht. Wirklich unglaublich schnell geschrieben und veröffentlicht. Auf Seite 286 heißt es: »Sie kamen nach Berlin, nach dem neuen Berlin des August 1914, nach der Stadt der ernsten sittlichen Größe, des stolzen todesmutigen Kraftbewußtseins, des stillen starken Siegeshoffens, der Geschlossenheit des Empfindens, Wollens und Handelns, der Opferbereitschaft ohne Prahlerei. Der Odem der Volksseele, die in diesen Tagen der Mobilmachung erwacht war, wehte sie an, hauchte schon bei dieser ersten Fahrt durch die dichtbelebten Straßen die Gewißheit in ihre Herzen, daß ein Volk von solcher ehernen Kraft, von solcher moralischen Stärke im Augenblicke der höchsten Gefahr, von einer solchen Größe unbesieglich ist.«

So dachte sich das der Rechtsanwalt und eifrige Autor Schirokauer. Später ist noch von den Kosaken-»Bestien« die Rede, von Maschinengewehren, die »unentrinnbar ihre Ernte mähen« und so weiter. Ein echter Mobilmachungsroman, in Echtzeit geschrieben.

Neben seiner Anwaltstätigkeit und der Arbeit an seinen historischen Romanen hat Schirokauer auch Erzählungen von Edgar Wallace übersetzt und zahlreiche Filmdrehbücher geschrieben und zumindest in einem Fall (*Der Himmel auf Erden* mit Reinhold Schünzel, 1926) auch Regie geführt.

Zum Verhängnis wurde ihm 1933 sein allererstes Buch, das er noch vor seinem nationalen Mobilmachungs-Epos geschrieben hatte: eine den Arbeiterführer Ferdinand Lassalle geradezu heiligsprechende Biographie aus dem Jahr 1912. Als Beispiel die Stelle, in der Schirokauer die Erleuchtung jener Nacht beschreibt, in der Lassalle sein »Arbeiterprogramm« niederschreibt, »das fortleben wird, solange es eine Arbeiterbewegung gibt in der Welt«. »Da schlug die Geburtsstunde seines Messiastums erhaben feierlich, in erschütternder Heiligkeit. Plötzlich wuchs er aus seinem Schreibsessel empor, bleich, mit feuchten Seheraugen. So stand er lange Zeit in bebender Erkenntnis.«

Was uns wiederum zu der Erkenntnis führt: Allerdings, der Mann musste zum Film, mit dieser Fantasie und dieser melodramatischen Blumigkeit im Kopf. Und: Wer einen frühen Sozialisten in seinem Buch als Messias herbeiruft, dem helfen bei den Nazis auch spätere nationale Erbauungsbücher nichts. Das Buch wurde verbrannt – und wird übrigens immer wieder mit der Lassalle-Biographie des Germanisten Arno Schirokauer aus dem Jahr 1928 verwechselt. Selbst die Arno-Schirokauer-Forschung der jüngeren Zeit behauptet, dass Arno Schirokauers Lassalle-Biographie im Mai 1933 in Berlin verbrannt wurde. Dafür gibt es jedoch keinen Beleg. Auf der Ur-Liste des Bibliothekars Herrmann ist jedenfalls nur sein Namensvetter Alfred vermerkt. Es ist aber auch ein unglaublicher Zufall, dass zwei A. Schirokauers in jenen Jahren eine Lassalle-Biographie veröffentlichten.

Über unseren Schirokauer wissen wir nur noch, dass das deutsche Finanzamt 1934 einen Steuersteckbrief in Höhe von 10 000 Mark wegen der so genannten Reichsfluchtsteuer gegen ihn erließ. Am 27.10.1934 ist er in Wien gestorben.

Hier geht es um Verrat, um Intrigen, um böswilliges Umredigieren von Texten, die eine ganze Welt verändern, einen Lebensstandpunkt für immer – oder es geht um schlichtes Lügen. Es geht um die wahre Emigration, die wahre deutsche Kultur, und wer dazugehört, wer nicht. Es geht um Leiden ohne Zweck, um Heimatlosigkeit ohne Nutzen. Ist die wahre, die gute deutsche Kultur damals, 1934, nur draußen zu finden? In der Emigration? Oder ist das alles nur Propaganda der moralischen Großsprecher? Gute deutsche Literatur – gibt es sie 1934 in den Grenzen des Deutschen Reiches? Darum ging es in jenem Literaturstreit im Juni 1934, den der Geschäftsmann und Schriftsteller **Joseph Breitbach** (1903–1980) in einem Artikel in der Zeitschrift *La Revue Hebdomadaire* ausgelöst hatte. In dem Artikel wurde unter der Überschrift »Kennen die Franzosen wirklich die deutsche Literatur von heute?« behauptet, der »echte deutsche Geist« sei in den Werken der Daheimgebliebenen zu finden, in Hans Grimms *Volk ohne Raum,* in den Werken von Hermann Stehr und Albrecht Schaeffer. Diese deutschen Autoren, die zum »organischsten Ausdruck germanischen Lebens« gehörten, gelte es für Frankreich erst noch zu entdecken.

Das war ein Angriff auf das Selbstverständnis der schreibenden Emigranten. Ein Angriff ins Herz. Er traf sie umso mehr, als sie Breitbach nicht nur zu einem der Ihren rechneten – er lebte bereits seit 1931 in Paris –, die, die am empfindlichsten reagierten, rechneten sich sogar zu seinen Freunden. Klaus Mann, der noch ein Jahr zuvor mit seinem Bruder Golo und Breitbach in Kitzbühel im Skiurlaub gewesen war, schrieb: »Viele von uns haben seine [Breitbachs] Arbeit oder Person gekannt und geschätzt. Er war vor Jahren linksradikal; seine Entwicklung ging dann ins europäisch-konservative.« Mann habe seinen ersten Roman *Die Wandlung der Susanne Dasseldorf* gelobt, während die Rechtspresse ihn verrissen und die Nazis ihn 1933 verbrannt hatten – und jetzt dieser Schlag: »Alle deutschen Journalisten-Spatzen pfeifen dies blöde Lied von den schmutzigen Dächern ihrer Redaktionen. Besonders auf die Nerven geht es uns, wenn einer, der um keinen Preis den Anschluß verpassen will, es mitten in Paris trällert – würdigen Angesichts mitkrächzend im kümmerlichen und frechen Chore.« Und Joseph Roth reagierte mit einer scharfen, spöttischen Ablehnung von Breitbachs Thesen, die erkennen ließ, dass es in dieser Frage um eine Grundsatzfrage der Emigration ging. Noch sechsunddreißig Jahre später, als 1970 die Briefe Joseph Roths veröffentlicht wurden, ließ es sich Joseph Breitbach nicht nehmen, eine Gegendarstellung zu einem Brief in dieser Frage zu veröffentlichen. Auch nach all diesen Jahren unterstellt er Roth eine »primitive Perfidie«, erklärt, das damals alles nicht so gemeint zu haben, der Artikel sei von dem verantwortlichen Redakteur »gezielt gekürzt« und »manipuliert« worden. Vor allem aber hatte er für die scharfe Reaktion Roths eine ganz andere Erklärung. Kurz zuvor sei er Roth zusammen mit seiner Lebensgefährtin Andrea Manga Bell vor dem Haus des Verlags Plon begegnet. Manga Bell sei in Tränen aufgelöst gewesen. Auf die Frage, was denn los sei, erklärte sie, Roth sei eben ein weiterer Vorschuss verweigert worden, sie wüssten nicht mehr, wovon sie leben sollten. Daraufhin habe er, Breitbach, Roth vorgeschlagen, ihn auf die Bank zu begleiten, wo er Geld abhob. »Eine Summe, die ihn für ein volles Jahr gegen materielle Sorgen absichern sollte.« Doch als Breitbach Roth den Umschlag überreichte, beschimpfte ihn dieser lauthals, er sei überhaupt »kein Schriftsteller, sondern nur ein vermögender junger Mann«. Breitbach erklärt, die Beziehung zu Roth daraufhin abgebrochen zu haben.

Und auch über Klaus Mann ließ Breitbach verlauten, Roth

habe stets Schulden bei ihm gehabt, die er nie zurückgezahlt hätte.

Joseph Breitbach war ein reicher Mann. Er hatte es sich erarbeitet, als Geschäftsmann, hatte immer geschickt an der Börse spekuliert. Im Juni 1939 notierte er in seinem Notizbuch stolz, sein Guthaben umfasse nunmehr eine Million. Sicher haben die ums Überleben kämpfenden Kollegen, gerade in der Emigration, ihm das verübelt. Und wenn so einer auch noch erklärt, die wahren deutschen Künstler seien im Land geblieben, dann kann man froh sein, wenn es nicht zu Schusswechseln kommt.

Es kam noch hinzu, Klaus Mann hatte es erwähnt, dass Breitbach als Salonkommunist galt. Sein erster Erzählungsband *Rot gegen Rot* war zuerst in der Sowjetunion erschienen, bevor er Ende 1928 auch auf Deutsch herauskam. Er unterhielt enge Verbindungen zur Kommunistischen Partei, arbeitete beim kommunistischen Neuen Deutschen Verlag mit, und erst Ende der zwanziger Jahre kappte er diese Verbindungen. »Ich war nie Schriftsteller im Hauptberuf gewesen«, hat er 1973 in einem Interview gesagt. »Ich habe mein erstes Buch immer nur Sonntag nachmittags geschrieben, ansonsten blieb mir dazu keine Zeit. Ich hatte einen normalen Beruf, ich arbeitete in einem Warenhauskonzern.« In diesem Warenhaus spielen auch seine ersten Erzählungen. Recht schlichte, spielerische Erzählungen aus dem Angestelltenmilieu jener Jahre. Der Liftboy als Held, eine Schuhverkäuferin und kommunistische Kämpferin, die sich jedoch in entscheidender Situation als »Radieschen« erweist, das »nur von außen rot wird«.

Breitbachs Hauptwerk ist verschollen. Also: Wahrscheinlich ist es sein Hauptwerk. Kaum jemand kennt es, außer seinem besten Freund Jean Schlumberger und Ernst Robert Curtius. Von diesem immerhin stammt nach erster, flüchtiger Lektüre das Urteil, »daß der religiöse Kampf zwischen dem Sakristan Wirz und seinem Sohn nichts Geringeres ist als ein leicht zu fassender, Gestalt gewordener Ausdruck des Kierkegaardschen ›Entweder-Oder‹«. *Clemens* war der Titel des Romans, 1200 Seiten – sechs Jahre Arbeit, von 1933 bis 1939 – die Gestapo hatte 1941, bei ihrem Einmarsch in Paris, die Wohnung durchsucht, Bilder und Bibliothek beschlagnahmt und seinen Safe ausgeräumt. Das Manuskript verschwand für immer. Nur das erste Kapitel, das Thomas Mann in der ersten Ausgabe seiner Zeitschrift *Maß und Wert* veröffentlichte, blieb erhalten. Was für ein Albtraum. Breitbach hat es mehrfach zu rekonstruieren versucht. Doch es war nicht möglich.

Lange Jahre hat er dann nichts mehr geschrieben. Er arbeitete nach dem Krieg als Paris-Korrespondent für die *Zeit,* und erst 1962 veröffentlichte er noch einmal einen Roman: *Bericht über Bruno,* ein Gesellschaftsroman traditionellen Zuschnitts. Breitbach, der sich selbst als epischen Traditionalisten bezeichnet, lässt hier, in einem imaginären Königreich, einen Großvater, Großunternehmer, Selfmademan und Vorkämpfer für soziale Reformen, und den aufstrebenden Enkel Bruno, der seinen Großvater stürzt, miteinander ringen. Altmodisch im Ton, etwas gemütlich und tatsächlich wie aus einer längst vergangenen Zeit.

Breitbach muss vor allem als Zeitgenosse, als Freund und Lebemann beeindruckend gewesen sein. Zu seinen Freunden zählten neben Schlumberger auch Julien Green, Ernst Jünger und Bazon Brock. Die Festschrift, die der S. Fischer Verlag zu seinem 75. Geburtstag herausgab, ist ein beeindruckendes Dokument deutsch-französischer Geistesfreundschaften. Vor allem aber war sein Reichtum legendär bis zum Schluss. Bazon Brock deutet in seinem Geburtstagstext an, dass ihn selbst Siegfried Unseld einst um einen Kredit gebeten habe, für seinen Suhrkamp Verlag: »Reich ist der. Hat man nicht gehört, er sei so reich, daß einer seiner Verleger sich bei Breitbach um ein Millionendarlehen beworben habe. Wo gibt's denn so was? Ein Autor reicher als sein Verleger. Hat ein Autor nicht natürlicherweise von seinem Verleger ein Darlehen zu erbitten für ein Haus am Bodensee oder wenigstens für den Margarineeinkauf der nächsten Monate? Aber Breitbach ißt Besseres als Margarine, und das nicht nur allein, sondern in Gesellschaft von Ministern, Adligen, Verlegern und Botschaftern; bedient von einem Butler-Ehepaar in seiner luxuriösen Wohnung zu Paris mit Blick aufs Pantheon.«

Das Vermächtnis dieses so erstaunlich reichen Mannes ist der bestdotierte deutsche Literaturpreis, der einmal im Jahr von der Joseph-Breitbach-Stiftung und der Mainzer Akademie der Wissenschaften und der Literatur an einen deutschsprachigen Schriftsteller vergeben wird und der mit 50 000 Euro dotiert ist.

Hier ist er: »Volksfeind Nummer eins«, »ärgster Feind des deutschen Volkes«, Jude, Asphaltliterat, Kommunist, Bestseller-Autor, schöne Frauen, schöne Autos, schönes Leben – **Lion Feuchtwanger** (1884–1958). Über ihn ist eigentlich alles gesagt und geschrieben worden. Goebbels hasste wohl keinen Autor so sehr wie ihn. Seine Bücher waren bei den ersten, die in die Flammen flogen. In einer gespenstischen Vision hat er 1920 in seiner Spottdichtung *Gespräche mit dem Ewigen Juden* die Ereignisse vorhergesehen: »Es war offenbar, daß alle sprachen, sie rissen die Münder weit auf, sie zeterten, sie bellten, sie schrien, sie grölten. Aber alles ohne Laut. Und dann erweiterte sich das Zimmer und wurde zu einem ungeheuren Platz, der erfüllt war von Rauch und Blut. Türme von hebräischen Büchern brannten, und Scheiterhaufen waren aufgerichtet, hoch bis in die Wolken, und Menschen verkohlten, zahllose, und Priesterstimmen sangen dazu: Gloria in excelsis Deo.«

Er schrieb das in der Zeit, als er mit seiner Frau Marta und dem Freund Bruno Frank oft im Café Odeon im Münchner Hofgarten saß. Feuchtwanger musste diesmal früher gehen, er stand auf, und am Nebentisch erhob sich ein Mann mit Pomade im schwarzen Haar und kleinem Schnäuzer und half Feuchtwanger umständlich in den Mantel. Der bedankte sich höflich. Sie kannten sich noch nicht persönlich, sie waren nur einfach oft im selben Café gewesen. Es blieb ihr einziger persönlicher Kontakt. Der eine wurde Diktator, der andere Exilant.

Es dauerte etwas, bis sich Feuchtwangers Erfolge einstellten. Der erste Roman *Jud Süß* (1925) lag drei Jahre bei seinem Bühnenverlag herum, für den Feuchtwanger für ein gutes Honorar italienische und französische Bühnenstücke prüfen und empfehlen musste. Der Verlag verlor die Lust an italienischen Dramen, das Honorar war nun schon mal bezahlt, da druckte man eben diesen sonderbaren, hoffnungslosen Roman über Joseph Süß Oppenheimer. Bis heute wurde der Roman in mehr als 35 Sprachen übersetzt und erschien weltweit in einer Auflage von dreieinhalb Millionen Exemplaren. Es war die Geburtsstunde des

Bestseller-Autors Lion Feuchtwanger. In Deutschland, Amerika und der Sowjetunion feierte er Erfolge. Und als Thomas Mann Ende der zwanziger Jahre nach England reiste, musste er erfahren, dass das höchste literarische Lob, das ein Autor dort für seine Werke bekommen konnte, lautete: »It's nearly like Feuchtwanger.«

Der eilte von Erfolg zu Erfolg. Alles schien diesem Mann leichtzufallen. Über sich selbst schrieb er einmal: »Der Schriftsteller L. F. konnte in der Stunde bis zu 7 Seiten Schreibmaschine schreiben, bis zu 30 Zeilen schriftstellern und bis zu 4 Zeilen dichten. Während der Stunde Dichtens nahm er um 325 Gramm ab.«

Es folgt die Geschichte seines Exils, die Reise in die Sowjetunion und der unsägliche, Stalin huldigende Reisebericht *Moskau 1937* (1937), die Inhaftierung in Les Milles, die Flucht, als Frau verkleidet, in letzter Sekunde nach Amerika, seine Affären, sein prachtvolles Haus in Amerika, das George Tabori »eine Villa von so protzender Vollkommenheit wie Wahnfried« nannte. Nur die amerikanische Staatsbürgerschaft hat er zu Lebzeiten nicht bekommen. Er stirbt am 21. Dezember 1958. Am 22. Dezember 1958 erreichte seine Frau Marta der Anruf der Einwanderungsbehörde, es sei gerade alles vorbereitet für den amerikanischen Staatsbürger Lion Feuchtwanger.

Ich hatte lange in Antiquariaten nach Büchern des Schriftstellers **Arnold Ulitz** (1888–1971) gesucht. Unter all den verbrannten Autoren schien er zu den ganz besonders gründlich vergessenen zu gehören. Schließlich fand ich einen Band mit Novellen. *Geschwister* (1941) steht mit aggressiv-rotzackiger Schrift auf dem Umschlag. Unten, in kleinen Buchstaben, steht der Name des Verlags: Gauverlag NS-Schlesien. Breslau. Und wenn man das Buch aufschlägt, prangt ein großer alter Stempelabdruck auf der ersten Seite: »Alfred-Rosenberg-Spende für die Deutsche Wehrmacht 1939/41 Gau Danzig«. Und wer zu lesen beginnt, weiß schnell, warum dieses Buch der Wehrmacht ins Feld gespendet wurde: Es sind nationalistische Propaganda-Novellen, Blut-und-Boden-Kitsch, reine Nazi-Schreiberei frisch aus dem Felde: »Im Verlauf der orkanischen Offensive in Frankreich nannte der

Wehrmachtbericht auch einen jungen Leutnant unter den Tapfersten, und seine Eltern, die noch ohne briefliche Botschaft waren, erlebten das unaussprechliche Glück und die ungeheure Erschütterung, den geliebten Namen auf diese Art aus der Ferne zu vernehmen.« So beginnt die Helden-Novelle *Kleiner Wald und großes Herz*, und wir erfahren, wie ein junger Träumer, den sein Vater für »so was wie einen verkappten Dichter« gehalten hatte, sich selbst überwand und zum Kriegshelden wurde und zum Stolz für Eltern und Vaterland. Am Ende kommt er auf Heimaturlaub zu Besuch. Aus diesem Anlass erinnert er sich an eine vergangene Liebe zu einem kleinen Wäldchen in der Nachbarschaft, um das er einst, als es abgeholzt wurde, bitterlich weinte. Er sagt zu seinem Vater: »›Denk nur ja nicht, daß es einem Soldaten schadet, wenn er so eine schöne, zarte Liebe hat. Weißt du, warum wir die besten Soldaten der Welt sind, Vater? Weil wir die härtesten sind und trotzdem ein Stück Wald im Herzen haben! So ähnlich muß es jedenfalls sein, denk ich mir.‹ Da stand der Vater auf und reichte ihm die Hand. Ganz leise und wie voll Ehrfurcht sagte er: ›Vielleicht hast du das Geheimnis der Deutschen entdeckt.‹«

Bleibt nur die Frage: Warum haben die Nazis die Bücher eines Manns von diesem Schlag verbrannt? Es heißt: Seine frühen Romane *Ararat* (1920) und *Testament* (1924) und *Worbs* (1930) hätten kriegskritische und allzu russlandfreundliche Elemente aufgewiesen. Arthur Eloesser schreibt in seiner zeitgenössischen Literaturgeschichte von 1931 über die frühen Werke, »der Krampf des Kriegserlebnisses« habe sich erst lösen müssen, bevor Ulitz »wieder in die europäische Gemeinschaft zurückkehren konnte«. Er meinte das wohl als Trost und voller Hoffnung auf eine gute Dichterzukunft für den Mann. Die Hoffnung trog.

Wir haben im Verlauf dieses Buches schon manchen Autor beim eiligen Abstreifen seiner alten Gesinnung beobachtet, um in der Heimat wieder willkommen und Teil des großen neuen Ganzen zu sein – aber so radikal wie Arnold Ulitz, vom Scheiterhaufen zur Geschenknovelle für die Wehrmacht im Felde im Gauverlag NS-Schlesien, das ist dann doch ein besonders erstaunlicher Fall.

Es war ein bisschen laut

15

Werner Türk – Konfektionsauskenner mit Hang zur Gerechtigkeit und Flucht nach Australien. Georg Fink – der Kitsch, der aus der Armut kam. Friedrich Michael – versehentlich verbrannt. Mit Lustspielen durch das Reich. Ernst Ottwalt – mit Brecht zum Kommunismus, mit Herzfelde in den Tod. Kurt Tucholsky – Deutschland und Ich. Schweigen zum Schluss

Der gute Mensch wird gleich auf den ersten Seiten des Buches abgeräumt. Er heißt Hans Ramm, ist Lehrling bei der Konfektionsfirma Benno Bohrmann, muss so viele Überstunden machen, dass seine Freundin, die Tag für Tag am Berliner Hausvogteiplatz wartend auf und ab geht, sich von ihm trennt. Er stiehlt aus Rache Stoffbahnen, wird erwischt, Schande, Elend, Selbstmord. Dafür braucht **Werner Türk** (geb. 1901) nur die ersten sechs Seiten seines Romans *Konfektion,* der 1932 erschien. Danach übernimmt der Lehrling Willi Krüger das Feld, ein Schwein, ein Karrierist, Leuteschinder, Aufsteiger, Lohndrücker. Wie schön, in einem Roman aus der deutschen Wirklichkeit des Jahres 1923 einen schlechten Menschen als Helden zu sehen. Leider ist Türk ständig damit beschäftigt, sich innerlich von diesem Hund zu distanzieren. Er ist auch gar zu schlecht, dieser Willi, und die Arbeiter, extrem berlinernde Nazis und Kommunisten, reden wie Polit-Sprechpuppen: »Aber, Mensch, nich mehr lange‹, rief ihm ein Erwerbsloser mit einem grünen Wollschal um den Hals zu. ›Bald kommt det jroße Ausmisten. Dann is es aus mit die Judenrepublik und mit die Herrschaft der Marxistenbonzen!‹ – ›Det is een Nazi‹, sagte ein Erwerbsloser, indem er auf den Arbeiter mit dem grünen Wollschal zeigte. ›Det is een Nazi, den kenn ick.‹ Da drängte sich ein Erwerbsloser in einer grauen Joppe vor und entgegnete dem Nationalsozialisten: ›Mensch, red doch keenen Schtuß! Von wejen Judenrepublik. Det jloobst de doch selbst nich. Rejiert denn bei uns nur det jüdische Kapital?«‹ So reden sie und tauschen Berlinereien aus und manchmal auch Hiebe. Am besten kann Türk das Innere der Konfektionswelt beschreiben. Die Reisen der Vertreter werden vorbereitet, die Hektik

145

könnte nicht größer sein: »Die Mannequins kreischten sich gegenseitig an. Der Konfektionär verhandelte schreikrampfartig mit den Schneidern. Die Rollständer wurden sinnlos hin- und hergeschoben, wobei ihre Räder wie kleine, auf den Schwanz getretene Hunde quietschten. Die Chefs stampften überallhin, stampften über alle Nerven, trieben an, gaben Direktiven, irrten sich in der Erregung und verwirrten die Beauftragten.«

Wir wissen nicht viel über Werner Türk. Siegfried Kracauer mutmaßte in seiner Rezension, in der *Frankfurter Zeitung* über Türks Roman: »Man hat durchaus den Eindruck, daß er die Konfektion mit ihren Chefs und Zwischenmeistern, ihren Reisenden, Einrichtern, Lehrlingen und Hausdienern sehr genau kennt. Offenbar hat er sie nicht nur von außen betrachtet, sondern ist selber in der Branche tätig gewesen.«

Soviel zumindest ist bekannt: Türk wurde 1901 in Berlin geboren, Studium der Musik aus finanziellen Gründen abgebrochen, war Volontär in der Konfektion, Börsenmakler und Kontokorrist. 1933 ging er nach Prag, schrieb für die *Neue Weltbühne,* floh nach Norwegen und dann nach England, wo er interniert und nach Australien abgeschoben worden sei. 1945 Rückkehr nach England. Dann verliert sich seine Spur.

Das ist doch interessant: ein Arbeitslosenroman von ganz, ganz unten. 1929 bei Cassirer erschienen, in derbes weißes Leinen gebunden: *Mich hungert* von **Georg Fink** (1879–1944), der eigentlich Kurt Münzer hieß. »Einer der Massenautoren der Weimarer Republik«, weiß das Lexikon. Sonst weiß man beinahe nichts über ihn. Sein Buch ist leider furchtbar. Rührselig. Kitschig. Gut gemeint. »Mich hungert … Damit beginnt mein bewußtes Leben. Meine erste Erinnerung ist dieses: mich hungert …« Das wird leitmotivisch wiederholt. Man hat es dann nach einer Weile doch begriffen. Es geht nicht recht voran. Nur Leiden, nur Gefühl. Schaurig die Szene, in der ihn seine Mutter beim Betteln sieht. Sie wusste nichts davon. Der Vater hat es ihm befohlen, das Betteln: »Schenken Sie mir was, bitte. Meine Mutter ist so krank.« Unendlich schamvoll, als ihn so die eigne Mutter sieht. So bettelt er voran. Am Ende dann: »Ich bettle immer noch in der Invalidenstraße, ich, ich – wenn ich auch jetzt anders heiße, wenn es auch ein anderer Junge ist, der die Hand hinhält. Während ich hier sitze, und schreibe, bettelt es immer noch in Berlin und London und Paris und Amsterdam, und ich bin es, der bettelt, immer ich, das unsterbliche Kind der Armen.« Und so weiter, da ist er noch, der frierende Junge, »man sieht ihn nicht, man hört ihn nicht – und er flüstert hinter euch, ungehört, unerhört, blaß, zitternd –: O! hört!! ›Mich hungert – Mich hungert‹ –«. Kurt Tucholsky hat über Finks und also Münzers Buch *Ladenprinz* (1914), das in der Weimarer Republik unter das so genannte »Schundgesetz« fiel, geschrieben: »Münzer ist ein sehr mäßiger Teeaufguß von Heinrich Mann; verlogen, ein schlechter Stilist, kein guter Schriftsteller. Aber das geht uns an, nicht die da.«

Das sahen die Nazis anders.

Friedrich Michael (1892–1986) hat selbst immer gesagt, dass sein Buch *Die gut empfohlene Frau* (1932) aus Versehen verbrannt worden war: »Übrigens war diese Verbrennung des Romans, der 1825 spielt und keinerlei Aktualität hatte, offenbar ein Mißverständnis. Man hatte mich, vielleicht weil ich Witkowskis Schüler war und manchen guten jüdischen Freund hatte, auch für einen Mann mit falschem Großvater gehalten«, erzählt er lustig in einem Interview aus dem Jahr 1962. Immerhin sympathisch, dass er im Nachhinein keine geheimen, historisch verborgenen Widerständlereien hineindeutet. »Ein Mißverständnis« – kann passieren. Michael hatte auch keine Konsequenzen zu erleiden, konnte weiter schreiben und arbeitete während der Nazi-Zeit als Lektor und Assistent Anton Kippenbergs beim Insel Verlag. Und er schrieb Lustspiele. Das bekannteste, *Der blaue Strohhut,* wurde 1942 mit großem Erfolg aufgeführt. Lustspiele – in Nazi-Deutschland? 1942? Warum? »Dies Stück war ja vor dem Krieg geschrieben. Und noch etwas: wenn man als die Idee des Lebens erfaßt hat, den Menschen Freude zu machen – sollte man dann im Krieg schweigen?«

Michael leitete nach Kippenbergs Tod 1950 zehn Jahre lang den Insel Verlag und ist 1986 in Wiesbaden gestorben.

Das war am 6. November 1936: **Ernst Ottwalt** (1901–1943), seine Frau und ihre Schwester saßen in einem Restaurant am Rande des Roten Platzes in Moskau und tranken Wein. Auf dem Platz wurden die Revolutionsfeierlichkeiten, die am nächsten Tag stattfinden sollten, vorbereitet. Ilse Bartels, Ottwalts Schwägerin, hat sich Jahre später in einem Brief an Ottwalts Biographen an den Abend erinnert: »Beim Zusehen gerieten Ottwalt und ich in einen völlig albernen Streit darüber, wie viele Soldaten in einer Reihe der Parade marschieren würden. Da wir diesen Streit auch noch in deutscher Sprache austrugen, war es an sich kein Wunder, daß uns ein NKWD-Mann unter dem Vorwand eines Uhrendiebstahls auf das nächste Revier bat, wo wir kurz vernommen wurden. Wir fanden das Ganze zunächst eigentlich nur komisch. Aber dann wurden wir vom Revier in die Lubjanka gebracht.« Der Schriftsteller Ernst Ottwalt wird die Freiheit nicht wiedersehen. Er und seine Frau sitzen in Untersuchungshaft in verschiedenen Gefängnissen. Man wirft ihnen Spionage für die Gestapo vor. Beweise gibt es keine. Nach drei Jahren findet endlich der Prozess statt, das Urteil lautet fünf Jahre Zwangsarbeit. Drei Jahre gelten als verbüßt. Seine Frau wird nach Kotlas verbracht und kommt 1941 im Rahmen eines Gefangenenaustauschs frei. Ernst Ottwalt kommt ins Lager Archangelsk. Seine Frau erfährt nichts über seinen Verbleib. Niemand erfährt etwas. Erst fünfzehn Jahre später teilt man ihr mit, dass ihr Mann am 24. August 1943 im Lager gestorben ist. Wie er zu Tode kam, wird man nie erfahren. Ottwalt wurde 41 Jahre alt.

Gleich nach der Schulzeit war er rechter Aktivist und Freikorps-Kämpfer. Er hat davon in seinem ersten Roman *Ruhe und Ordnung* eindringlich erzählt. Das Buch erschien 1929 in Wieland Herzfeldes Malik-Verlag. Hinten auf dem Buchrücken steht in kleiner, enger Schrift das Motto: »Dieser Roman ist ein wahrheitsgetreues Protokoll eigener Erlebnisse; keine Seite beruht auf freier Erfindung … Nicht Einmaliges und Zufälliges wird in diesem Buch geschildert: Es läuft ein roter Faden von den Novemberkämpfen über München, Kapp, Mitteldeutschland und Oberschlesien bis zu den Bombenattentaten der jüngsten Vergangenheit.

Ich half diesen Faden spinnen.

Dieses Buch soll ihn zerreißen helfen.«

Denn Ottwalt hatte damals längst die Seiten gewechselt. Eine Begegnung mit Brecht hatte ihn zum Kommunisten gemacht. Er gehörte zu seinem engsten Kreis. Später schrieben die beiden gemeinsam das Drehbuch für den Film *Kuhle Wampe*. Aber zunächst mal *Ruhe und Ordnung* – in ruhigem, klarem Tagebuch-Stil. Knappe Sätze, wie das damals war, nach dem Krieg, wie einer zum rechten Kämpfer wurde und später zum Spitzel. Aber am Anfang – der Krieg ist aus, die Schule auch, die Leere ist groß. Er wird angeworben, für große Aufgaben, geht zum Direktor, meldet sich ab, zum Freikorps, damit der Kampf weitergeht, fürs Vaterland und für Ruhe und Ordnung. Und der Direktor? »Der empfängt uns liebevoll, sieht uns mit seinem militärischsten Blick prüfend und ernst an, legt mir schwer die Hand auf die Schulter und kräht schneidig: ›Machen Sie meiner Anstalt Ehre!‹« Und er kämpft, sorgt geschickt für Unordnung im Land, damit er und seine Kameraden mit Gewalt die Ordnung wiederherstellen können, und – spitzelt: »Ich bin mit Leib und Seele Spitzel. Mein Leben hat wieder einen Inhalt. Ich bin nur nach außen hin ein kleiner Pennäler.«

Zu dem Satz »Die paar Schüsse haben unsere Nerven erregt, und Ritter will jetzt in den Puff«, hat Kurt Tucholsky in seiner Besprechung geschrieben: »Man kann es nicht kürzer sagen.« Das ganze Buch ist so. Extrem knapp und selbstentlarvend, und nur gegen Ende täuscht er sich: »Ruhe und Ordnung sind zu historischen Begriffen geworden. Oberschlesien ist gerettet. Hitler und Ludendorff bleiben Episoden.«

Zwei Jahre später folgt sein Justizroman *Denn sie wissen was sie tun*. Enorm faktenreich – Ottwalt und seine Frau hatten jahrelang als Gerichtsreporter gearbeitet –, und man kommt aus dem Staunen nicht heraus über eine Justiz, die kleine Diebstähle aus größter Not entschlossener und härter bestraft als üble Mordtaten rechter Gewalttäter. Auch diesem Buch hat er ein Beglaubigungsmotto vorangestellt: »Sämtliche Rechtsfälle, Gerichtsverhandlungen, Urteile und Ereignisse, die hier beleuchtet werden, [sind] als Tatsachen aus den Jahren 1920−1931 belegbar.« Zweifelnde Leser mögen sich bitte über den Verlag an ihn wenden, »alle derartigen Anfragen werden beantwortet durch

Offenlegung des Tatsachenmaterials, auf das sich die fraglichen Stellen stützen«.

Das Buch ist leider schwächer als das erste, der Stil schwammiger, es will mehr Roman sein. Ottwalt gestaltet mehr, ist kunstwilliger, empörter über das alles, was es da zu schildern gibt. Das tut dem Buch nicht gut.

Was die Nazis aber endgültig gegen Ottwalt aufbrachte, war der Band, den er 1932 veröffentlichte – *Deutschland erwache! Geschichte des Nationalsozialismus,* in dem Ottwalt auf fast 400 Seiten Ursprung und Gegenwart der NSDAP untersucht.

Dann begann das Verschwinden des Schriftstellers Ernst Ottwalt. Sein Biograph Andreas Mytze trifft immer wieder auf Spuren seiner Flucht, die ihn zunächst nach Dänemark, zu einer Freundin Brechts, dann nach Prag und schließlich nach Moskau führte. Er war offenbar nicht allzu beliebt bei den Mitemigranten. Oskar Maria Graf hat anlässlich seiner Reise in die Sowjetunion 1934 über ihn geschrieben: »Er hatte die aufdringlichen Allüren eines deutschen Korpsstudenten und sprach immer besonders betont parteitreu.« Und fügt apodiktisch in einem Gespräch mit einem Freund, der Ottwalt als anständigen Menschen verteidigen wollte, an: »Ich glaub' auch nicht, daß er ein anständiger Mensch ist. Aber ich versteh' ja nicht, was man für die Politik für Leute braucht.«

Man begegnete ihm mit Misstrauen. Wieland Herzfelde verdächtigte ihn, in seiner Abwesenheit seine Prager Wohnung durchsucht zu haben. Mytze vermutet sogar, dass Herzfelde es war, der Ottwalt in Moskau als Spitzel der Gestapo denunziert habe.

Es herrschte eine beklemmende Atmosphäre der totalen Verdächtigungen in Moskau während der ersten Schauprozesse. Menschen, Freunde verschwanden für immer. Jeder konnte ein Spitzel sein. Jeder jederzeit denunziert werden. Menschen verschwanden, und niemand wunderte sich. Als Bernard von Brentano zu Beginn des Jahres 1937 Bert Brecht fragte, ob es stimme, dass Ottwalt verhaftet worden sei, antwortete Brecht nur, er wisse es nicht, die Nachricht stamme aus bürgerlichen Blättern. »Ich selbst stand mit ihm seit Jahren nicht mehr in Korrespondenz.«

Der ungarische Schriftsteller Julius Hay erinnert sich in seinem Erinnerungsbuch *Geboren 1900* (1971) an den Schriftsteller aus Deutschland: »Ottwalt hatte in seiner Novelle ›Der Spitzel‹ (damit ist vermutlich das gleichnamige Kapitel aus *Ruhe und Ordnung* gemeint) Handwerk und Psychologie des berufsmäßigen Spitzels sehr lebenswahr beschrieben. Bis dahin galt das nur als Beweis seiner Begabung. Plötzlich fragte man sich: Wo hat er dieses Wissen erworben? Hat er das nicht in der Praxis gelernt?« Vielleicht, so vermutet Julius Hay, war das literarische Talent Ernst Ottwalts sein Todesurteil.

– »Ich bin mit Leib und Seele Spitzel.«

Es war dann nichts mehr mit dem Kämpfer **Kurt Tucholsky** (1890–1935). Wer hatte klarer, wahrer, sprachmächtiger, mutiger, heiterer und kämpferischer für ein besseres Deutschland gekämpft als er? Unermüdlich Text auf Text als Ignaz Wrobel, Theobald Tiger, Peter Panter, Kaspar Hauser und Kurt Tucholsky in der *Weltbühne*, im *Vorwärts*, in der *Arbeiter-Illustrierten-Zeitung* für bessere Bücher, bessere Politik, bessere Sprache, besseres Leben, mehr Gerechtigkeit – für ein besseres Land geschrieben und geschrieben? 1928 hat er einmal eine Liste in der *Vossischen Zeitung* veröffentlicht und darin schön sauber aufgelistet, was er hasst und was er liebt. Auf der Hass-Seite stand, unter »Militär«, »Vereinsmeierei«, »Rosenkohl«, »der Mann, der immer in der Bahn die Zeitung mitliest«, »Lärm und Geräusch«, am Ende »»Deutschland«« in Anführungszeichen. Auf der anderen Seite, der Seite der Liebe: »Knut Hamsun«, »jeden tapfern Friedenssoldaten«, »schön gespitzte Bleistifte«, »Kampf«, »die Haarfarbe der Frau, die er gerade liebt«, und schließlich »Deutschland«, ganz ohne Distanzierungszeichen. Sondern so, genau so, wie er es meinte und – liebte.

Wie nämlich?

So:

»Nun haben wir auf vielen Seiten Nein gesagt, Nein aus Mitleid und Nein aus Liebe, Nein aus Haß und Nein aus Leidenschaft – und nun wollen wir auch einmal Ja sagen. Ja –: zu der Landschaft und zu dem Land Deutschland.

Dem Land, in dem wir geboren sind und dessen ›Sprache‹ wir sprechen.

Der Staat schere sich fort, wenn wir unsere *Heimat* lieben. Warum grade sie – warum nicht eins von den andern Ländern –? Es gibt so schöne.

Ja, aber unser Herz spricht dort nicht. Und wenn es spricht, dann in einer andern Sprache – wir sagen ›Sie‹ zum Boden; wir bewundern ihn, wir schätzen ihn – aber es ist nicht das.« Und er liebt sich einmal hindurch, durch das Land, durch sein Meer und seine Wälder, er schwärmt und erinnert sich – das Glück in Tucholskys Texten, dieses große, große Glück, die Liebe und das alles, das ist ja immer gerade vorbei, unerreichbar gerade vorbei. Das macht sie immer so wahnsinnig traurig. Gerade die schönsten und glücklichsten. Aber hier ist noch Gegenwart darin, es ist 1929, Tucholsky schreibt:

»Ja, wir lieben dieses Land.

Und nun will ich euch mal etwas sagen:

Es ist ja nicht wahr, daß jene, die sich ›national‹ nennen und nichts sind als bürgerlich-militaristisch, dieses Land und seine Sprache für sich gepachtet haben. Weder der Regierungsvertreter im Gehrock, noch der Oberstudienrat, noch die Herren und Damen des Stahlhelms allein sind Deutschland. Wir sind auch noch da.«

Und dann eben – ein paar Jahre später, war es vorbei. In ein Gästebuch in der Schweiz trug Kurt Tucholsky 1933 den Satz ein: »Deutschland –? Schweigen und vorübergehen.« Und schon im April desselben Jahres hatte er an seinen alten Freund Hasenclever geschrieben: »Daß unsere Welt in Deutschland zu existieren aufgehört hat, brauche ich Ihnen wohl nicht zu sagen. ... Man muß die Lage so sehn wie sie ist: unsre Sache hat verloren. Dann hat man als anständiger Mann abzutreten.«

Und er trat ab. Kurt Tucholsky ging nach Schweden. Aus der Ferne kommentierte er die Verbrennung seiner Bücher: »In Frankfurt haben sie unsere Bücher auf einem *Ochsenkarren* zum Richtplatz geschleift. Wie ein Trachtenverein von Oberlehrern.« Und ein paar Zeilen später noch einmal der alte Tucholsky, in einer Klammer: »(Ich werde nun langsam größenwahnsinnig – wenn ich zu lesen bekomme, wie ich Deutschland ruiniert habe. Seit zwanzig Jahren aber hat mich immer dasselbe geschmerzt: daß ich auch nicht einen Schutzmann von seinem Posten habe wegbekommen können.)«

Tucholsky sieht alles klar, viel zu klar. Der Kampf ist verloren, das Land ist für ihn verloren, die Sprache, die Heimat, das gehört jetzt tatsächlich nur noch und ausschließlich den anderen. Auch vom Krieg, der kommen wird, weiß er längst und weiß es genau. Im Jahr 1934 schreibt er: »In der Politik zählt nur der Erfolg. Das bedeutet dann in fünf Jahren etwa irgendeinen Krieg, denn zu etwas anderm brauchen die das Geld nicht.«

Da kam nichts mehr. Das Hoffen war vorbei. Das Leben war vorbei. Außerdem litt er an einer schrecklichen Krankheit, er wusste einfach nicht, was es war, die Ärzte wussten es nicht, er roch nichts mehr, schmeckte nichts mehr, hatte ständig einen unerträglichen Druck im Kopf, litt unter Apathie und Depression, alles zusammen. Eine Operation folgte der nächsten, zwischen Stirnbein und Siebbein, oben über den Nasenhöhlen sei alles verklebt und verwachsen, das müsse aufgeschnitten werden. Es half alles nichts, das Unglück lag tiefer, die Ursachen lagen tiefer. »Ich werde wohl nicht mehr«, hat er geschrieben. Und an Mary, an die Liebe, seine frühere Frau, seine Liebe für immer, diesen Brief dann noch, diesen letzten Brief: »will Ihm (Mary) zum Abschied die Hand geben und Ihn um Verzeihung bitten für das, was Ihm einmal angetan hat ... jetzt sind es beinah auf den Tag sieben Jahre, daß weggegangen ist, nein, daß hat weggehn lassen – und nun stürzen die Erinnerungen nur so herunter, alle zusammen. Ich weiß, was ich in Ihm und an Ihm beklage: unser ungelebtes Leben. ... Wenn Liebe das ist, was einen ganz und gar umkehrt, was jede Faser verrückt, so kann man das hier und da empfinden. Wenn aber zur echten Liebe dazukommen muß, daß die *währt,* daß sie immer wiederkommt, immer und immer wieder –: dann hat nur einmal in seinem Leben geliebt. Ihn.«

Lebensmut war da keiner mehr. Im Dezember erfuhr er auch noch, dass der Mann, den er auf der »Liebesliste« damals ganz oben stehen hatte, dass der Dichter Knut Hamsun sich begeistert zu Hitler bekannte und zu den Nazis übergelaufen war. Tucholsky konzipierte einen großen, einen grundsätzlichen, einen kämpferischen Text gegen diesen unglaublichen Fall von Liebesverrat. Er hat den Text nicht mehr geschrieben.

In sein Tagebuch schrieb er ein paar Tage vor seinem Tod:

»Wenn ich jetzt sterben müßte, würde ich sagen: ›Das war alles?‹ – Und: ›Ich habe es nicht so richtig verstanden.‹ Und: ›Es war ein bißchen laut.‹«

Am 21. Dezember 1935 hat man ihn gefunden, er war bewusstlos, sie haben ihn nach Göteborg ins Krankenhaus gebracht, wo er am selben Abend starb. Auf dem Diagnose-Zettel steht: »Intoxicatio (Veronal)« mit Fragezeichen.

Sein Grab liegt unter einer großen alten Eiche, nur ein Steinblock, keine Blumen, keine Bepflanzung. Er liegt auf dem Friedhof, den er beschrieben hatte, in »Schloß Gripsholm«, als alles so schön war und Billie wie eine Tanzende ging und alles an ihr federte:

»›Seht ihr, da hinten liegt der Friedhof! Doch, wir schaffen das noch bis zum Abendbrot – also!‹ Wir gingen rascher. Ein leichter Wind hatte sich erhoben, dann wurden die Windstöße stärker, ein hauchzarter Regen fiel. Manchmal trug der Wind etwas wie Meeresatem herüber, von der See, von der Ostsee. Nun waren wir angelangt, da war eine kleine Holztür, und über die niedrige Steinmauer ragten alte Bäume.

Es war ein alter Friedhof; man sah das an den verwitterten, ein wenig zerfallenen Gräbern auf der einen Seite. Auf der andern standen die Gräber hübsch ordentlich in Reih und Glied … gut gepflegt. Es war ganz still; wir waren die einzigen, die die Toten heute nachmittag besuchten – die wen besuchten? Man besucht ja nur sich selber, wenn man zu den Toten geht.«

Alles Gold zerrann zu Freibier

16

Heinrich Kurtzig berichtigt ein kleines Versehen mit einem großen Spaß. Albert Hotopp – der Widerstand auf hoher See. Erich Ebermayer ist: DER OPPORTUNIST. Schlump spaziert als Hans im Glück durch den großen Krieg und verschwindet für immer. Und Yvan Goll – der Sänger des neuen Menschen in drei Sprachen

Heinrich Kurtzig (1865 –1946) wurde in Hohensalza geboren, lernte Kaufmann, wurde Fabrikdirektor in seiner Heimatstadt, siedelte 1905 als Direktionsbeamter nach Berlin über und gründete dort 1907 eine Verlagsbuchhandlung. Schon in den achtziger Jahren des 19. Jahrhunderts veröffentlichte er unter dem Pseudonym Bogumil Curtius literarische Texte mit so schönen Titeln wie *Fidele Landpartie* (1886) und war Mitglied im Verein der »Breslauer Dichterschule«. Damals war er eher Bewunderer der anderen Dichter und stolzer Teilnehmer der Runde, als dass er seine eigenen Versuche allzu ernst genommen hätte. Er hat später geschildert, wie er im Alter von zwanzig Jahren seine ersten humoristischen Texte dem bewunderten Humoristen Julius Stettenheim vortrug und dieser nach kürzester Zeit selig eingeschlafen war, nicht ohne dem Dichter später das zweifelhafte Lob zu spenden, dass er »noch nie so gut geschlafen habe«.

Später widmet sich Kurtzig in seinen Büchern vor allem der Beschreibung des Ostjudentums, seiner ostjüdischen Familiengeschichte und seinem Herkunftsort, jenem Hohensalza, dem heutigen Inowrazlaw in der polnischen Provinz Kujawien. In seinem Buch *Ostdeutsches Judentum* (1927) schreibt er: »Als Aron Kurtzig, mein Vater, aus seiner Heimat, einem schlesisch-posenschen Grenzstädtchen, zum erstenmal nach Kujawien kam, war es ein Land, in dem noch die Wölfe heulten. Die Landleute, dem Schnapsteufel ergeben, wohnten in schmutzigen Dörfern, in elenden, mit Stroh gedeckten Lehmhütten. Es gab keine Chausseen, und die Landwege waren bei Regenwetter fast unpassierbar. Nur mit vier Pferden bespannte Wagen konnten den ›kujawischen Dreck‹ überwinden.« Es ist eine Idylle, die Kurtzig hier schildert, Beispiel eines gelungenen, von Antisemitismus weitgehend verschonten Lebens in der östlichen Provinz. Der Vater Aron stirbt am Ende im Frieden mit sich und den Bürgern seiner Stadt. »Der würdige Rabbiner sprach am Sarge die alle Trauernden aufrichtenden Worte: ›Er starb nach dem Ausspruche der alten Weisen: Mit einem Kusse, den Gott auf seine Stirn gedrückt hat.‹«

Das Buch ist 1927 erschienen und wurde wahrscheinlich, auch wenn auf der Liste nur das Buch *Dorfjuden* (1928) ausdrücklich erwähnt wird, im Mai 1933 verbrannt.

1934 meldete sich noch einmal der Humorist zurück. Kurtzig veröffentlichte eine etwas alberne Nachdichtung von Homers Odyssee im Gustav Engel Verlag. Die Odyssee als Büttenrede:

> *Als Troja überrumpelt war,*
> *da machte Schluß der Kämpfer Schar.*
> *Bald sah man heimatwärts marschieren*
> *die Muschkos mit den Offizieren.*
> *Die siegesreichen Legionen*
> *erreichten ihre Garnisonen,*
> *nur fehlte beim Kontrollezählen*
> *manch einer von den Generälen,*
> *doch hatten sie mit ihren Wunden*
> *sich etwas später eingefunden.*
> *Ein Einzger durch der Götter Grollen*
> *Blieb aber lange Zeit verschollen.*
> *Zehn Jahre währte seine Reise,*
> *Odysseus war's der Kluge, Weise.*

Kurtzig liefert jedoch nur eine Kurzversion. Nach 58 Seiten ist schon Schluss:

> *Nach dieser Zeit in Ithaka*
> *manch Intressantes noch geschah.*
> *Homer darüber breit berichtet,*
> *Doch ich hab' wohl genug gedichtet.*
> *Von griechischen Entwicklungsgängen*
> *Verrat' ich nichts mehr in Gesängen.*

Nun möcht ich – Zeus wird mich verstehn –
Zu zeitgemäßen Göttern gehen.

Das Buch wurde gedruckt, nur ein Jahr nachdem seine Bücher verbrannt worden waren. Kurtzig versuchte sich in die Leichtigkeit, den Witz, zurückzuretten. Und für dieses eine Buch gelang das noch einmal (wenn auch in diesem Fall nicht nur den schläfrigen Julius Stettenheim eine gewisse Müdigkeit überfallen hätte). Doch auch für Heinrich Kurtzig gab es keine Zukunft in Deutschland. 1939 emigrierte er nach Marokko, 1946 ist er in Casablanca gestorben.

»Am Meere stand eine Frau. Sie war blond und erschien jugendlich. Außer ihrer Schönheit hatte sie keine besonderen Kennzeichen.« Muss man da noch weiterlesen? Was für ein Kitsch-Roman bitte fängt so an? »Am Meere«, aha, und warum nicht einfach und korrekt »am Meer«? Und »blond« und »erscheint jugendlich«, und außer Schönheit fällt dem Autor nichts weiter auf. Und was möchte das wohl für eine Schönheit sein, die einfach so nur »schön« ist? Wäre doch die Aufgabe des Schriftstellers, das etwas genauer zu beschreiben. Aber: Das kommt noch, das kommt noch. Und der Roman, um den es hier geht, ja, der ist kitschig und rührselig und spielt sehr viel am »Meere« und auf dem »Meere«, aber es ist auch ein sehr moderner Roman, ein parteiischer Roman und vor allem der Roman über eine selbstbewusste Frau, eine Frau, die ein duckmäuserisches Fischerfrauenleben beginnt, aber zu einem kämpferischen Frausein erwacht.

Der Roman ist von dem kommunistischen Journalisten und Schriftsteller **Albert Hotopp** (1886–1942), heißt *Fischkutter H. F. 13* und erschien erstmals im Jahr 1930. Die schöne Frau heißt Lee, ist die Ehefrau des Fischers Hinrichsen; als der stirbt, lässt sie sich den Kutter überschreiben. Der Großaktionär, der ihr das Schiff übereignet, ist begeistert von Stolz und Freiheitsdrang und vom Mut dieser Frau; eine Liebe beginnt, eine Schwangerschaft folgt, ein Unglück geschieht, das Schiff bleibt aus, ihr erster Sohn auf See verschollen. Der Geliebte gibt sich kühl und überlegen und abwehrend gegen ihr Unglück. Lee lässt das Kind abtreiben. Und wird angeklagt. Es drohen ihr fünf Jahre Haft. Die Justizszenen im Roman lesen sich gespenstisch real. Nach anderthalb Jahren kommt Lee frei. Nach ihrer Entlassung gerät sie in die Frauendemonstrationen des Jahres 1929, bei denen sich massenhaft Frauen öffentlich zu früheren Abtreibungen bekannten:

»Immer neue Kolonnen rückten heran. Links, links, links! hämmerte es in ihr weiter. Links ist der Schritt, links, links, links! Lee sah Frauen im Zug, die marschierten wie die Männer, mit dem gleichen Ernst; sie trugen vor ihrem Zug her ein breites Plakat mit der Aufschrift:

Nieder mit dem Gebärzwang

Hinweg mit dem § 218

Dieses Plakat zog Lee in seinen Bann. Unbewußt faßte sie Tritt und marschierte mit, sie verspürte weder Hunger noch Durst, nur ein wunderbares Gefühl durchfuhr sie, sie fühlte sich frei und geborgen, diese Masse stand wie ein Schutzwall um sie.«

Das Ende des Romans ist dann allerdings kitschig. Ein neuer Mann wird sie in eine neue Liebe, in ein neues Leben hineinretten. Der Kommunismus ist die Religion und das Licht, das alles hell und gut und warm machen wird. Das verspricht ihr dieser neue, lächerliche Parteimann: »Ein Leuchten kam in seine Augen, als seine ausgestreckte Hand nach Osten wies: ›Von dort kommt das Licht! Dort ist der Sonnenaufgang, von dort kommt die Erlösung für uns alle!‹« Schauderhaft. Hotopp wird am eigenen Leibe erfahren, was für ein Licht da leuchtete.

Aber trotzdem ist Lee eine ganz erstaunliche Figur, eine ganz erstaunliche Frau, und der Kampf gegen den § 218, der wird hier überzeugend und entschlossen literarisch gekämpft.

Bei der Kritik kam der Roman nicht gut an. Der bürgerlichen Presse war er entschieden zu links und zu parteiisch. Hotopp sagte dazu: »Man soll mir mit dem Gerede, daß die Kunst neutral sei, vom Leibe bleiben. Kunst ohne Tendenz gibt es nicht.« Und die Linke, wie die *Rote Fahne,* beanstandete den »überflüssigen, kleinbürgerlichen Schmus« in dem Buch, in dem der Autor auch noch »schamhaft den Namen der Sowjetunion verschweige«. Der einzige Rezensent, der das Buch lobte, war der Wanderer und Prediger Theodor Plievier.

Zunächst versuchte Hotopp nach 1933 in Deutschland im

Untergrund weiterzuleben, zu kämpfen vielleicht, zu arbeiten. Doch 1934 entschloss er sich zur Flucht. In Richtung Sonne. Er arbeitete bis 1938 in Moskau als Lektor für deutsche Sprache und Literatur, 1939 wurde er verhaftet, galt schon bald als verschollen und wurde 1942 zum Tode durch Erschießen verurteilt und hingerichtet.

Einer wie **Erich Ebermayer** (1900–1970) hat jederzeit Erfolg. Er richtet sich ein, liefert das Gewünschte, das dauert nicht lang. Einen kleinen Moment, bitte, ich muss mich orientieren. Und dann schon wieder: Glanz und Gold. Vor der Nazi-Zeit. Nach der Nazi-Zeit. Vor allem aber: während der Nazi-Zeit. Ebermayer ist dabei. Nur an den Übergängen, da hakt es immer etwas. Da zweifelt dann auch mal ein Ebermayer, ob das klappt. Ob das klappen kann? Er saß mit einem Freund in einer Weinstube beim Alten Theater in Leipzig. Das Radio läuft. Sie hören nicht hin. Bis – sie plötzlich doch hinhören. Ebermayer erinnerte sich später in seinem veröffentlichten Tagebuch daran: »Wir befinden uns auf dem Schloßplatz in Berlin‹, sagt der Sprecher. ›Der Scheiterhaufen ist errichtet!‹ Der Scheiterhaufen? Ein Freudenfeuer? Ein Siegesfeuer? Ein verspätetes Maifeuer? Ich bin ein alter Freund von Maifeuern – sollen die Nazis ihre Siege getrost durch Feuer feiern! ›Hunderte von Studenten schleppen immer neue Wagenladungen heran …‹ Wagenladungen – wovon zum Teufel? ›Tausende und Abertausende von Menschen füllen Kopf an Kopf den weiten Platz. Eine warme Frühlingsnacht liegt über Berlin.‹ Zwischen den leisen Worten des Sprechers ist das Raunen der Masse zu hören, Rufe, Autohupen, das Manövrieren von schweren Lastwagen.«
Es dauert eine Weile, so schildert er es später, bis die beiden begreifen, was da verbrannt werden soll, in dieser Nacht, in Berlin. Und die Namen sausen durch die Luft, Stefan Zweig, Fritz von Unruh, Ernst Toller. Sie hören das Gejohle der Menge im Radio, das Aufschlagen der auf den Scheiterhaufen geschleuderten Bücherstöße. – »Unsere Nerven sind am Zerreißen. Ich muß jeden Augenblick damit rechnen, daß auch mein Name aufklingt.« Einige Momente sind besonders schlimm: »Jedesmal, wenn ein Autor verbrannt wird, dessen Vorname Erich ist, faßt

(mein Freund M.) instinktiv nach meinem Arm, die Sekunde zwischen Vorname und Nachname dehnt sich endlos. Es sind leider drei oder vier Erichs unter den Verbrannten …

Dann ist es aus. Ich bin nicht dabei. Nicht gefährlich genug, nicht ›berühmt‹ genug! Ich werde auf kaltem Wege abgewürgt. Nicht durch die läuternde Flamme. Ich weiß nicht, ob ich erleichtert sein soll. Das andere wäre wenigstens eine klare Lösung gewesen.«

So schreibt er dahin. Sonderbar – seine Bücher nicht verbrannt? Er stand doch mit seiner Novelle *Nacht in Warschau* (1929) auch auf Herrmanns Liste? Was ist da passiert in dieser Nacht? Wer hat Ebermayers Bücher vor dem Feuer gerettet? Der Verdacht liegt nahe, dass es Goebbels selbst gewesen ist, der den jungen Schriftsteller, Drehbuchautor und Regisseur schützen wollte. Denn der sollte in den folgenden Jahren einer der produktivsten und bestbezahlten Filmautoren des Dritten Reichs werden, 20 000 Mark pro Film, mehrere Filme jährlich, wird Emil Jannings und Hitlers Lieblingsschauspielerin Olga Tschechowa Rollen auf den Leib schreiben. Der Jannings-Film *Traumulus* erhielt 1936 von Goebbels den Staatspreis. 21 Filme wurden realisiert, für die Ebermayer in den Jahren unter Hitler die Drehbücher geschrieben hatte. Ja, er war auch Gefahren ausgesetzt, der homosexuelle Ebermayer hatte in den Jahren der Weimarer Republik Novellen voller schwuler Helden geschrieben – gleich sein erster Band, *Doktor Angelo* (1924), hatte Thomas Mann (wie auch der junge Autor selbst) ausnehmend gut gefallen. Außerdem beschäftigte er jahrelang während der Nazi-Zeit die jüdische Sekretärin Emilie Heymann, der er auch mit falschen Papieren zum Untertauchen verhalf. Rosenberg und Streicher, so betont er später, hätten alles versucht, ihn loszuwerden. Aber Göring und Goebbels hielten ihre Hand über ihn. Und sie siegten. Ebermayer siegte und kaufte sich 1939 zu seiner Grunewald-Villa noch ein hübsches altes Schloss, Schloss Kaibitz bei Bayreuth, restaurierte es aufwendig und residierte fortan, wie es einem Drehbuchkönig im Hitler-Reich gebührte.

Ebermayer hat in einem Porträt, das er über seinen Freund Klaus Mann geschrieben hat, geschildert, wie das war, der Moment, als sich die Emigration, die äußere Emigration, von der so genannten Inneren Emigration, trennte. Am Tag, als Hitler Reichskanzler wurde. Ebermayer erwartet Klaus Mann am Bahnsteig in Berlin. Er kommt im Zug aus München, die beiden wollen gemeinsam an einem Theaterstück schreiben. Ebermayer hat früh die *B.Z.* gekauft, mit der Meldung von Hitlers Ernennung. Gemütlich geht er die Kabinettsliste durch, erkennt, dass da nicht nur Nazis Minister geworden sind, einer, Gürtner, ist sogar ein alter Jugendfreund seines Vaters. Alles nicht so wild. Er begrüßt Klaus stürmisch, fragt wie nebenbei, was er vom neuen Kanzler halte. Klaus lacht. So idiotisch werde der alte Präsident nicht sein, dass er Hitler ernennt. Ebermayer sagt: »Er ist es –.« Und reicht ihm die *B.Z.* »Klaus bleibt jäh stehen, wirft einen Blick auf die Schlagzeile. Er wird bleich, als wäre er von Wachs; seine roten Augenlider glühen in dem fahlen Gesicht. Er sagt nichts, blickt nur auf das Papier in seiner Hand. Er liest auch gar nicht; ich beobachte seine Pupillen, sie starren unbeweglich aufs Blatt. Das Blatt beginnt in seiner Hand zu zittern, ganz wenig nur, aber es zittert.«

Sie verbringen noch den Tag zusammen in Berlin, um Mitternacht bringt Ebermayer Klaus Mann zum Bahnhof, zum Zug nach München.

»Ich habe den Freund niemals wiedergesehen.«

Doch er bemühte sich; wie sehr bemühte er sich nach dem Krieg um den alten Freund. Er möge doch kommen, schrieb er ihm, die Zeit im Lande war schwer, er möge doch auf sein Schloss kommen, da könnten sie besprechen, was sie erlebt haben, drinnen und draußen. Es sei die Hölle gewesen für ihn in Deutschland. Aber er habe Tagebuch geführt. Ein Tagebuch über sein Leiden und seinen Widerstand. Klaus Mann zitiert aus Ebermayers Brief: »Ich kann es kaum erwarten, Dir bestimmte Passagen aus diesem aufschlußreichen Dokument vorzulesen‹, schrieb Erich. ›Komm und besuche mich doch, lieber Freund. Komm bald! Wenn Du wüßtest, wie oft ich in diesen Jahren des Kampfes und der Einsamkeit an Dich gedacht habe; […] denn mein Schicksal ähnelte dem deinen: auch ich war ein Emigrant, hier mitten in meinem Heimatland.‹«

Klaus Mann überlegt, ob er fahren soll. Da fällt ihm ein anderer Brief Ebermayers in die Hände. Ein Brief, den die *Neue Zeitung* in München soeben veröffentlicht hat. Ein Brief aus dem Jahr 1942, den der Autor Ebermayer an den Literaturkritiker Schnack gerichtet hatte, der sich offenbar eine allzu kritische Rezension eines Ebermayer-Romans erlaubt hatte. Mann zitiert: »›Ihre Verleumdung meines Buches‹, schalt er Schnack, ›ist das schockierendste Beispiel unverantwortlicher und unfairer Kritik. Als solches hat man es meinem Minister (d. h. Goebbels) vorgelegt, dem ich ein Exemplar Ihrer Kritik habe zukommen lassen … Doch warum soll ich mit Ihnen streiten? Mein Roman hat den Beifall von vielen tausend unvoreingenommenen Lesern gefunden. Die höchsten Würdenträger des Reichs – Minister Goebbels, Reichsmarschall Göring, Reichsleiter Bouhler (mein Cousin!) – haben mir zu meinem Werk gratuliert. Sie jedoch, Herr Schnack, halten meinen epischen Stil für überladen mit Filmklischees! Es ist wahr, ich habe im Auftrag von Minister Goebbels einige große und wichtige Filme geschrieben. Aber ganz bestimmt ist nichts Filmhaftes an dem von Ihnen kritisierten Roman! *Unter anderem Himmel* behandelt ein tiefgründiges und aktuelles Thema, nämlich den Unterschied zwischen Deutschland und Amerika.‹

Und so weiter. Zwei Schreibmaschinenseiten voller Überheblichkeiten und Drohungen, gipfelnd in den logischen, unvermeidlichen Schlußworten: ›Heil Hitler!‹ Unterzeichnet mit ›Dr. Erich Ebermayer‹.

Ich war dem Kritiker Schnack aufrichtig dankbar. Ohne seine geringschätzige Buchbesprechung hätte ich womöglich meine alte Bekanntschaft mit dem Cousin von ›Reichsleiter‹ Bouhler erneuert.«

Die erneuerte Freundschaft wäre wichtig gewesen für seinen neuen Start in das erneut veränderte Land. Ärgerlich, dass Klaus Mann sich nicht dazu bereitfand – aber das hielt Ebermayer auch nicht lange auf.

Er schrieb die Drehbücher für die Erfolgsfilme *Canaris, Die Mädels vom Immenhof* und den Zarah-Leander-Film *Der blaue Nachtfalter,* versuchte sich zwei Jahre in einer Ehe, adoptierte nach der Scheidung zwei junge Männer, erbaute sich ein Landhaus in Terracina bei Rom, nannte es »Casa Ebermayer«, erhielt das Bundesverdienstkreuz Erster Klasse und starb im Alter von siebzig Jahren bei einem Ausflug zu dem in der Nähe seiner Villa gelegenen Jupitertempel an einem Herzinfarkt.

Und dann also **Schlump.** Wer möchte das wohl sein? Schlump, so nennen sie ihn, seit er damals auf eine der Buden geklettert war, die in seinem Heimatdorf aufgebaut worden waren, bevor das Vogelschießen am Sonntag begann. Und von dort oben hatte er mit lautem Geschrei alles heruntergerissen und auf den Markt geworfen; keine Ahnung, was er alles geworfen hat, jedenfalls kam ein Schutzmann herbeigestürmt, ganz aufgeregt, und schrie ihn an: »Du Schlump!« Und das war nur ein Versehen, weil er so aufgebracht war, er wollte wohl irgendwas zwischen Lump und Schlingel sagen, aber in der Eile kam »Schlump« heraus. Und das hörten die Leute vom Marktplatz und lachten, und seitdem hieß er eben bei allen nur noch Schlump, ein Leben lang. Wahrscheinlich ein Leben lang, denn allzu viel wissen wir nicht über ihn. Nur dass er sich Emil Schulz nannte und sein einziges Buch, sein Lebensbuch *Schlump – Geschichten und Abenteuer aus dem Leben des unbekannten Musketiers Emil Schulz, genannt ›Schlump‹, von ihm selbst erzählt* (1928) –, dass also dieses eine Buch verbrannt worden ist im Mai 1933. Dabei steht zu vermuten, dass auch der Name Emil Schulz Teil einer doppelten Namensfiktion ist und wir hier zwei Pseudonyme, aber keinen Autorennamen haben. Was danach mit Schlump geschah, wissen wir nicht. Aber das Buch, also *Schlump,* das ist wie ein französisches Weisheitsbüchlein des guten Lebens. Schlump zieht in den Krieg, mit großen Hoffnungen, findet ihn langweilig zunächst, kalt, lebensfeindlich, brutal, findet immer Wege heraus, sieht alles klar und unbeschönigt, klagt auch mal pathetisch den Krieg, das Morden an, aber findet doch beharrlich Genussmöglichkeiten des guten Lebens für sich und seine Kameraden. Die da noch von Heldentum sprechen, sind lächerliche Würstchen. Wie ein Hans im Glück stiefelt er durch den Krieg, und als der Krieg aus ist – die Züge verkehren immer noch pünktlich, Fahrkarten werden kontrolliert –, da wartet Johanna am Bahnsteig schon auf ihn, die er nur eine Nacht lang kannte, von damals, vor dem Krieg. Ein Märchen aus der Wirklichkeit. Aus dem Krieg, gegen den Krieg, für das Leben, wie es ist und sein könnte, sein wird. Wie schön wäre es zu wissen, wie es wirklich weiterging. Das Leben von Schlump.

»Yvan Goll hat keine Heimat: durch Schicksal Jude, durch Zufall in Frankreich geboren, durch ein Stempelpapier als Deutscher bezeichnet.

Yvan Goll hat kein Alter: Seine Kindheit wurde von entbluteten Greisen aufgesogen. Den Jüngling meuchelte der Kriegsgott. Aber um ein Mensch zu werden, wie vieler Leben bedarf es. Einsam und gut nach der Weise der schweigenden Bäume und des stummen Gesteins: da wäre er dem Irdischen am fernsten und der Kunst am nächsten.«

So hat sich **Yvan Goll** (1891–1950) damals vorgestellt, 1919, am Ende der Explosions-Gedichts-Sammlung *Menschheitsdämmerung*. Und er hatte gedichtet vom Bau des Panamakanals, von seiner unendlichen Sehnsucht, »Überall könnte Elysium sein! / Aber wir wandern, wir wandern immer in Sehnsucht! / Irgendwo springt ein Mensch aus dem Fenster, / Einen Stern zu haschen, und stirbt dafür«. Von seinem Durst, der auch von Nil und Niagara nicht zu stillen sei, und vom Wald, der Liebe zum Wald, der Liebe überhaupt – »Ein Veilchen fiel / Mir plötzlich wie ein blauer Stern zu Füßen: / Ich trug es in den goldnen Abend hin. / Wir beide mit unsern Augen / Leuchteten uns an und loderten gewaltig: Wir beide hätten so gern geschrieen und geküßt! / Aber unsere Sprache war so schwach! / Und die Liebe so unsagbar traurig! / Wir welkten und wir starben auseinander«.

Was für schöne Gedichte! Wie viel Schönheit, Hoffnung, Trauer, Schmerz – um alles. Immer um alles geht es, in jedem Vers. Die Menschheit, Einheit der Welt, alles umschlingen, Revolution und ewiger Friede. Wenige haben so gehofft auf die Zeit nach dem Ersten Weltkrieg, auf die Geburt des Neuen Menschen aus der Revolution, wie Goll. Und wenige waren so tief enttäuscht, schon nach kürzester Zeit, über das Versickern der Revolutionshoffnungen im Grau der Stadt Berlin: »Alles Gold zerrann zu Freibier / Lockernd den Asphalt des Mob – / O Berlin, du Nessel am Kreuzweg des Ostens / Dorre an deinem Staube bröckle Vergessenheit.«

Und als Rosa Luxemburg starb, dichtete Yvan Goll: »Heilige Rosen blühen im Landwehrkanal / Letzte Rose von Deutschland!«

Sonderbar, dass diese Gedichte so ganz vergessen sind. Die sind doch für die Ewigkeit gedichtet, oder wenigstens für hundert Jahre. Im Gegensatz zu vielen anderen expressionistischen Großworttrompetern jener Jahre wirken die großen Worte, das Pathos des Yvan Goll noch heute schön und klar und wahr. Reißt heute noch mit, irgendwie, sein »Appell an die Kunst«: »Und du, Dichter, schäme dich nicht, in die verlachte Tuba zu stoßen. Komm mit Sturm. Zerdonnere die Wölklein romantischer Träumereien, wirf den Blitz des Geistes in die Menge. Laß ab von den zarten Verirrungen und leichten Verzweiflungen des Regenwetters und der Dämmerungsblumen. Licht brauchen wir: Licht, Wahrheit, Idee, Liebe, Güte, Geist! Sing Hymnen, schrei Manifeste, mach Programme für den Himmel und die Erde. Für den Geist!« – »Komm mit Sturm!« Ein Dichter, der der Luft befiehlt! Was für ein Traum!

»Yvan Goll hat keine Heimat« – wie recht er damit hatte, er wusste das damals noch nicht. Selbst die Sprache, die deutsche Sprache, sollte ihm nicht dauerhaft Heimat bleiben. Als er nach Frankreich floh, dichtete er französisch, immer wieder von »Jean sans Terre« – »Johann Ohneland« –, und später, in Amerika, auf Englisch. Verachtungsgedichte vor allem, Verachtung der Moderne, Verachtung des Geldes, Verachtung Amerikas. Nirgends war weniger Heimat als dort. Nach dem Krieg kehrte er zurück, an Leukämie erkrankt, von Schmerz und Krankheit schwer gezeichnet, zusammen mit seiner Frau, der Dichterin Claire Goll. Er kehrte zurück nach Paris. Und er kehrte am Ende zurück zur deutschen Sprache. An Döblin schrieb er: »Nach zwanzigjähriger Abkehr bin ich zur deutschen Sprache zurückgekehrt, mit welcher Hingabe und Lust der Erneuerung, fast klopfenden Herzens.«

Ein späteres Gedicht von Yvan Goll existiert in abweichender Form auch unter dem Titel »Südnordblau«, wird hier aber zitiert in der ursprünglichen Fassung ohne Titel:

Wenn's Abend wird, gehörst du mir nicht mehr,
Ein fremder Gott löst dich aus meinem Arm,
Du läufst in die Nacht hinaus,
Verbrennst dir die zarten Hände im Mond-Chlor,
Verfängst dich mit der Seele im Sternenbusch
Und weinst und weinst
Denn weit ist die Einsamkeit
Der Wind ein löchriger Mantel:
O hör auf mich und nimm doch wenigstens
Noch diesen Seufzer meiner warmen Brust
Mit auf den Weg, daß du nicht frierst!

17 | Wir haben unsere Pflicht versäumt

Heinrich Mann und der falsche Optimismus. Alfred Döblin –
auf Taubenflügeln gegen die Kanonen. Bertolt Brecht – die
Katze mit den sieben Leben. Johannes R. Becher – die neue
bengalische Marseillaise. Erich Kästner – die Tarnung am Feuer fliegt auf

Er ist so tief gestürzt durch die neue Zeit, das neue Deutschland – **Heinrich Mann** (1871–1950). Tief hinab, von seinem Thron
herunter, dem Dichterthron über die Deutsche Republik ins
Elend hinab, in die Armut, die Demütigung, Sprachlosigkeit.
Weiterleben ohne Zweck, drüben in Amerika, am Fuße des Ber-
ges, auf dem sein kleiner Bruder thronte. Einmal die Woche eingeladen, in den Glanz des Verwandten, die Verachtung für ihn,
für seine Frau zu ertragen. Und die Sprache nicht zu sprechen
des fremden Landes. Allein, ganz allein ein Leben zu Ende bringen, das jeden Sinn verloren hat. Das ist wohl: Tapferkeit. Ewiger
Wille, nicht aufzugeben. Die anderen nicht siegen zu lassen. Die
Nazis. Das andere Deutschland. Den Ungeist.

Sein Optimismus am Anfang, als das Unglück geschehen war,
die Nazis an die Macht gekommen waren, wirkt heute beinahe lächerlich. Oder rührend. 1936 blickt er auf die Bücherver-

brennung zurück, und – irgendjemand muss ihm das berichtet haben, seine Fantasie? – er weiß, dass einige der Studenten, die die Bücher in Brand steckten in jener Nacht in Berlin, sich manche dieser Bücher in die Taschen steckten statt ins Feuer, »froh waren, sie so billig zu bekommen«. Und jetzt, drei Jahre später, weiß er genau: »Die am glühendsten Bücher heizten, sind jetzt glücklich, wenn sie heimlich ein paar gerettet haben. Sonst hätten sie nicht mehr viel zu lesen.«

Ach, wenn es so gewesen wäre!

Aber er brauchte ja diesen Optimismus. Braucht jeder Mensch zum Leben, aber um wie viel mehr einer, der gerade dieses Buch schreibt, den *Henri Quatre* (1935/38), die Geschichte des guten Königs von Navarra, den Roman der Menschlichkeit gegen alle Widerstände, gegen eine brutale Zeit. Was für ein wunderschönes Buch, Märchenbuch, Geschichtsbuch, Hoffnungsbuch, herübergerettet aus dem Frankreich von damals. Man könnte schreiben: Es ist das menschlichste Buch des Exils geworden. Was das heißt? Vom schönsten, tiefsten Glauben an die Menschen und die Menschlichkeit getragen – gegen alle Widerstände von Anfang an: »Der Knabe war klein, die Berge waren ungeheuer.« Über das große Morden der Bartholomäusnacht – »Man hat den Louvre erleuchtet gesehn, wie vom Höllenfeuer selbst« – bis zum herrlich kitschig-pathetischen Finale, wenn der tote König von Frankreich und Navarra von einer Wolke herunter spricht, zu Heinrich Mann, zu uns: »Bewahrt euch all euren Mut, mitten im fürchterlichen Handgemenge, in dem so viele mächtige Feinde euch bedrohen. Es gibt immer Unterdrücker des Volkes, die habe ich schon zu meiner Zeit nicht geliebt; kaum, daß sie ihr Kleid gewechselt haben, keineswegs aber ihr Gesicht.« Und schließlich: »Macht es besser als ich. Ich habe zu lange gewartet. Die Revolutionen kommen nicht immer wie gerufen; darum heißt es, ihnen bis zu Ende nachgehen, und das mit aller Kraft. Ich habe gezaudert, so sehr, wohl aus menschlicher Schwäche wie deshalb, weil ich euch schon von zu hoch oben her sah, euch Menschen, euch, meine Freunde.«

Das Exil hat aus Heinrich Mann alles Leben, allen Lebensmut und alle Schaffenskraft herausgepresst. Und danach, nach dem Krieg, war es zu spät zur Rückkehr. »Deutschland ruft Heinrich Mann«, hieß es enthusiastisch aus der Sowjetisch Besetzten Zone. Den Ruf hörte er noch, doch ein Zurück hat es nicht mehr gegeben. Zu lang gezaudert wieder mal. Der Tod war schneller.

Oh Zaudern – das hat sich auch der Freund **Alfred Döblin** (1878–1957) vorgeworfen. Zu zauderhaft. Zu kurzsichtig. Zu schwach. Und jetzt, in einer winzigen Wohnung in Paris, zu jeder Selbstanklage bereit: »Und was hat also unsere Literatur geleistet?«, fragt er in einem Geburtstagsbrief an Thomas Mann und antwortet gleich selbst: »Ich finde (ich nehme mich nicht aus): wir haben unsere Pflicht versäumt. Man hat mich hier neulich aufgefordert, zum 10. Mai, Tag des ›verbrannten Buchs‹, irgendwo zu sprechen; ich lehnte ab mit der Begründung: jedenfalls meine Bücher sind mit Recht verbrannt.« Man müsse jetzt einfach mehr Politik in seinen Büchern »unterbringen«, und als er ein Jahr später doch noch einmal auf die Bücherverbrennung zu sprechen kommt, klingt das Kämpfertum wie die Selbstermutigung eines Mäuschens angesichts des bevorstehenden Kampfes gegen ein Löwenheer: »Der Kampf ist nicht abgeschlossen. Mit Schaudern sehen wir, was sich jetzt in der Welt vorbereitet. Mehr als je müssen wir da sein! Die Kanonen werden donnern und werden sich als die wahre Stimme der Welt gebärden. Wir wissen: sie können brüllen und vernichten. Aber Lärm beweist nichts, und der Tod ist keine Tatsache. Gedanken, die auf Taubenflügeln schwingen, bewegen und erhalten die Welt.«

Auch Döblin findet sich nicht zurecht in diesem neuen Leben. »Da schlendert nun ein älterer Herr – Zigarette im Mund, Hände in den Manteltaschen, trägt eine scharfe Brille, hat ein glattes, lebendiges Gesicht: es ist *Alfred Döblin,* der in Paris ebenso spaziert wie einst in Berlin.« So sieht er sich selbst. Und wird sich auch in Amerika so spazierend sehen. Ohne die Sprache des Landes zu sprechen. Ohne einen Kontakt zu der Welt da draußen. Ohne Kontakt zur alten Heimat wie zu der neuen Welt.

Von Brecht, von **Bertolt Brecht** (1898–1956), nur das Gedicht »Als das Regime befahl« (1938), das er der großen Geste Oskar Maria Grafs hinterhergedichtet hatte:

Als das Regime befahl, Bücher mit schändlichem Wissen
Öffentlich zu verbrennen, und allenthalben
Ochsen gezwungen wurden, Karren mit Büchern
Zu den Scheiterhaufen zu ziehen, entdeckte
Ein verjagter Dichter, einer der besten, die Liste der
Verbrannten studierend, entsetzt, daß seine
Bücher vergessen waren. Er eilte zum Schreibtisch
Zornbeflügelt, und schrieb einen Brief an die Machthaber.
Verbrennt mich! Schrieb er mit fliegender Feder, verbrennt mich!
Tut mir das nicht an! Laßt mich nicht übrig! Habe ich nicht
Immer die Wahrheit berichtet in meinen Büchern? Und jetzt
Werd ich von euch wie ein Lügner behandelt! Ich befehle euch:
Verbrennt mich!

Doch Brecht selbst musste ja nichts befehlen. Er stand weit oben auf der Liste, da gab es kein Versehen. Und Bertolt Brecht ist wohl der Einzige unter all den vielen, vielen Dichtern von der Liste des Bibliothekars Wolfgang Herrmann, der nach den zwölf höllischen Jahren in Deutschland noch ein zweites, ja ein drittes Leben als Autor hatte. Der Kommunist Brecht war nicht etwa in die Sowjetunion ins Exil gegangen, wo so viele seiner Kollegen in jenen Jahren starben, auch nicht nach Mexiko, wo sich die meisten deutschen Kommunisten trafen. Er ging in die USA, wo ihn eigentlich nur störte, dass Thomas Mann auch da war. Doch erwies sich das Land schließlich als groß genug für beide. Das Exil hat Bertolt Brecht nicht nur nicht gebrochen und verhärmt und ihm das Beste seines Künstlertums genommen, es hat ihn auch seinem Publikum nicht entfremdet. Brecht ist der Einzige, für den nach dem Exil ein echtes neues Erfolgsleben beginnen konnte. Ein Theater-Triumph-Leben, wie es kaum je einem Dramatiker vergönnt gewesen war, mit eigenem Theater in Berlin am Schiffbauerdamm, eigenem Ensemble und allen Möglichkeiten, die man sich in einem totalitären Staat nur erträumen kann. Und alles, was die DDR ihm zu veröffentlichen untersagte, das ließ Brecht einfach im Westen erscheinen. Ein Sonderfall in jeder Hinsicht.

»Diese Dichtung ging durch Höllen und Paradiese, in ihr gellt es von Schreien, in ihr klingt visionärer Jubel, ihre Schwester heißt Melancholie, Abgründe sind in ihr, Bitternis, Einsamkeit und der große sternenhafte Blick in die Zukunft.« So hat der Dichter Stephan Hermlin **Johannes R. Becher** (1891-1958) nach dessen Tode geehrt und seine Dichtung beschrieben. Becher war ein kommunistischer Explosions-Dichter, ein linker Radikal-Expressionist, der eine neue Grammatik begründen wollte und damit eine neue Welt:

»Die Adjektiv-bengalischen Schmetterlinge

Sie kreisen tönend um des Substantivs erhabenen Quaderbau.

Ein Brückenpartizip muß schwingen! schwingen!!

Derweil das kühne Verb sich klirrend Aeroplan in Höhen schraubt.«

Ein Wirbel sollte um die Wörter sein, ein Schmetterlings-Wirbel, der die Sprache um und um wirbelt, die Grammatik tanzen lässt, kämpfen lässt, ringen lässt, bis aus diesem Chaos eine gerechte Welt sich formen lässt. Was für ein Glaube an die Kraft der Sprache und der Dichtung! Was für ein Pathos! Was für ein Mut zur Peinlichkeit und zum Alles-Wollen.

Im Ersten Weltkrieg konnte Becher nicht mitkämpfen. Ein geplanter Doppelselbstmord mit seiner Geliebten war 1910 schiefgegangen; er hatte nur sie erschossen und sich selbst so schwer verletzt, dass er für immer wehruntauglich war. Sein Vater, Präsident des Oberlandesgerichts, bewahrte ihn vor juristischen Konsequenzen, und Becher verbrachte die Weltkriegszeit in Cafés und Entzugskliniken, um sich von seiner Morphiumsucht zu heilen. Die Texte jener Zeit lesen sich wie im Drogenrausch geschrieben. Wie etwa jene Einleitung, die er seinem Gedichtband *An Europa* (1916) voranstellen wollte. Als der Gedichtband erschien, erklärte er seinen Freunden im Café, dass damit auch der Weltkrieg praktisch beendet sei. Die Kraft seiner Friedensdichtung sei stärker als der Kriegswille der Generäle. In dem Vorwort (das dann nicht als Vorwort, sondern nur als Text im November 1915 in der Zeitschrift *Die Aktion* erschien) heißt es: »Völker! Freunde! Ihr Angehörigen aller, aller Staaten! Provinzen des Geistes stellt euch! Erwidert! Erwidert! Haltet Versammlungen ab! Diskutiert! Von neuer Marseillaise die internationale Kokarde bengalisch flankiert –: entsteigst du neues Buch, *An Europa* betitelt, dem Tagesgestirn kunstvoll nachgebildet, aufgeprägt eueren Stirnen, auf die Brust als Amulett tätowiert: die internationale Kokarde! Genauestes Visier euch! Strahlender Panzer. Deutlichste, brausende Parole.«

Becher war ein entschlossen Suchender: 1917 trat er in die USPD ein, wechselte 1918 zum Spartakusbund, aber nach der gescheiterten November-Revolution war er entmutigt. All die Dichter-Energien, Lebens-Energien, Revolutions-Energien schienen nun ins Leere zu laufen. Er litt unter Depressionen, suchte sein Heil in der Religion, bis er sich 1923 doch wieder zur Parteiarbeit entschloss; er trat erneut der KPD bei und widmete sich der politischen Alltagsarbeit.

Immer wieder waren seine Bücher von Verbot bedroht. Auf die Wahl Hindenburgs zum Präsidenten antwortete er mit dem Gedichtband *Der Leichnam auf dem Thron* (1925), in dem er die »Verdammten dieser Erde« aufruft, sich zum »Roten Marsch« zu formieren, um den Leichnam von seinem Thron zu fegen, da dieser das Land ansonsten in einen neuen Krieg führen würde. Das Buch wird sofort nach Erscheinen im Juni 1925 von den Berliner Polizeibehörden beschlagnahmt, Becher selbst zu Hause am Mittagstisch verhaftet. Im Gefängnis erfährt er nicht einmal, was ihm vorgeworfen wird. Er tritt für mehrere Tage in den Hungerstreik, und dann teilt man ihm mit, dass er gegen insgesamt 13 Paragraphen verstoßen habe. Unter anderem lautet die Anklage auf Hochverrat, Gotteslästerung und Anstiftung zum Klassenhass.

Man sieht: Nicht nur der Dichter, auch seine Gegner nahmen seine Worte tödlich ernst. Protest formierte sich gegen Bechers Haft, und nach wenigen Tagen kam er frei. Doch das nächste Buch hatte er da schon beinahe fertig: Es ist der Roman, der zunächst den sonderbaren Titel *(CH Cl = CH) 3 AS (Levisite) oder Der gerechte Krieg* trägt und der später einfach als *Levisite oder Der gerechte Krieg* (1926) bekannt wird. Auch dieses Buch warnt eindringlich vor dem kommenden Krieg und prophezeit voller Hoffnung einen kommunistischen Aufstand in Amerika, Deutschland und den Kolonien, der dem Kriegswillen der Herrschenden zuvorkommt. Später erinnert sich Becher an die Entstehungszeit des Buches: »Fiebernd, daß ich vielleicht zu spät käme und daß der Krieg inzwischen schon ausgebrochen sei, hieb ich im Jahre 1924 Seite um Seite hin.«

Er kommt zwar nicht zu spät. Doch verboten wird auch dieses Buch. Aber Becher macht weiter, arbeitet weiter, schreibt weiter. 1933 verlässt er, gleich nach dem Reichstagsbrand, das Land, flieht über Brünn, Wien und Paris nach Moskau, wo er schnell in den Verdächtigungsdschungel der Exilgemeinde hineingerät; er wird »trotzkistischer Schwankungen« verdächtigt, darf als »Abweichler« die Sowjetunion nicht mehr verlassen und wird nach Taschkent umgesiedelt. Doch er erhält die Gunst der Partei zurück, sitzt nach Kriegsende mit Ulbricht in der ersten Maschine nach Berlin und macht Parteikarriere. Wird Volkskammer-Abgeordneter, Präsident der Akademie der Künste und ab 1954 Kulturminister der DDR. 1958 ist er gestorben.

Zum Schluss hat noch einmal sein Freund Stephan Hermlin das Wort: »Dichter vom Format Bechers, Menschen unserer Zeit, verleihen der Zeit Dauer, machen sie für spätere ablesbar, indem sie ihre Epoche zur Zeit des Menschen machen, irgendeines Menschen. Wie? sagen die Nachgeborenen, dieses Suchen? dieses Irren? dieser Kampf? dieser Zweifel? diese Gewißheit? diese Einkehr und Umkehr? Diese Hoffnung? dieser gute, dieser ungeheure Wille? diese Erkenntnisse? diese Verzweiflung? dieser Sieg? War es so?

Es war so.«

Erich Kästner (1899–1974) war der Einzige, der mit ansah, wie die eigenen Bücher in die Flammen geworfen wurden. Er stand da, vor der Universität, eingekeilt zwischen Studenten in SA-Uniform, und sah die Bücher in die Flammen fliegen. Sein Name wurde gebrüllt, gleich nachdem der Rufer »Gegen Dekadenz und moralischen Zerfall! Für Zucht und Sitte in Familie und Staat!« gewettert hatte. Kästner sah zu. Als plötzlich eine schrille Frauenstimme rief: »Dort steht ja der Kästner!« Da wurde Kästner »unbehaglich«, wie er es später wohl leicht beschönigend beschrieben hat. »Unbehaglich« – man kann sich vorstellen, dass einem Autor, der sehr genau über die ersten Verhaftungen und Misshandlungen im neuen Staat unterrichtet war, noch etwas mehr als unbehaglich wird inmitten eines wütenden Mobs, der seinen Namen ruft und die Bücher seines Lebens ins Feuer wirft. »Doch es geschah nichts. (Obwohl in diesen Tagen gerade sehr viel zu ›geschehen‹ pflegte)«, schrieb Kästner.

Erich Kästner blieb im Land. Wie oft hat man ihn später gefragt: Warum? Mal sagte er: als Chronist. Aber was er mitschrieb, in dem viel später veröffentlichten Tagebuch *Notabene 45* (1961) aus dem letzten Kriegsjahr oder auch in den gerade erst erschienenen Tagebuchaufzeichnungen aus den Jahren davor, das ist nicht viel und nicht sehr genau. Er habe genug damit zu tun gehabt, die Zeit zu überstehen, hat er erklärt. Er blieb – aus Sorge um seine Mutter, die zu keinem Ortswechsel mehr zu bewegen war; er blieb wegen seiner Freunde in Berlin; er blieb, weil er vielleicht wirklich den Roman jener Zeit schreiben wollte; er blieb, weil er dachte, das wird alles so lange schon nicht dauern. Und er blieb, weil er kein sehr mutiger Mann gewesen ist. Weil er hoffte, dass ihm nichts passieren würde in Deutschland; dass es irgendwie gutgehen würde, wie in dem Moment, als er vor seinen brennenden Büchern stand. Später, viel später, am 10. Mai 1958, hat er auf einer Rede zum 25. Jahrestag der Bücherverbrennung bekannt: »Ich war nur passiv geblieben. Auch damals und sogar damals, als unsere Bücher brannten. Ich hatte angesichts des Scheiterhaufens nicht aufgeschrien. Ich hatte nicht mit der Faust gedroht. Ich hatte sie nur in der Tasche geballt. Warum erzähle ich das? Warum mische ich mich unter die Bekenner? Weil keiner unter uns und überhaupt niemand die Mutfrage beantworten kann, bevor die Zumutung an ihn herantritt. Keiner weiß, ob er aus dem Stoff gemacht ist, aus dem der entscheidende Augenblick Helden formt.«

Wo ist Ihre Pfeife, Herr Stalin?

Es treten auf: Hans Sochaczewer – Verklärung der Ostjuden
und Liebe zur kleinen Kunst. Ernst Johannsen hasst den Krieg
und die Juden. Hörspiel als große Kunst. Leonhard Frank – der
Dolchstoß zur Legende. Alfred Kerr – die Welt als Theater. Emil
Ludwig – die Zivilcourage des Kaisers

Hans Sochaczewers (1892–1978) Wille zur Kunst war groß. Lieber sterben als nicht Schriftsteller werden zu dürfen, sagte er sich und unternahm einen Selbstmordversuch, nachdem ihm sein Vater ein Leben als Schriftsteller verboten hatte. Nach dem Tötungsversuch brachten die Eltern den widerständigen Knaben in ein Sanatorium, später in ein Irrenhaus, wie man damals sagte. Doch Sochaczewer blieb standhaft, sagte sich lieber von den Eltern als von den Büchern los und schrieb. Nicht sehr erfolgreich, gar nicht eigentlich. Zunächst 1927 ein Büchlein über den Maler Henri Rousseau, »weil gerade unsere geringe Kenntnis dieses Lebens der Fantasie eine gewisse Freiheit erlaubte«. Es ist ein sehr, sehr zartes Buch und leise, ein wenig zu leise fast und ereignisarm. Henri Rousseau, der 1910 in Paris starb, war Zollbeamter, Kleinbürger, unauffällig bis zu seinem vierzigsten Geburtstag, bis er sich zur Kunst entschloss. Er malte und malte, und die Welt lachte über ihn. Es ist ein weicher Widerständler für die Kunst, für sein eigenes Leben, den sich Sochaczewer als ersten Helden gewählt hat. Sein Held.

Sein Erweckungserlebnis lag da schon hinter ihm. Es war im Ersten Weltkrieg: Nach einer Verwundung schickte man ihn als Mitarbeiter des Pressestabs nach Vilnius, und Sochaczewer, der aus einer vollständig assimilierten jüdischen Kaufmannsfamilie stammte, entdeckte die Welt der litauischen Ostjuden, die ihm, bei aller Armut, als beinahe ideale Welt einer fest in Religion und Tradition verwurzelten Kultur erschien. 1927 veröffentlichte er den Roman *Sonntag und Montag* über ostjüdische Arbeiter in Berlin.

Die Exilzeit verbrachte Sochaczewer in Kopenhagen. Er hatte dort mit der Erforschung seiner Ahnen begonnen und war auf eine Familie mit Namen Orabuena gestoßen, die 1492 aus Spanien vertrieben und in alle Welt zerstreut wurde. Mit dieser Familie, mit dieser großen jüdischen Familientradition identifizierte er sich so stark, dass er beschloss, den Namen anzunehmen, nannte sich ab sofort José Orabuena, blickte mit Verachtung auf sein bisheriges assimiliertes Leben zurück, ließ auch seine literarischen Werke nicht mehr gelten und schrieb nun, unter neuem Namen, den Roman, in dem er die ostjüdische mit der westjüdischen Welt zu einer gelungenen Symbiose zusammenführte, *Groß ist Deine Treue*. In Dänemark fand sich kein Verlag für das Buch, und auch im Nachkriegsdeutschland musste Orabuena lange warten. Erst 1959 konnte der Roman veröffentlicht werden. Zwanzig Jahre, nachdem ihn José Orabuena, der nicht mehr Hans Sochaczewer sein wollte, geschrieben hatte.

1929 war das große Jahr im Leben des **Ernst Johannsen** (1898–1977). In diesem Jahr wurde sein Hörspiel *Brigadevermittlung* uraufgeführt, das damals als erstes Kriegshörspiel einen ungeheuren Erfolg beim Publikum hatte und heute als Klassiker des Genres gilt. Außerdem erschien sein Weltkriegsroman *Vier von der Infanterie,* dessen Erfolg sich nicht mit Remarques Kriegsbuch messen konnte. Aber von Johannsens Buch waren innerhalb von vier Wochen 10 000 Stück verkauft. Und auch seine Erzählung *Fronterinnerungen eines Pferdes* ist in diesem Jahr erschienen. Als der Regisseur Georg Wilhelm Pabst im nächsten Jahr auch noch eine Verfilmung von Johannsens Roman in Deutschland auf den Markt brachte, nur einen Monat nach der Uraufführung der Verfilmung von *Im Westen nichts Neues* in Amerika, war Johannsen einer der Protagonisten der Antikriegsindustrie. Dabei war gerade sein Hörspiel, das in einer Telefonzentrale an der Front in den letzten Tage des Krieges spielt, rein dokumentarisch, feierte die Kameradschaft und wollte daran erinnern, wie es wirklich war. Der Roman und vor allem die Pferde-Erzählung sprechen dagegen eine viel deutlichere Anklagesprache. »Vernichte den Menschen!«, betet die Stute zu ihrem Gott. Die Bestie Mensch hat das große Unglück angerichtet. Die vier Helden an der Westfront sterben einen sinnlosen Tod. Resignierend heißt es am Ende: »So bleiben sie denn liegen. Wie zum Hohn beginnt es auch noch zu regnen. Eng beieinander am Grunde des großen Trichters liegend warten sie auf den Tod.«

Das war Ernst Johannsen.

1931 erscheint sein Roman aus der Arbeitswelt *Station 3 – Ein Kommandeur, sechs Mann und vier Maschinen,* der Ausbeutung, Arbeitsfron und Einzelkämpfertum in einem Elektrizitätswerk anklagt. Dietrich, der Protagonist, leidet und leidet, er protestiert vor sich hin, protestiert allein, kündigt schließlich seinen Job, kündigt seiner Liebe, will auch dem Leben kündigen, doch die Liebe lässt sich nicht kündigen, die Geliebte folgt ihm nach. »Zwei junge Menschen stiegen ins Tal hinab, einer ungewissen Zukunft entgegen.« Arbeiterkitsch. Von 1932 ist noch seine Antwort auf eine Umfrage unter Schriftstellern und Politikern zur so genannten »Judenfrage« überliefert, wo Johannsen mit der originellen These aufwartete, »wenn in einem Volk der Antisemitismus nicht verschwinden will, so ist das ein Beweis für seine relative Berechtigung«. Aha, was auch immer eine relative Berechtigung sein mag – das war sicher eine relativ dämliche Antwort und half Johannsen im nächsten Jahr aber nur wenig. Sein Roman *Vier von der Infanterie* wurde verbrannt, er veröffentlichte aber weiterhin im Reich, und auch Hörspiele von ihm wurden gesendet. Ein Hörspiel und eine Erzählung wurden in den Nazi-Jahren sogar prämiert. 1939 emigrierte er nach London.

In London war er zwar als Hörspielautor bekannt, aber große Erfolge hatte er nicht, zerstritt sich mit der BBC und kehrte Ende der fünfziger Jahre nach Deutschland zurück. Johannsen hatte sein großes Jahr gehabt. Da kam nichts mehr, und er schrieb verbittert: »Es gibt Überlebende, die sich gelegentlich wohl fragen, ob sie ihr Überleben nicht zu teuer bezahlen. Sie mögen sich als Gespenster erscheinen, als Tote, die noch weiter die Ereignisse erleben, als Mißbrauchte, Mißhandelte und – zum Gelächter des Teufels – Mißachtete.«

Dieser Mann war der Dolchstoß zur Legende. Sein Buch *Der Mensch ist gut* (1917), das er während des Ersten Weltkriegs im Schweizer Exil geschrieben hatte und das unverhüllt, drastisch, klar, als wäre er dabei gewesen, den Krieg in seiner ganzen Brutalität beschrieb, dieses Buch also ließen Sozialdemokraten auf

Zeitungspapier drucken, 500 000-mal, und schickten es hinaus, ins Feld. Nein, das war nicht wehrkraftfördernd. Und man weiß auch nicht, was die Soldaten dachten, als sie das ganze Elend, das sie erlebten, noch einmal im Schützengraben auf Papier lesen konnten. Wie es so ist, im Lazarett, Abteilung Amputation: »Die abgesägten Hände, Arme, Füße, Beine schwimmen in Blut, Watte und Eiter in einem meterhohen, zwei Meter breiten, fahrbaren Kübel, der bei der Tür in der Ecke steht und jeden Abend ausgeleert wird. Tadellose Ordnung.«

Als die Schauspielerin Tilla Durieux in Berlin, in Vertretung für den emigrierten Autor, daraus vorlas, musste die Menge der Zuhörer gewaltsam daran gehindert werden, gemeinsam den Potsdamer Platz zu stürmen und gegen den Wahnsinn dieses Kriegs zu demonstrieren. **Leonhard Frank** (1882–1961) war ein Gegner des Krieges von Anfang an und ein mutiger Mann. Als er 1915 in einem Berliner Café dem sozialdemokratischen Journalisten Felix Stössinger begegnete, der in einem Artikel die Versenkung des britischen Passagierschiffes RMS Lusitania durch das deutsche U-Boot U20 als »größte Heldentat der Menschheitsgeschichte« bezeichnet hatte, gab er ihm vor den Augen der Cafébesucher eine schallende Ohrfeige.

Dann ging er ins Exil. Dort, wo die Kriegsfanfaren nur noch schwach zu hören waren, schrieb er für René Schickeles pazifistische Zeitschrift *Die Weißen Blätter* die Novelle *Die Ursache* (1915), in der er die Todesstrafe anklagte. »Da stürzte das Blut schon vom Halsstumpf weg, in großem Bogen sich selbst nach, als wolle es sich wieder in den Körper zurückholen. Das Sägemehl wurde rot.« Und schließlich also *Der Mensch ist gut*. Das Buch machte ihn für immer zum Todfeind der militärischen Rechten. Die fünf Erzählungen des Buches, so der Germanist Wendelin Schmidt-Dengler, sind Manifeste gegen den gedankenlosen Satz: Er fand den Tod. Ja, aber hat er ihn denn gesucht?, fragt Leonhard Frank.

Frank schreibt einen kühlen, sachlichen Stil. Die Geschichte seiner Kindheit, wie er sie zunächst verhüllt in seinem ersten Roman *Die Räuberbande* (1914) und später, ganz unverhüllt, in dem autobiographischen Roman *Links wo das Herz ist* (1952) beschreibt, ist ergreifend und wahnsinnig traurig. Die Armut, der

Terror der Schule, Schrecken der Kindheit als ungewünschtes, verhasstes Kind.

Manchmal ist der Stil etwas sehr kühl. Dann aber findet sich seine Dichtkunst in zwei genialen Sätzen, die das Lebensdilemma einer ganzen Schar heimatloser Süddeutscher in der Hauptstadt beschreibt: »In Berlin schien das Leben nicht so warm und familiär behaglich zu sein wie in der Malerstadt München. Da mußte man also irgendwelche bisher unbenutzte Muskeln anspannen und sich auf einiges gefaßtmachen.«

In den zwanziger Jahren genoss Frank Reichtum und Ruhm. Willy Haas, der Begründer der *Literarischen Welt,* schrieb über den Leonhard Frank jener Jahre: »Er war einer der bestgekleideten Männer des Berliner Westens und fuhr einen Sportwagen von seltener, sehr teurer Marke. Er hatte die schönste Freundin, eine junge Dame mit einem Gesicht von javanischem Schnitt. Er galt als ein fantastischer Hasardeur im Kartenspiel.«

Er war einer der Ersten, die Deutschland 1933 in Richtung Frankreich verließen, und einer der Letzten, die es noch nach Amerika schafften. Dort wurde er nicht heimisch, er versuchte sich mit Drehbuchschreiben, mit mäßigem Erfolg, aber seine Romane wurden übersetzt. Er konnte leben. 1950 kam er zurück. Nach siebzehn Jahren. In seinen Erinnerungen beschreibt er die Rückkehr des Autors Michael, der alle Züge Leonhard Franks trägt und alle seine Erfahrungen machte: »Michael ging zum Bahnhof, um den besten Zug nach Würzburg zu ermitteln. Im Buchladen, einer Bretterhütte mit einer Holzplatte auf Böcken, fragte er lächelnd nach seinen Büchern. Er nannte ein paar Titel. Der junge Buchhändler kannte die Titel der Bücher nicht, er kannte nicht Michaels Namen. Ein deutscher Buchhändler wußte nichts von Michael, der kurz vor der Abreise von New York seine Bücher hinter dem Schaufenster einer Buchhandlung in der Fifth Avenue gesehen und auf der ›Flying Enterprise‹ einen Passagier beobachtet hatte, der in die Lektüre der französischen Ausgabe von *Karl und Anna* vertieft gewesen war. Im Land seiner Sprache waren Michaels Bücher verboten und verbrannt. Die deutschen Leser bis zu vierzig Jahren kannten nichts von ihm. Über Michael hatte Hitler gesiegt.«

Er hat die Kritik zum Leben erweckt, hat das Theater beherrscht mit seiner Wut, mit seiner Begeisterung, mit seiner Sprache. Alles, alles, alles war ihm das Theater. Er hat alles rezensiert. Die ganze Welt. Als er nach Amerika fuhr, jeder Landstrich ein Theaterstück. Bravo – abscheulich. Fort damit. »Mein Werk ist nicht mit dem Schweiß einer Wissenschaftlichkeit kunstfern geschrieben. Sondern mit dem Blut des Herzens.« Brecht hat er gehasst, Hauptmann geliebt. Und seine Rezensionen, die immer kleine Lebensberichte, Kunstberichte waren, über die Wirkung des Stückes auf den Zuschauer, den Kritiker – die Kritiken hat er immer fein pädagogisch, etwas spießig auch, in Abschnitte unterteilt. In Lehr-Abschnitte. Erst I, dann II, dann III, dann IV, dann steht das Urteil vor der Tür. Maxim Gorkis *Die Feinde* zum Beispiel – gleich mal mit einer Vollempfehlung hinein in den Text: »Geht hinein und seht dieses Stück. Es winkt euch immer die Entschädigung, ein ›vortreffliches Spiel‹ gesehn zu haben.« Und dann fegt es hindurch, durch das Stück: »Was gibt der Dichter? Viele Personen.« Geht's noch genauer? Und so weiter. Auch die Zweifel mit hineinschreiben: Denn wer ohne Zweifel ist, ist kein Mensch, und ein schlechter Kritiker noch dazu. »Oder ist es nicht vielmehr ein nationales Drama? Ich glaube fast« – Wie? – glaubst es nur und weißt es nicht? Ja, das entwickelt sich so im Laufe des Textes. Und am Ende unter »XI«, da steht: »Es ist kein gutes Stück: Ich will es nicht wissen. Ein Künstler bin ich bis in die Fingerspitzen; aber ich huste auf die guten Stücke. Ich will auf die Bühne springen und den bemalten und verkleideten Personen zurufen: feste! feste!! feste!!!«

Alfred Kerr (1867–1948) war ein Künstler der Kritik. Ein Künstler überhaupt. Ein gutes Kunstwerk, ein guter Autor, der musste in der Lage sein, »ein Dasein im Blitze zucken zu lassen«. Und er selbst, er war so einer. Da zuckt es und tanzt es. Mit aller Leidenschaft. Die Kunst ist das Leben, wer das Theater beherrscht, beherrscht die Kunst und das Land. Er musste emigrieren. Schade für das Land. »Immerhin: nie mehr deutsch schreiben? ... Der Abschied von dieser Sprache fällt mir schwer – der ich so viel gegeben.« So viel Selbstbewusstsein muss sein und Humor und Größenwahn in aller Not und Verzweiflung. »Ich frage mich, was sollen bloß die Theater in Berlin ohne mich anfangen?«, schrieb er aus dem Exil. Ach ja.

Es ging ihm nicht gut, dort draußen, wie allen. »Der Pleitegeier wird zum Haustier«, schrieb er immer wieder. Womit Geld verdienen als deutscher Theaterkritiker in London? Aber der Hass war noch wach. Vor allem gegen ihn. Den einen. Den er begleitet, gelobt, verteidigt hatte gegen alle. Gegen Gerhart Hauptmann, der sich von den Nazis ehren ließ, der im Land blieb, für die neuen Machthaber den Arm gehoben hat. Unter »I« heißt es diesmal: »Ich war der Wächter seines Werks in Deutschland. Ich schritt und ritt mit ihm durch dick und dünn. (Auch durch dünn.) Ich hieb nach links und nach rechts, wenn man ihn angriff. Ich schlug ihn selber, wenn er nachließ. Ich gab ihm Zuversicht, wenn er sich raffte. Sein Wiederaufstieg im Alter war mir ein Glück.

Und ich liebte, jenseits von allem Dramengeschreib, den Menschen, den Freund in der Stille, den Unverwechselbaren, den Seltenen, den Umleuchteten.

II Es gibt seit gestern keine Gemeinschaft zwischen mir und ihm, nicht im Leben und nicht im Tod. Ich kenne diesen Feigling nicht. Dornen sollen wachsen, wo er noch hinwankt. Und das Bewußtsein der Schande soll ihn würgen in jedem Augenblick.

Hauptmann, Gerhart, ist ehrlos geworden.« Und unter XI: »Sein Andenken soll verscharrt sein unter Disteln; sein Bild begraben im Staub.«

All die Jahre im Exil hat er sich, neben all dem Hass und der Verzweiflung und der Not, auch die Liebe bewahrt: »Dem Land bleibt meine Liebe – man vergißt es nicht. Die Bewohner möchte man vergessen.«

Und dann, am 15. September 1948, kam er noch einmal ins Land, in sein Heimatland zurück. Er flog von London nach Hamburg. Der erste Flug seines Lebens. Natürlich hat er ihn rezensiert: »Sauber. Northolt. Fliege zum ersten Mal. Sicht wie ein Garten im Bilderbuch. Sonniger Schnee über den Wolken. Sieht wie Eiswüste aus. Drüber klarer Himmel. Endlose bestrahlte, fröhliche Wattebäusche, drüber ein (nur hellgraues) ›Paradies‹. Herrlich – in leuchtender Verlassenheit; schön und hoffnungslos. Man ist ja doch wie ausgeliefert! Wenigstens hat man es noch einmal gesehn. Glanz – Glanz, verwundert miterlebt, vor dem Abkratzen. Man sieht vielleicht noch ganz andere Schnee-gefilde – und sie werden nicht besonnt sein.« »Ganz andere Schneegefilde« – der 81-jährige Kerr ahnte seinen Tod dort oben im Flugzeug schon voraus. Am Abend, in Hamburg, im Theater – man gab *Romeo und Julia* –, erlitt Kerr einen Schlagan-fall, der starke Lähmungen zur Folge hatte. Knapp einen Monat später, am 12. Oktober, nahm er eine Überdosis Veronal und setzte damit seinem Leben ein Ende. In seinem Nachlass fand sich ein Umschlag, beschriftet von seiner Frau Julia: »Couvert, aus dem er das Veronal nahm, und das er dann (trotz Lähmung) in seine Brieftasche zurücksteckte.«

Noch ein halbes Jahr nach seiner Abreise zitterte Hilde Domin aus Angst vor den Folgen seines Besuchs in ihrem Exilort Santo Domingo. Denn **Emil Ludwig** (1881–1948) war weltberühmt. Vor allem unter Diktatoren genoss er hohes Ansehen. Er war berühmt für seine psychologisierenden Biographien großer Staatsmänner der Vergangenheit und Gegenwart, die das Schick-sal, das Leiden und Leben der Weltenlenker dramatisch, impo-sant, persönlich und ungeheuer menschlich präsentierten. Sta-lin hatte ihn zu einem langen Gespräch empfangen, Mussolini ebenfalls, und nun hatte sich also auch der dominikanische Dik-tator Trujillo eine schöne biographische Beschreibung erhofft, die den Inseldiktator endlich über die Meeresgrenzen hinaus bekannt machen sollte. Allein, Ludwig wollte nicht. Er wird ihm einfach zu klein und unbedeutend erschienen sein. Aber um ganz sicher zu gehen, dass der Meisterbiograph nicht doch noch den Unterdrücker ihres Volkes verherrlichen würde, stiegen in der Nacht einige Studenten in die Präsidentensuite des bes-ten Hotels der Insel ein, in der Ludwig untergebracht war, um ihn anzuflehen, die erwünschte Biographie nicht oder zumin-dest nicht positiv zu schreiben. Und Ludwig schrieb sie nicht. Was wiederum Hilde Domin zittern ließ. Denn sie war dem berühmten Gast als Betreuerin zugeordnet, hatte für die Zeit seines Besuchs die Präsidentenlimousine mit dem Nummern-schild »1« bekommen und fürchtete nun, der Diktator könnte sie für das Ausbleiben der Biographie verantwortlich machen. Oder wenn er in den USA, wo er in bestem Kontakt zu Präsident Roosevelt stand, über seine Zeit auf der Insel geredet hätte: »Sein kleinster Witz in Washington über die Fassadenkletterer im Luxushotel der ausgezeichnet bewachten Stadt, die Emil Ludwig baten, ihr Befreier zu sein, oder auch ein Gespräch über die Biographie hätten uns das Leben kosten können«, hat Domin später geschrieben.- Und fügte erleichtert an: »Auf jeden Fall, Emil Ludwig hielt dicht. Und nach einem halben Jahr hörten wir auf, Angst zu haben.«

Und dann ist da immer dieser peinliche Moment, wenn Menschen, Dichter, Intellektuelle, die Ludwig begegnen, auf seine Bücher zu sprechen kommen. Oder eben nicht. Denn es gehörte zeit seines Lebens zum guten Ton unter Büchermenschen, Ludwigs Werk zu verachten. Sicher mit einigem Recht – gerade seine historischen Werke sind sehr vernebelt von Schicksalswolken, Schwulst, Bedeutung und von Wahn. Es gibt immer diesen Moment, den Ludwig-Moment – bei Domin geht der so: »Es war Ludwigs erster Abend bei uns. Gerade war die Schrecksekunde, in der er unsere deutsche Bibliothek ansah – die deutschen Bücher standen im Eßzimmer, und, wie alle unsere Bücher, waren sie chronologisch und unmißverständlich geordnet –, von uns allen schweigend ausgehalten worden. Wir begannen ihn zu mögen, wie er da vor dem Regal stand und wortlos feststellte, daß er fehlte.«

Hans Sahl war, als er ihn nach dem Krieg in der Schweiz besuchte, wo Ludwig in allergrößter Pracht und Herrlichkeit residierte, uncharmanter. In seinen *Memoiren eines Moralisten* beschreibt er den berühmten Biographen auf das Hämischste: »Emil Ludwig war ein schöner Mensch, jedenfalls hielt er sich dafür, und gefiel sich in der Pose eines antikischen Formen sich nähernden griechischen oder römischen Denkers.« Sahl stellt Fragen für sein Interview, und irgendwann fragt Ludwig knapp zurück: »›Und was sagt die junge deutsche Literatur zu Emil Ludwig?‹ fragte plötzlich der Hausherr und sah mich erwartungsvoll an.« Sahl hat nicht lange Zeit zu überlegen – »›Nichts‹, sagte ich, ohne mir etwas dabei zu denken. Es trat eine Stille ein. Frau Ludwig rief einen der Windhunde herbei. ›Nichts?‹ sagte Emil

Ludwig, er sah auf die Uhr und stand auf. ›Ich glaube, Sie sollten, bevor mein Chauffeur Sie wieder nach Ascona zurückbringt, schnell noch einen Blick in mein Arbeitszimmer werfen.‹«

So ist das mit dem Neid. Kurt Tucholsky hat einmal darüber geschrieben: »Emil Ludwig hats nicht leicht. Er müßte eigentlich ein Rundschreiben an seine Kritiker schicken: ›Entschuldigen Sie bitte, daß ich so viel Erfolg habe.‹«

Und Emil Ludwig hatte Mut. Es stockt einem beinahe der Atem, wenn man sein Interview mit Stalin heute liest. Wie er mehrmals nach den Ursachen »der Strenge und Schonungslosigkeit Ihrer Regierung im Kampf gegen Ihre Feinde« fragt, nach der Rolle Trotzkis, mehrmals, oder eine Frage mit der Bemerkung beginnt: »Mir scheint, daß ein beträchtlicher Teil der Bevölkerung der Sowjetunion Angst und Furcht vor der Sowjetmacht hat.« Und am Ende der Frage erneut betont: »Der Bevölkerung wird Angst eingeflößt«, und Stalin kühl erwidert: »Sie irren.«

Am schönsten seine scheinbar naive Frage: »Um den Tisch, an dem wir sitzen, stehen 16 Stühle. Im Ausland weiß man einerseits, daß die UDSSR ein Land ist, in dem alles kollegial entschieden werden soll, andererseits aber weiß man, daß alles durch eine einzelne Person entschieden wird. Wer entscheidet denn nun?« Kann man mutiger, schlauer, klarer die Frage nach dem Grunddilemma des Sowjetkommunismus stellen? Das Interview ist ein Meisterwerk des mutigen Journalismus, zwischen Politik, Massenmord und Leben. Denn auch die klassischen »Ludwig-Fragen« fehlen nicht: »Sie rauchen eine Zigarette. Wo ist Ihre legendäre Pfeife, Herr Stalin?«

Emil Ludwig hat meistens die richtigen Fragen zur richtigen Zeit gestellt. Sein Buch *Juli 14* (1929) zur Kriegsschuldfrage ist ein ausgezeichnet recherchiertes Geschichtswerk, mit dem er sich in der ganzen Welt, aber vor allem bei Deutschlands Nationalisten, Todfeinde machte.

Schon früh zog Ludwig in die Schweiz, wurde 1932 Schweizer Staatsbürger und griff von hier aus die Nationalsozialisten an. Seine Schrift *Der Mord in Davos* (1936) über den jungen jüdischen Studenten David Frankfurter, der den Leiter der Schweizer Landesgruppe der NSDAP, Wilhelm Gustloff, erschossen hatte, machte ihm einen weiteren Verbleib in Europa unmöglich. Er hatte den Mord als »nationales Heldenstück« gefeiert. Das sah man in der Schweiz damals anders. Und erst lange nach dem Krieg nahm man Ludwig als nationalen Helden wieder auf.

19 Gottfried Benn und andere Drogen

Otto Linck – der widerspenstige Förster aus Güglingen. Bertha von Suttner – der Friedensglanz hält einfach an. Irmgard Keun – »Ich habe den Feh an und wirke.« Anna Seghers – das Kreuz mit Mexiko. Klaus Mann – das ganze Exil in einer Person

Ich frage mich, was hat der **Otto Linck** (1892–1985) getan? Er lebte als Forstmeister in Güglingen in Württemberg und schrieb dort. Gemütvolle Geschichten, würde ich sagen. Zum Ersten Weltkrieg schrieb er gemütvolle Kriegsbegleitungsgedichte. Nicht kriegerisch, aber heimatlich, trostreich, national. »Das ist das alte, herbe Lied, / das Lied von den Soldaten – / Doch kehren wir vom Feld zurück, / Schenkt roten Wein und Braten ... / Die Friedensglocken klingen, / Trommler und Pfeifer springen.«

War das alles etwas zu unheroisch? Auch das Gedicht vom »Sommer 1914« konnte Voll-Nationalisten etwas zu abgekehrt, zu unbereit fürs Feld erscheinen. Trotzdem sonderbar, dass er mit seinen Kriegsnovellen *Kameraden im Schicksal* (1930) auf der Verbrennungsliste steht. In den zwanziger Jahren hat er immer wieder rotweinige Novellen veröffentlicht, aber alle lesen sich so, wie man sie sich von einem Güglinger Forstmeister erwartet. Und die wurden auch nach 1933 noch gedruckt. Ich habe zum Beispiel die Novelle *Sankt Martin,* erschienen im Herbst 1941 in Heilbronn und mit einer Widmung in schwarzer Tinte und deutscher Schrift: »Ein kleiner Gruß! Kriegsweihnachten 1941«. Und eine Feldpostausgabe von 1943 (Einzelpreis 60 Pfennig, ab 100 Stück 58 Pfennig, ab 1000 Stück 55 Pfennig) mit mehreren Novellen.

Man kann heute noch im Güglinger Forst Führungen auf den Spuren Otto Lincks machen. In einer Beschreibung des Exkursionsweges und des Lebens Otto Lincks heißt es, er sei Freimaurer gewesen, »der familiäre Hintergrund war gut württembergisch«; die Universität Tübingen verlieh ihm nach dem Krieg die Ehrendoktorwürde für seine Leistungen auf dem Gebiet der Geologie. Linck fand »zahlreiche Versteinerungen, auch unbekannter Arten. Besonders stolz war Linck auf den Backenzahn eines Lungenfisches, gefunden in der Nähe des Weißen Steinbruchs«. In Forstkreisen würde der Name Linck am häufigsten im Zusammenhang mit dem Speierling erwähnt. »Linck gilt bei den Speierlingsfreunden Deutschlands als der Mann, der den Speierling (Sperberbaum) wiederentdeckt hat.«

Außerdem habe er sich intensiv mit der Frage der Entstehung der Keuperschichten befasst »und geriet darüber in seinen beiden letzten Lebensjahrzehnten [!] mit seinen Fachkollegen in einen für ihn nicht mehr aufgelösten Streit«.

Offenbar war der Forstmeister Otto Linck einer, der ungern von eigenen Überzeugungen abwich. Auch über zwei Jahrzehnte nicht und auch gegen eine ganze Welt aus so genannten Fachleuten. Und so war ihm wohl der neue Ton der neuen Zeit ab 1933 tief zuwider. Nur einen kleinen Hinweis gibt es in dem Güglinger Bericht dazu: Er habe seine umfangreichen Wald-Versuchsanbauten 1933 begonnen, heißt es da. Warum gerade zu dieser Zeit? »Linck meinte, daß er sich ab 1933 in seiner normalen Arbeit als Forstamtsleiter von besonders parteitreuen Förstern behindert gefühlt und sich deshalb ins Wissenschaftliche zurückgezogen habe.«

Es ist immer wieder erstaunlich zu sehen, wie sich das Nazitum in Deutschland, auch in den verborgensten und scheinbar friedlichsten Winkeln des Landes, sein Recht verschaffte, wie überall lange Jahre unterdrückte Gernegroße hervorschossen und ihre Chance nutzten. Zur neuen Größe in neuer Zeit. Wie allerdings die Nachricht, dass der Forstmeister Otto Linck womöglich nicht parteitreu ist, schon bis zum Mai 1933 zum Bibliothekar Herrmann nach Berlin gelangte, das wird wohl für immer ein Rätsel bleiben. Oder Beleg eines perfekten Spitzel- und Verratssystems von Anfang an.

Der Ruhm dieses Buches war einfach zu groß. Da half es auch nichts, dass **Bertha von Suttner** (1843–1914) beinahe zwanzig Jahre tot war. Ihre Friedensschrift *Die Waffen nieder!* aus dem Jahr 1889 war einfach zu stark, zu klar, zu kompromisslos, als dass man sie unverbrannt lassen konnte. Als Bertha von Suttner am 21. Juni 1914 starb, brach einen guten Monat später jener große Krieg aus, gegen den sie ein Leben lang gekämpft hatte. Vielleicht ließ sich ja jetzt, durch einen symbolischen zweiten Tod, ein neuer Krieg erzwingen.

Hier, an diesem Ort, hatte die spanische Inquisition vor mehreren hundert Jahren eine Verbrennungsstätte für Ketzer errichtet, das Quemadero, am östlichen Ende der Alameda, der großen Parkanlage in Mexiko-Stadt. Hier wurden die Ketzer verbrannt, einige von ihnen hatten unchristliche Bücher geschrieben oder ketzerische Schriften aus Europa herübergeschmuggelt. Und dort, wo einst das Quemadero stand und die Feuer brannten, trifft sich heute, am Vorabend des neunten Jahrestags der Bücherverbrennung von Berlin, ein kämpferisches Grüppchen von deutschen Exilanten, zumeist Kommunisten, und mexikanischen Schriftstellern. Optimistische Ansprachen werden gehalten, dass der Kampf gegen Hitler weitergehen müsse, dass der Sieg nicht mehr fern sei und die Kultur, die wahre deutsche Kultur, nicht untergehe. Auch **Anna Seghers** (1900–1983) hält einen Vortrag, Sie ist erst seit einem halben Jahr, nach unendlich langer, unendlich mühevoller und gefahrvoller Flucht, mit ihrer Familie in Mexiko. Und es wird nicht nur geredet an diesem Abend und blumig gehofft, es wird auch ein Verlag gegründet, der Verlag »Das Freie Buch« – »El Libro Libre«. Und – ja, das war wohl so einfach, wie es jetzt klingt. Der Verlag hatte kein Kapital, keinen Vertrieb, keinen Verlagsleiter zunächst. Nur Manuskripte – die gab es genug. Die Leitung übernahm ein Schriftstellerkollektiv, zu dem unter anderem Ludwig Renn, Bodo Uhse, Egon Erwin Kisch und Anna Seghers gehörten.

Schon einen Tag nach der Gründung gab es eine erste öffentliche Erklärung: »Wir deutschen antifaschistischen Schriftsteller hier in Mexiko haben dieses Jahr den Tag der Bücherverbrennung auf besondere Art gefeiert: Wir haben an diesem Tag einen Verlag gegründet: ›Das Freie Buch‹.«

Und als dritter Titel sollte hier das Buch erscheinen, das den Weltruhm seiner Autorin begründete: *Das Siebte Kreuz* (1942) von Anna Seghers. Sie hatte den Roman schon in Europa fertiggestellt, auf der Flucht von Ort zu Ort. Es ist ein Roman der Hoffnung. Heute erscheint uns das zentrale Symbol jener Hoffnung viel zu plakativ und kitschig: eben jenes siebte Kreuz, das leer bleibt, im KZ Westhofen. – Sieben Häftlinge waren geflohen. Sieben Kreuze ließ die Lagerleitung aufstellen, zur Abschreckung für Nachahmer, zur Folter der Zurückgekehrten. Vier der sieben werden schnell wieder gefunden. Ein fünfter tötet sich. Ein sechster stellt sich. Der siebte, Georg Heisler, bleibt verschwunden. Georg Heisler ist die Hoffnung. Georg Heisler ist der Zweifel. Georg Heisler und das leere Kreuz, das sind die Symbole eines möglichen Widerstands gegen das totalitäre Regime: »Ein entkommener Flüchtling, das ist immer etwas, das wühlt immer auf. Das ist immer ein Zweifel an ihrer Allmacht.«

Das Buch wurde ein Welterfolg. In den USA verkaufte es sich binnen kürzester Zeit 600 000-mal. Und die Verfilmung aus dem Jahr 1944 machte die Autorin endgültig weltberühmt. Das Hoffnungsbuch aus Mexiko, aus Deutschland, von einem anderen, besseren, kämpferischen Deutschland.

Auf diesem Buch, diesem Erfolg, ihrem Kämpfermut und ihrer Parteitreue, fußte ihr lebenslanger Ruhm, der sie in der DDR zu einer »Legendenperson« machte, wie sie Christa Wolf genannt hat. Die heilige Mutter des Kommunismus. Hans Sahl hat ihre Rolle, ihre Partei-Rolle, im Exil in Frankreich sehr schön geschildert. Sahl hatte sich geweigert, eine Erklärung des kommunistischen Schutzverbandes Deutscher Schriftsteller (SDS) gegen das SDS-Mitglied und den Herausgeber der Exilzeitschrift *Das Neue Tagebuch* Leopold Schwarzschild zu unterzeichnen, die ihn als Nazi-Kollaborateur denunzierte. Die Veröffentlichung dieser Erklärung, die allein auf Mutmaßungen beruhte, hätte für Schwarzschild sehr, sehr ernste Schwierigkeiten, wenn nicht den Tod bedeutet. Sahl weigerte sich zu unterzeichnen. Doch ohne seine Unterschrift konnte das Manifest nicht an die Öffentlichkeit. Da schickte der SDS seine beste Waffe: »Es wurde beschlossen, eine bedeutende Schriftstellerin, eine Autorin von Weltansehen, Anna Seghers, vorzuschicken, die mich bearbeiten sollte. Sie war zur Schutzheiligen der engagierten Schriftsteller erklärt worden. Sie war die Therese von Konnersreuth der KP, die in eine Art von transzendentem Singsang verfiel, wenn es darum ging, die letzten Beschlüsse des Politbüros bekanntzumachen. Sie berichtete nicht einfach, worum es ging, sie verkündete, sie hatte Gesichte. Sie entledigte sich des Auftrags, mich umzustimmen, mit somnambuler Eindringlichkeit, indem sie einen gefährdeten, wenn nicht gar schon gestrauchelten Freund davor warnte, den Kampf gegen Hitler durch Rückfälle in eine kleinbürgerliche Moral, die immer nur dem Klassenfeind helfe, zu sabotieren.«

Das siebte Kreuz musste leer bleiben. Mit allen Mitteln. Auch wenn an anderer Stelle dafür neue Kreuze aufgestellt werden mussten.

Es gibt nur zwei Bilder von **Irmgard Keun** (1905–1982), denke ich immer. Es gibt natürlich viel mehr. Aber ich kenne nur die zwei, will nur die zwei kennen. Das eine mit den kurzen Locken, die ihr über die rechte Stirnseite fallen, der weiße Schal, hinten hochgeschlagen, der um den Hals herumfließt, die Augen, die schauen, als hätte sie sich soeben in den Fotografen verliebt, oder in die Welt. Eine Trauer ist darin und eine Scheu und eine mädchenhafte Selbstsicherheit. So eine Ruhe vor allem. Der Mund lächelt nicht. Die Augen lächeln. Mit Sicherheit. Das Leben wird kommen. Ich weiß, es wird schön, es wird unendlich schön, weil ich schön bin und weil ich schreibe, für mich, für die Männer, für die ganze Welt. Da war sie einundzwanzig, als das Bild entstand, und von Köln längst nach Berlin geflohen. Oder sie war sechsundzwanzig. Man wusste das lange nicht so genau, sie hat ihr Geburtsjahr 1905 ihrer ersten Romanheldin Gilgi angepasst – 1910. Irmgard Keun hatte immer ein dichterisches Verhältnis zur Wahrheit und zu ihrem Leben.

Ja, und das zweite Bild, das entstand so gegen Ende ihrer Zeit. Vielleicht Ende der siebziger Jahre, vielleicht wieder in Köln. Die Haare sind nur geliehen, glatt und falsch, als Damenhaube auf dem Kopf, der Schal ist bunt und locker um den Hals geworfen, der Mund versucht ein Lächeln, die Augen lächeln nicht.

Wie schnell kam der Ruhm ins Leben der Irmgard Keun. *Gilgi – eine von uns* erschien 1931 und war eine Sensation. Was für ein neuer Ton, was für ein selbstbewusstes, halbkorrektes, neues Deutsch, was für eine neue, moderne, selbstbewusste Frau. Und kaum ein halbes Jahr später – wer langsam schreibt, ist dumm – *Das kunstseidene Mädchen*. »Aber ich will schreiben wie Film, denn so ist mein Leben und wird noch mehr so sein«, sagt Doris im Roman. Und so war auch das Buch, so wie das Leben, so wie Film, schnell und oberflächlich und genau, weltmitschreibend, sich selbst verschenkend an die Welt, spielend mit der Welt, Schritt für Schritt Berlin erobern, die Männer erobern, das Leben erobern. Nicht mit Arbeit. Mit einem Glanz, der von innen kommt, mit einem Magnetismus, der die Welt tanzen lässt, um das kunstseidene Mädchen herum. Das ist ganz leicht. Nichts ist leichter: »Ich habe den Feh an und wirke.«

Aber auch die Dunkelheit und die Sehnsucht und das Wissen. Mit Seufzergrammatik: »So sind die Männer. Und sie haben gar keine Ahnung, wie man sie mehr durchschaut als sich selber … Wo ist denn nur Liebe und etwas, was nicht immer gleich entzweigeht? … Ich wünsche mir sehr mal die Stimme von einem Mann, die wie eine dunkelblaue Glocke ist und in mir sagt: hör auf mich; was ich sage, ist richtig; und wünsche mir dann ein Blut in mein Herz, was ihm glaubt … Manchmal ist das Erotische nur dafür gut, daß man du zusammen sagen lernt – und mir fiel es in jeder Situation schwer … Nur wenn man unglücklich ist, kommt man weiter, darum bin ich froh, daß ich unglücklich bin … Ich ahnte im voraus, aber mein Gefühl hatte keine Lust zu wissen.«

Dann brannten die Bücher, auch ihre Bücher. Von den gehassten Frauen im neuen Land war sie die meistgehasste. Aber Keun blieb. Zunächst blieb sie. Ihr Mann, der 23 Jahre ältere Schriftsteller und Regisseur Johannes Tralow, war dem Regime willkommen. Und dann hat sie den lustigsten, verwegensten, tollkühnsten Schritt unternommen von all denen, deren Bücher brannten. Sie sah sich das alles eine Weile an. (Sah es sich ganz genau an, wie man in ihrem Roman über die ersten Nazi-Jahre, *Nach Mitternacht* (1936), lesen kann.) Am 29. Oktober 1935 meldete sie beim Landgericht Berlin Schadenersatzansprüche an: »Die Geheime Staatspolizei hat im Juli 1933 die gesamten Bestände meiner Bücher beschlagnahmt. Ein Gerichtsurteil, das diese Beschlagnahme rechtfertigt, ist bislang nicht erfolgt und auch nicht angestrebt worden.« Was für ein schöner, wahnsinniger Mut. Da sie ja nun nichts mehr verdiene, beantragt sie für den bevorstehenden Prozess beim Amtsgericht, ihr Armenrecht zu gewähren. – Nein, eine Antwort hat sie darauf nicht bekommen. Oder doch. Sie wurde verhaftet, verhört und wieder verhört, über ihre Verbindungen zu Freunden im Ausland. Adressen, Kontakte, Aktivitäten. Ihr Vater, der Unternehmer war, hat sie da rausgeholt. Hat sie später gesagt. 200 000 Mark soll er gezahlt haben, habe ihre Mutter erzählt, erzählt Keun. Das könnten auch kleine Keun-Legenden sein. Jedenfalls kam sie frei. Und nicht nur aus der Untersuchungshaft, sondern auch aus dem Land. Sie entkam, ging nach Ostende und traf dort den Mann, den einzigen wohl in ihrem Leben, der ein bisschen diese Stimme hatte wie eine dunkelblaue Glocke, die in ihr sagte: Hör auf mich, was ich sage, ist richtig, und in ihr war ein Herz, das ihr sagte, du kannst ihm vertrauen. Es war Joseph Roth, den sie traf, mit dem sie zwei Jahre lang im Exil getrunken hat – auch Irmgard Keun trank, wie Roth, unmäßig und selbstzerstörerisch –, geschrieben, in Cafés, den ganzen Tag, die sich antrieben im Schreiben gegenseitig, in ihrem Hass auf Hitler, auf den Wahnsinn dieser Welt. Sie sind gereist zusammen, in die Teile der Welt, in die man noch reisen konnte. Als sie ihn zum ersten Mal sah, fielen ihr seine zarten Hände auf und dann sein dicker Bauch und die mageren Beine dazu. Er sah aus wie eine Kreuzspinne, meinte sie. Später hat sie geschrieben, sie hatte den Eindruck, einem Menschen zu begegnen, der im nächsten Augenblick vor Traurigkeit stirbt.

Schreiben und trinken. Und hassen. »Roth war damals nicht nur traurig, sondern auch noch der beste und lebendigste Hasser.« Und der schnellste Schreiber. »Roth und ich machen die reinste Schreibolympiade. Meistens hat er abends mehr Seiten als ich. Roth hetzt mich maßlos, aber er hat recht.«

Irgendwie sind sie wieder auseinandergeraten, Keun und Roth. Mit Roth, dem großen Hasser, war in seinen letzten Jahren nicht gut zusammen sein auf Dauer. Er war unendlich reizbar, zerstört und böse gegenüber den Menschen, die ihn retten wollten, und sei es nur für kurze Zeit. Später hat Irmgard Keun über ihn geschrieben: »Joseph Roth war der einzige Mann, der mich je gefesselt hat, so daß manches Wort von ihm in meiner Seele Wurzeln schlug.«

Sie ging nach Amerika, zu einem anderen Mann, kam wenig später nach Europa zurück, nach Frankreich, dann, 1940, kehrte sie mit gefälschten Papieren nach Köln zurück, zu ihren Eltern. Ihr Bruder fiel 1943 in Russland. Ihre Eltern hatten nur noch sie. Sie blieb bei ihnen.

Im Nachkriegsdeutschland hat man Irmgard Keun schnell und gründlich vergessen. Bis Jürgen Serke 1977 in seiner Serie im »Stern« an die verbrannten Dichter von damals erinnerte. Er hatte Irmgard Keun getroffen, in ihrer Wohnung in Köln, und schrieb ein unendlich trauriges Porträt über die vergessene, einsame Frau. »Sie schleppt ihr Leben verdrossen durch die Tage. Wozu, wofür, für wen noch Standfestigkeit zeigen?«

Endlich, mehr als dreißig Jahre nach Ende des Krieges, erinnert sich das Land an sie. Der Claassen Verlag bringt ihre Werke neu heraus. Die Menschen lasen sie und liebten sie. Ihr Lektor Klaus Antes erinnert sich an eine Lesung: »Damals, als sie in der Mainzer Universität aus *Kind aller Länder* las, war der Ansturm riesig. Die Studenten drängelten sich sogar auf den Fluren. Irmgard konnte hin- und mitreißend rezitieren. Es war bereits spät, als sie endete. Das Publikum applaudierte frenetisch. Sie war kurz vor dem Kollaps, legte aber trotzdem einige Passagen nach. Standing Ovations. Als sie am Arm des Professors entschwebte, hin zum gemütlichen Teil des Abends, grummelte sie: ›Mein Gott, ich bin doch nicht die Knef.‹«

Sie wollte dann noch ein Buch schreiben, ein letztes Buch, in dem alles zusammengefasst sein sollte, was ihr im Leben zugestoßen war. Was für ein Buch wäre das geworden!

Sie hat es nicht mehr geschrieben. Am 5. Mai 1982 ist sie in ihrer Kölner Wohnung gestorben.

Es ist der Morgen des 9. Mai 1933 in Sanary-sur-Mer. **Klaus Mann** (1906–1949) schreibt einen Brief an Gottfried Benn. Den Brief der Klarheit, der Verachtung und der Liebe, der ein für alle Mal die Welt der Emigranten von der Welt der Mitmacher trennen sollte. Es ist ein Liebesbrief. Klaus Mann hatte nicht vor, ihn zu veröffentlichen. Der Brief schließt mit den Worten: »Wer sich aber in dieser Stunde zweideutig verhält, wird für heute und immer nicht mehr zu uns gehören. Aber freilich müssen Sie ja wissen, was Sie für unsere Liebe eintauschen und welchen großen Ersatz man Ihnen drüben dafür bietet; wenn ich kein schlechter Prophet bin, wird es zuletzt Undank und Hohn sein. Denn, wenn einige Geister von Rang immer noch nicht wissen, wohin sie gehören –: die dort drüben wissen ja ganz genau, wer nicht zu ihnen gehört: nämlich der *Geist*.

Ich wäre Ihnen dankbar für jede Antwort. [...]

Ihr Klaus Mann«

Dann geht er an den Strand. Seine Eltern sind da, die Schwester Erika. »Nach Tisch, den Benn-Brief im ›Kreis der Familie‹ vorgelesen«, schreibt er in sein Tagebuch. Thomas Mann scheint wenig beeindruckt gewesen zu sein. Bei ihm heißt es: »Ging dann zum Badeständchen hinab u. kehrte mit K. u. den Kindern zum Essen zurück. Nachher Gespräch über ein Haus bei Zürich.« Kein Wort über den Brief an Benn. Das Unmögliche der Situation der Intellektuellen, die im Land geblieben sind. Im Gegenteil: »Tatsächlich geht mir der Gedanke, zum Herbst nach München zurückzukehren [...] wieder durch den Sinn.«

Er wird noch lange schwanken zwischen möglicher Rückkehr und entschlossenem Emigrantentum. Seine zwei ältesten Kinder, Erika und Klaus, werden alles an Erpressungskunst aufwenden müssen, um ihn zum entscheidenden Schritt, hinaus aus dem Land, endgültiger, offener Bruch mit den Machthabern, zu drängen.

Klaus Mann kannte kein Schwanken mehr. Er, der sich selbst einmal als einen Schriftsteller beschrieb, »dessen primäre Interessen in der ästhetisch-religiös-erotischen Sphäre lagen, der aber unter dem Druck der Verhältnisse zu einer bewußten, sogar kämpferischen Position gelangte«.

Das Ringen, das innere Ringen zwischen dem alten und dem neuen Klaus Mann, zwischen dem Untergangsfreund, Ästheten und Pazifisten auf der einen und dem kämpferischen Emigranten und späteren Soldaten der US-Armee auf der anderen Seite, dieser innere Kampf ist auch ein Kampf um den verehrten, geliebten Gottfried Benn und seine Gedichte: »Gestern abend: wieder ein sündhaftes Vergnügen an den Versen von Gottfried Benn. Diese Himmel, die so tödlich sind«, schreibt er im September 1936. Und einen Monat später: »Laut mehrere Gottfried-Benn-Gedichte gelesen. Welch tiefer, schlimmer, berauschender Ton!«

So wie er sich im Geheimen nach Benn-Gedichten sehnt, so sehnt er sich nach Drogen, nach Liebe und nach dem Tod. Es ist die dunkle Seite von Klaus Mann. Die Zeit der Emigration hat ihn davon nicht befreit, aber sie hat ihm einen Dienst auferlegt. Er hat es so begriffen. Den Dienst, die Emigranten zu sammeln, den schreibenden Kampf zu organisieren, die Kräfte zu bündeln, die Kämpfe unter den Emigranten zu unterbinden, gemeinsam gegen Hitler zu schreiben und später eben auch zu kämpfen. »Moralisch gute Zeit«, hat Thomas Mann die Hitler-Jahre einmal beschrieben. Mit wie viel mehr Recht gilt das für Klaus Mann. Die Welt war klar in Schwarz und Weiß geteilt. »Erika über das Traurige und Unwürdige an der Emigration«, schreibt er am Tag nach der Bücherverbrennung in sein Tagebuch und fügt schnell an, »– was ich nicht so empfinde.« Er kämpfte um jeden als Mitkämpfer in diesem Krieg, vor allem kämpfte er um die, die er liebte. Wie rührend liest sich sein flehender Text über das Schweigen Stefan Georges. Es war für die Öffentlichkeit und für Klaus Mann noch längst nicht sicher, wie sich der Meister, dessen Gedichte er ebenso liebte wie die Gottfried Benns, wie er sich zum neuen Reich verhalten würde. »Wir hoffen«, schrieb Klaus Mann am 17. Mai 1933, »daß sein Schweigen Abwehr bedeutet. Er wird sich nicht vermischen und verwechseln lassen. Hitler – und Stefan George: das sind zwei Welten, die niemals zueinanderfinden können. Das sind zwei Arten Deutschland.«

So hoffte er. Und so ist es auch gekommen. George hat sich nie zu diesem neuen deutschen Reich bekannt.

Natürlich ist Klaus Manns moralischer Rigorismus, der alles und jeden ob seines Muts und Kämpfertums beurteilt, auch manchmal ärgerlich und nervtötend und rechthaberisch (sein böses »Das war einmal ein Schriftsteller« über den in Deutschland gebliebenen Erich Kästner zum Beispiel). Aber dieser Rigorismus entsprang eben jenem inneren Kampf, den keiner so gut bestanden hat wie er.

20 | Sterben oder angreifen

Josef Hofbauer – der Österreich-Roman gegen den Krieg. Richard Hoffmann – Wer ist der Richtige? Robert Neumann – die Parodie als wahre Kunst. B. Traven – die Schwierigkeiten, ein Phantom zu verbrennen

Er hat das Antikriegsbuch für Österreich geschrieben. Der Wiener Sozialdemokrat **Josef Hofbauer** (1886–1948) veröffentlichte 1930 einen Roman über die österreichischen Truppen an der italienischen Front. Der Verlag selbst hat *Der Marsch ins Chaos* im Klappentext etwas verzagt angekündigt: »Man ist, wie es heißt, der Kriegsbücher müde geworden, und wir wissen, welche Aufnahme einem neuen Kriegsbuch droht.« Und – ja, es stimmt schon, auch uns sind die einschlägigen Lazarett- und Amputationsszenen, die Ödnis, die Angst, die Leichen im Dreck etwas zu viel geworden, so von Kriegsbuch zu Kriegsbuch. Das Schöne, Neue und Interessante an diesem Buch aus dem Krieg in den Bergen ist aber der fein beobachtete Zerfall eines Vielvölkerstaates und wie er sich auch im österreichischen Heer in den vier Jahren des Krieges vollzieht. Die harmlosen Verwirrungen und kleinen Streitigkeiten in einem Vielvölkerheer zu Beginn, die sich immer weiter, bis zum Zerfall einer Armee, zum Zerfall eines ganzen Reiches steigern:

»Prochaska, du bist eben ein Böhm, du verstehst das nicht so! Ihr Böhm' denkt halt über den Krieg anders …‹

›Wenn's die Zeitungen schreiben, daß das ein deitsche Krieg is – was gehte dann mich an? Aber du weißt, daß ich kein Behm bin, sondern Wiener, Tscheche, aber Wiener. Da bist doch eher du ein Behm, weil du wohnst i Behmen …‹

›Weil ich fünf Jahre in Komotau als Beamter leb', bin ich

noch lang kein Böhm. Du weißt doch, daß man unter einem Böhm nicht einen Menschen aus Böhmen versteht, sondern einen Tschechen! Das wär noch schöner, wenn wir uns mit euch verwechseln lassen sollten! Wir Deutschen wissen wenigstens noch, was Treue ist …!‹«

So reden sie und streiten sich, die doch gemeinsam, für eine gemeinsame Heimat kämpfen sollen. Dieser Krieg konnte nicht gewonnen werden von Österreich-Ungarn. Das Reich war schon zerfallen, noch ehe der Krieg begann. Der Krieg, der vielleicht überhaupt nur riskiert wurde, vom Kaiser und seinen Beratern, um den unabwendbaren Zerfall des Reiches noch etwas aufzuschieben. Ein Aufschub, der unendlich viele Menschenleben kostete.

Und wenn dieser Krieg am Ende die überlebenden Soldaten wieder entlässt, in die Heimat, für die sie gekämpft haben sollen, da wissen sie nicht einmal mehr, wie die jetzt heißt, wo sie beginnt, welche Fahne für sie weht:

»Und Gespräche mit tschechischen Kameraden fielen ihm ein. Sie hatten von den Grenzen ihres künftigen Staates gesprochen … Wenn man nur Zeitungen bekäme, Genaueres wüßte! In Böhmen soll Revolution sein … Wenn ich heimkomme – in welches Vaterland komme ich? Kommt auch Deutschböhmen zum tschechischen Staat? Dann ist doch alles nur umgekehrt – warum dann die Revolution? Warum?«

Doch es gilt neue Fronten zu errichten, für ein neues Vaterland, eine neue Gerechtigkeit, Fronten für den Sozialismus. »Wirst du dabeisein?«, fragen sich Hofbauers Helden am Ende, mit abgeschossenem Bein, aber voller Hoffnung auf ein neues Leben. »Ob ich dabeisein werde? Wie könnte einer, der den Krieg miterlebt hat, noch zweifeln, noch zaudern? Wird jeder wissen, wo sein Platz ist. An welche Front er gehört.«

Josef Hofbauer selbst war, nach seiner Zeit im Krieg, Redakteur bei verschiedenen sozialdemokratischen Zeitungen in Teplitz und in Prag. 1934 schrieb er unter dem Titel *Wien, Stadt der Lieder* einen Zyklus mit – als Chorwerk eingerichteten – Gedichten über die Februarkämpfe von 1934 in Österreich. 1938 emigrierte er nach Malmö in Schweden, kehrte 1947 zurück und starb 1948 in Frankfurt am Main.

Wie sonderbar und geheimnisvoll ist es, wenn man in einem alten Buch ausgeschnittene Botschaften aus einer anderen Zeit findet. Handgeschriebene Nachrichten, Merkzettel, Zeitungsausschnitte, die in irgendeinem Zusammenhang stehen mit dem Buch, dem Autor, dem Leser. Im Fall der Bücher, die das hier vorliegende Buch behandelt, ist das doppelt wundersam. Da ist ja jedes Buch von damals, das die Zeit überstanden hat, das Feuer, die Beschlagnahmung, das Verbot, besonders merkwürdig. Sie sind geblieben, die Bücher, haben widerstanden, im Verborgenen, oder sind einfach vergessen worden. Und sind noch da. Und manchmal eben sogar noch mit einer Botschaft aus jener Zeit. *Deutsche Zeitung* prangt groß und stolz auf dem Kopf der Titelseite der Zeitung. Es ist die Ausgabe vom 21. April 1932. Am Rande steht unter der Überschrift »Noch einmal Länderwahlen!« ein streng-nationaler Aufruf wider die Wahlmüdigkeit und für die Stimmabgabe für die richtige, die nationale Sache. Nein, da werden keine Fäden im Verborgenen gezogen:»Unsere Leser wissen, daß in der ›Deutschen Zeitung‹ die parlamentarische Regierungsweise, wie die Weimarer Verfassung sie als Frucht des November-Umsturzes gebracht hat, immer als für deutsche Verhältnisse und deutsche Menschen untauglich erklärt worden ist. Daraus ergibt sich die Pflicht, dieses System zu bekämpfen, bis es beseitigt ist, nicht aber Anlaß oder gar Recht, es sich selbst zu überlassen.« Der Autor des Aufrufs ist sich sicher, dass der Sieg der guten, der deutschen Sache sehr nahe ist.

Daneben aber, den Hauptaufmacher, hat der Autor eines Buches geschrieben, Landgerichtsdirektor a. D. **Richard Hoffmann,** dessen Buch offenbar soeben vom Berliner Polizeipräsidenten Grzesinski verboten wurde. Das Buch heißt *Der Fall Hörsing-Haas – Eine Antwort an den preußischen Justizminister* (1932), es ist dasselbe Buch, in dem ich den Zeitungsausschnitt gefunden habe. Unter der Überschrift »Strafantrag gegen Grzesinski« schildert Hoffmann den Fall des verbotenen Buches aus seiner Sicht, beklagt, dass nicht eines der von ihm vorgebrachten Argumente widerlegt oder in Zweifel gezogen worden sei, und sieht darin einen Beweis für die Wahrheit seiner Vorwürfe. Der Fall, mit dem sich sein Buch beschäftigt, war einer der aufsehenerregendsten Justizfälle der Weimarer Republik, in dem der Untersuchungsrichter Kölling in einem Mordfall auch nach Geständnis des Täters Richard Schröder den jüdischen Großindustriellen Rudolf Haas nicht aus der Untersuchungshaft entlassen und vom Verdacht der Mittäterschaft freisprechen wollte. Die Verwaltung schaltete sich zugunsten von Haas ein, er wurde aus der Haft entlassen, das Verfahren eingestellt, Schröder als Alleintäter hingerichtet. Die Rechte tobte, die Linke jubelte, gegen den Richter und seinen Vorgesetzten, den Landgerichtsdirektor Hoffmann, wurde ein Disziplinarverfahren eingeleitet, bei dem beide schuldig gesprochen wurden. Hoffmann hatte schon vorher um seinen – pensionslosen – Abschied gebeten.

Und schrieb nun also – als Rechtfertigung und Anklage gegen den Staat und seine Verwaltung – dieses Buch. In der Erklärung des Polizeipräsidenten zur Begründung des Verbotes heißt es: »Bei der gegenwärtig fast bis zum Siedepunkt gestiegenen politischen Spannung wird dadurch die öffentliche Sicherheit und Ordnung im Sinne des § 2 Absatz 1 der Verordnung vom 10. August 1931 aufs Schwerste gefährdet.«

Hoffmann erwidert in dem Zeitungsartikel: »Wohin sind wir gekommen? Ist es richtig, daß Handlungen hoher Behörden nur noch erörtert werden dürfen, wenn sie zu ernster Kritik keinen Anlaß geben, daß aber jegliche Erörterung, auch die sachlichste, zu unterbleiben hat, wenn schwere Verletzungen der Gesetze und der Verfassung in Frage stehen? Ein solcher Zustand wäre unerträglich, er müßte den Staat seinem Untergang entgegenführen.«

Das klingt beinahe ängstlich. In Sorge um die Deutsche Republik, die das Blatt, in dem der Artikel erscheint, so offensiv bekämpft. Am Ende seines Buches hatte das noch kämpferischer geklungen. Und eher im Ton jener *Deutschen Zeitung:* »Unverwundet an meiner Person und wissend, daß das Übermaß des Übels, wenn es erkannt wird, der Heilung dient, habe ich dieses Buch in der Zuversicht geschrieben, daß die Entartungserscheinungen, die in ihm gekennzeichnet sind, nur vorübergehend in unserem Volke emporwuchern konnten; *das erwachende Deutschland wird sie überwinden.*« Und Deutschland erwachte, kaum ein Jahr später erwachte es wirklich, ganz so, wie es sich die nationalistischen Feinde der Republik gewünscht hatten.

Und nun verwirrt es sich jedoch immer weiter. Ein Landgerichtsdirektor Richard Hoffmann erhält als Jude zum 31.12.1935 Berufsverbot, wird 1941, zusammen mit seiner Ehefrau Elisabeth, nach Lodz deportiert. Er stirbt dort 1943, seine Frau ein Jahr später. Ich hatte nun für einen Moment geglaubt, dass es sich dabei um jenen Richard Hoffmann handeln könnte, der das verbotene Buch zu dem spektakulären Justizfall geschrieben hatte, sodass das Buch, nur ein Jahr nach dem Verbot in der Weimarer Republik, gleich auf dem Verbrennungsstapel des neuen Regimes gelandet ist. Wäre auch dieser Richard Hoffmann Jude gewesen, wäre dieser einmalige Fall zumindest nicht völlig ausgeschlossen gewesen. Da auch ein Autor dieses Namens zunächst nicht zu finden war, schien diese Möglichkeit gerade angesichts der anderen Pannen, die dem Listenersteller Herrmann unterlaufen waren, zumindest nicht undenkbar.

Doch die Wahrheit sieht anders aus. Denn für diesen Hoffmann zahlte sich die Standhaftigkeit im neuen Deutschland aus: Er wurde schon 1933 zum Präsidenten des Landgerichts in Groß-Berlin befördert. Und der jüdische Fabrikant Haas und seine Ehefrau waren der Hetze in ihrer Heimatstadt nun ungeschützt ausgeliefert. Sie nahmen sich im selben Jahr das Leben.

Doch wer war jetzt der Richard Hoffmann, dessen Bücher verbrannt wurden? Es muss wohl jener Richard Hoffmann sein, der 1894 in Zeitz geboren wurde und von dem 1927 der Kriegsroman *Frontsoldaten* erschien. Das Cover ist spektakulär, zeigt einen Totenschädel und die Namen der größten Schlachten des Ersten Weltkriegs daneben. Gewidmet hat es der Autor »den Opfern des Weltkriegs und ihren Müttern, insbesondere den Millionen Toten von Verdun, und den Kameraden von der 256. Infanterie-Division«. Der erste Eindruck ist Verwunderung, dass ein solches Buch, ein Roman, der offenbar vor all den anderen späteren Erfolgsbüchern die Schreckensseiten des Kriegs schildert, so unbekannt geblieben ist, dass der Name des Autors so ganz verschwunden ist und auch das Buch nur unter großen Schwierigkeiten zu beschaffen. Doch nach der Lektüre der ersten Seiten löst sich das Rätsel ganz von selbst. Denn Richard Hoffmann konnte leider gar nicht schreiben und hatte offenbar auch keinen Lektor oder irgendjemanden, der dem leidenden Kämpfer von einst da mal etwas zur Hand gegangen wäre. Das Buch ist voller Stilblüten und unfreiwilliger Komik. Von der ersten bis zur letzten Seite. Denn es ist auch nicht im Stil des einfachen, sorglosen Soldaten geschrieben, wie wir das bei »Schlump« zum Beispiel sahen. Hoffmann sucht das gewählte Wort. Und findet es nicht. Der Krieg beginnt. Der junge Held ist überrascht: »Dann wuchs eine Schreckensblässe in ihm. Gleich darauf kroch ihm eine Röte das Rückenmark hinauf. Sie kroch bis in die Spitze der Ohren. – Er mußte sich selbst überzeugen von dem Inhalt des roten Zettelchens und, seine Toilette der Gewohnheit zuwider mißachtend, trieb ihn das prickelnde Gefühl der Neugier die Treppen des Hauses hinab.« Da hofft man als Leser schon, dass er später im Feld mit der Waffe etwas sicherer umgehen wird als hier mit der Grammatik, und grübelt noch etwas über die »Toilette der Gewohnheit« und wie der Kriegs-Erstaunte sie zuwider missachtend mit rotem Rückenmark durch die Straßen taumelt, da sehen wir, es ist ja alles neu – was soll uns da noch Grammatik, was soll uns noch Verständlichkeit: »Die Welt hatte sich tatsächlich verändert: denn die Gleichförmigkeit des Alltags war verschwunden. Der kleine rote Zettel griff ein in die Geschicke der Menschen und machte sie begeistert für einen Lebenszweck, den alle glaubten nicht mehr gekannt zu haben.«

So verknotet ist das ganze Buch. Es wirkt immer wieder, als sei jener Richard Hoffmann aus einem fremden Land in diese Sprache hineingestolpert und finde nicht mehr hinaus. Sätze enden immer wieder im Nirgendwo, und letztlich ist wohl niemand so erleichtert wie der Autor selbst, wenn es zu Ende geht: »Er sehnte sich, wie alle nach vier Jahren Kampfes, in denen man einer ganzen Welt getrotzt hatte, zur endlichen Ruhe.«

Robert Neumann (1897–1975) war ein Parodist, sein Leben lang. Eigentlich hat er nur zwei Bände mit Parodien im strengen Sinne veröffentlicht, gleich zu Beginn seines Schreibens. *Mit fremden Federn* von 1927 und *Unter falscher Flagge* von 1932. Das ganze Kulturpersonal von damals hatte Neumann darin parodiert. Thomas Mann war begeistert: »Ich habe sogar im Familienkreis daraus vorgelesen, und wir haben Tränen gelacht … Nach allgemeinem Urteil bin ich selbst sehr gut getroffen und darf es mir wohl als besondere Ehre rechnen, zweimal vertreten zu sein.« Und wählte das Buch vor lauter Glück und Stolz über sein eigenes Abbild bei einer Umfrage zum besten Buch des Jahres. Andere fanden sich weniger lustig getroffen. Hans Leip schrieb dem Autor:»Was ich schon immer über Sie gedacht habe, bestätigt sich: Sie sind ein kleiner verkappter Oberlehrer!«

Umso besser, wenn die Menschen sich getroffen fühlten. Spricht ja für die Parodie. Aus heutiger Sicht sind die Texte allerdings eher so mittellustig und etwas tausendschlau, und man ist doch geneigt, Leip statt Mann recht zu geben. Das ist schon ein rechter Lehrer-Lämpel-Humor, mit dem Neumann da die Literaten heiter imitiert. Auch in seinen Romanen und Novellen – und Neumann hat sehr, sehr viele geschrieben – hat er parodiert: die neue Sachlichkeit, den Expressionismus, Thomas Mann, Heinrich Mann, die Jungen, die Alten und sich selbst. Das wirkt alles recht bieder und effektfreudig und irgendwie zentrumslos. Marcel Reich-Ranicki hat einmal über ihn – böse, aber wahr – geschrieben:»Es ist Neumanns Spezialität, einen Lauf zu verlieren, noch ehe der Startschuß fällt. Denn er tritt zum Lauf gern in einem effektvollen Kostüm an, das zwar die Aufmerksamkeit des Publikums erregt, ihn zugleich jedoch so sehr behindert, daß eine beachtliche Leistung eigentlich von vornherein unmöglich ist.«

Der österreichische Jude Neumann verließ 1934 den Kontinent und ging nach England ins Exil, schrieb nach einigen Jahren seine Romane sogar in englischer Sprache, verließ erst 1958 die britische Insel und zog in die Schweiz, ins Tessin. Er war verbittert über die geringe Resonanz, die seine Bücher in Deutschland und Österreich fanden. Dabei war er – vor allem im Vergleich zu fast allen anderen Emigranten – in Deutschland durchaus populär. 1961 brachte der *Spiegel* eine Titelgeschichte über ihn. Allerdings ärgerte er sich, dass er schon wieder unter der Überschrift »Mit fremden Federn« auf sein Parodistentum reduziert wurde.

Neumann hat die Rückkehr so erlebt wie alle anderen Emigranten. Es gab keine Rückkehr. Es war ein neues Exil: »Da sah ich mich gespenstischerweise in die Situation meines ersten

Tages im Exil versetzt: Dort hatte ich gestanden, keines englischen Wortes mächtig, freundlos, stimmlos – der Nazi hatte
mir meine Stimme geraubt. Und nun stand ich da, grausig ver-
jüngt, stimmlos wie an jenem ersten Tag, zurückemigriert in
eine schwere Emigration, da es eine Emigration nach Hause
war – Rip van Winkle, jemand hatte mir die besten Jahre meines Lebens gestohlen. Nun gibt es auf eine solche Entdeckung
zwei Formen der Reaktion. Man kann sterben – oder man at-
tackiert. Ich war ein erfahrener Überleber, und zu attackieren
lag in meiner Natur.«

Dass er sich dann, 1966, kurz vor Peter Handkes publikums-
wirksamem Generalangriff in Princeton, ausgerechnet die
Gruppe 47 als Gegner suchte, ist Neumann auch nicht gut bekommen. Mangel an politischer Courage warf er der Gruppe
vor, Saturiertheit, »Verrat an der Opposition gegen das Bon-
ner Establishment«, Subventionsabhängigkeit, Laschheit und
vor allem »wechselseitiges Literaturpreis-Zuschanzen«. Günter
Grass nannte er einen »Tausendsassa, der sich ununterbrochen
zu einem genialischen Stürmer und Dränger hinaufnumerie-
ren will«, und über den Literaturbetriebsguru Walter Höllerer
schrieb er: »Er ist ein Überalldabei, Schnittlauch auf allen literarischen Suppen, feinnervig beim Aufspüren von Subventionen
wie ein Rutengänger.«

Wie schade, dass sich Neumann nicht viel häufiger zu so gerechten und mutigen Schmähreden hinreißen ließ. Die Gruppe
tobte. Höllerer brachte ein ganzes Sonderheft seiner Zeitschrift
»Sprache im technischen Zeitalter« zum Thema »Kunst und
Elend der Schmährede« heraus, um sich und seine Freunde zu
verteidigen.

Es ist nicht leicht, ein Phantom zu verbrennen. Gut, man kann
ja erst mal seine Bücher nehmen. Die waren bekannt und in
der ganzen Welt berühmt. Aber wer dieser **B. Traven** (gest. 1969)
war, das wusste damals kein Mensch, und es ist bis heute eines
der schönsten, abenteuerlichsten, wunderlichsten Rätsel in der
Geschichte der Weltliteratur geblieben. Wer war B. Traven? Ein
verborgener Sohn des deutschen Kaisers? Ein Schlossersohn aus
Mecklenburg? Ein deutscher Revolutionär? Er lebte in Mexi-

ko, das wusste man. Er schrieb in deutscher Sprache. Das nahm man an. Tucholsky schrieb in einer Rezension, er habe erst gedacht, das sei aber schlecht aus dem Englischen übersetzt. Er schrieb proletarische Abenteuerromane, die fast alle in Mexiko spielen, die die Welt kennen, die Geschäftswelt, den Kapitalismus in all seiner Ungerechtigkeit und Gnadenlosigkeit in Südamerika und anderswo auf der Erde. Und dies alles eben nicht abstrakt herumzeigen und auf diese Botschaft mühsam eine Geschichte aufpfropfen. Nein, Traven erzählt davon. Die Bücher waren Super-Bestseller in der ganzen Welt. Bis zum Ende seines Lebens sollen weltweit 25 Millionen Exemplare verkauft worden sein.

Und erst da, auf seinem Totenbett, hat er seiner Frau gestattet, wenigstens einen Teil seiner Identität zu offenbaren. Es ist der Teil seiner Lebensgeschichte, der schon vorher als beinahe gesichert galt. B. Traven war nach eigenen Angaben der Revolutionär und Anarchist Ret Marut, der noch während des Krieges an der Zensur vorbei die radikal-anarchistische Zeitschrift »Ziegelbrenner« herausgab, in den Novemberkämpfen in vorderster Linie dabei und in der Münchner Räteregierung als Leiter der Presseabteilung tätig war. Am 1. Mai 1919 wurde Marut verhaftet, und – so hat er es selbst beschrieben – Minuten bevor der zigarettenrauchende Leutnant eines Schnellgerichts das Todesurteil gegen ihn aussprechen konnte, ist er unter abenteuerlichen Umständen geflohen. Offenbar zunächst nach England, dann über die USA nach Mexiko. Wo er blieb, für den Rest seines Lebens, im Geheimen.

Irgendwann hat er einige Manuskripte nach Deutschland herübergeschickt. Im »Vorwärts« erschien zunächst eine Erzählung, dann ein Vorabdruck seines ersten Romans *Die Baumwollpflücker* (1925). Den hatte er an die Büchergilde Gutenberg geschickt, die druckte ihn, und es wurde ein großer Erfolg. Von da an erschien jedes Jahr ein neuer Traven-Roman, und je größer der Erfolg wurde, desto wichtiger schien die Frage zu werden: Wer ist dieser Mann? Doch Traven wollte im Geheimen bleiben.

Und warum? Warum liebte Traven das Geheimnis so? Er hat einmal geschrieben: »Wer sich um einen Posten als Nachtwächter oder als Laternenanzünder bewirbt, muß einen Lebenslauf schreiben und ihn innerhalb angemessener Frist einreichen. Von einem Arbeiter, der geistige Werte schafft, sollte man nie einen Lebenslauf verlangen. Es ist unhöflich. Man verführt ihn zum Lügen.«

Doch dann – 1933 – brachte ihm seine geheime Existenz ernste Schwierigkeiten ein. Denn die Nazis hatten tatsächlich zwei seiner Bücher, *Der Karren* (1930) und *Die Regierung* (1931), auf ihre Verbrennungs-Listen gesetzt, aber bei den anderen Büchern, da wollte man von der großen Popularität, die Traven gerade auch bei der Arbeiterschaft genoss, profitieren. Und – wer sollte die Machthaber schon daran hindern? Ein Phantom aus Mexiko?

SA-Truppen hatten eine Woche vor der Bücherverbrennung das Verlagsgebäude der Büchergilde in Berlin besetzt, der Verlag wurde durch die Deutsche Arbeitsfront annektiert, die alten Angestellten mussten gehen. Ein SA-Sturmführer führte Verlag und Buchgemeinschaft unter dem alten Firmentitel weiter, während die bisherigen Leiter sich von Zürich aus bemühten, die »Genossenschaft Büchergilde Gutenberg« im alten Geist neu aufzubauen, wie der Biograph Karl S. Guthke schreibt. Natürlich wollte Traven mit seinen Büchern in das alte neue Haus nach Zürich umziehen und nicht mehr in Deutschland erscheinen. Allein, das war nicht leicht. Im Juli erlässt das Landgericht Berlin eine einstweilige Verfügung gegen die Zürcher Büchergilde, die dieser untersagt, Travens Bücher zu vertreiben. In Broschüren wirbt die Berliner Gilde weiterhin für Travens Bücher. Traven kämpft um seinen Ruf und gegen seine Bücher in diesem Land. Er schreibt an seinen Zürcher Verleger: »Jeder Versuch, der etwa innerhalb des deutschen Reichsgebietes unternommen werden sollte, das Buch (Travens neuen Roman *Der Marsch ins Reich der Caoba* (1933); Anm. d. Verf.) dort zu veröffentlichen, soll rücksichtslos verfolgt werden.« Dann schreibt er noch einen offenen Brief an den neuen Chef der Berliner Gilde, in dem es heißt: »Ich erkläre hier vor aller Öffentlichkeit, daß ich keine, aber auch nicht die geringste Gemeinschaft mit Ihnen oder mit dem Dritten Reich habe.« Und schließt den Brief, schon ganz des Sieges gewiss: »Goodbye, Büchergilde Gutenberg Berlin, lebe wohl. Heil! Im Felde unbesiegt. Den Dolch im Rücken. Es lebe das Vierte Reich! Mit einer Zeile aufgebaut. Mit vierzig Millionen Herzen belebt! B. Traven.«

Er hatte gewonnen. Seine Bücher waren in Deutschland unmöglich geworden. Alle. Es scheint, dass, nachdem die Gefahren, die die Anonymität mit sich gebracht hatte, gebannt waren, Traven nun wieder alle Vorzüge eines Phantom-Lebens genoss und die Nazis mit mexikanischem Spott überzog. – Meine Bücher verbrennt hier niemand außer mir selbst.

Er hat noch lange gelebt, dort draußen, im Geheimen. Es gibt Fotos von ihm, die ihn am 10. Dezember 1966 beim Besuch einer Aufführung des Bolschoi-Balletts im Palacio de Bellas Artes in Mexico City zeigen, einen feinen, etwas gebrechlichen alten Mann mit weißem Haar und schwarzer Brille und weit vorgerecktem Kinn. Das Phantom im Ballett. Dem *Stern*-Reporter Gerd Heidemann, der ihn jahrelang gesucht hatte, ist kurz vor Travens Tod ein längeres Treffen geglückt. Er hatte sich das Vertrauen von Travens Frau erschlichen. Aber außer der Tatsache, dass der auch nach Heidemanns Angaben beinahe taube alte Herr seiner Anrede mit »Herr Traven« nicht widersprach, hat auch Heidemann nichts Verlässliches über die Herkunft des Schriftstellers erfahren.

Am 26. März 1969 – das ist eigentlich das einzige sichere Datum in seiner Biographie – ist der Mann, der unter dem Namen B. Traven weltberühmt wurde, in seiner Wohnung in Mexico City gestorben. Seine Asche wurde von einem Sportflugzeug über den Regenwäldern am Rio Jataté verstreut. Wer dieser Mann war, woher er kam, wer seine Eltern waren und warum er sich für ein Leben auf der Flucht entschied, das bleibt für immer sein Geheimnis.

Brennende Schmetterlinge

Die fremdsprachigen Autoren: Maxim Gorki – der Vater. Isaak Babel – Brille auf der Nase und Herbst im Herzen. Ilja Ilf – der Diamantenstuhl auf Reisen. Ilja Ehrenburg – ein Leben voller Irrtümer. Schalom Asch – der Glaube an eine jüdische Welt. Ernest Hemingway – »Was Faschismus ist, das weiß ich.« John Dos Passos – Kampf an einer anderen Front. Upton Sinclair – Wühlen im Schlamm. Henri Barbusse – mit ihm beginnt der Pazifismus-Wahn. Ins Feuer mit dem »Feuer«. Jaroslav Hašek lacht mit Schwejk. Und der einsame Japaner Sunao Tokunaga und die Straße ohne Sonne

Es wurden auch Bücher fremdsprachiger Autoren an jenem 10. Mai verbrannt. Zumindest standen sie auf Herrmanns Liste. Die Deutsche Studentenschaft hat später großen Wert auf die Feststellung gelegt, dass in Berlin in jener Nacht nur deutsche Bücher brannten, und auch der Magistrat der Stadt Berlin äußert in einem Beschluss vom 22. Mai 1933: »Von der Verbrennung sind – was die Stadt anbelangt – sämtliche ausländischen Autoren ausgeschlossen worden.« Doch das war eher ein Zeichen des guten Willens dem protestierenden Ausland gegenüber. Denn auf der Liste, die die Grundlage für die erste Verbrennung bildete, stehen die Namen der Autoren. Ob ihre Werke wirklich verbrannt worden sind, lag ganz gewiss nicht in der Hand des Magistrats der Stadt Berlin. Die Liste sieht insgesamt 37 Namen von Schriftstellern vor, deren Werke auf Deutsch in Übersetzungen vorlagen. Sieht man sich diesen Teil der Liste an, hat man den Eindruck einer großen Wahllosigkeit. Alles, was entfernt als sozialistisch, jüdisch oder pazifistisch galt und in Deutschland einigermaßen erfolgreich war, kam mit dazu. Natürlich waren das vor allem Bücher sowjetischer Autoren. Insgesamt einundzwanzig kamen von dort. Dazu acht US-Amerikaner, drei Tschechen, zwei Ungarn sowie eine Polin, ein Franzose und ein Japaner. Natürlich hatte die Bücherverbrennung für diese Autoren nicht jene existenzbedrohende Bedeutung, die sie für deutschsprachige Autoren hatte – eine bedrohliche Geste und eine Kränkung war es schon. Ihr Leben war vorerst nicht in Gefahr, und die meisten konnten nach dem großen Feuer weiterhin in ihrer Muttersprache publizieren.

Trotzdem lohnt ein Blick auf die Namen der Weltautoren, die 1933 als so gefährlich galten, dass man sie aus deutschen Regalen entfernen zu müssen glaubte.

Natürlich **Maxim Gorki** (1868–1936), der 1927 in die Sowjetunion zurückgekehrt und in jenen Jahren endgültig zum sowjetischen Staatsschriftsteller gemacht worden war, obwohl eigentlich nur sein Roman *Die Mutter* (1906) den strengen Anforderungen unter Stalins Regime genügte. Doch man überhäuft den Sechzigjährigen mit Auszeichnungen, er wird Mitglied des Zentralkomitees der KPDSU, und 1932 wird seine Heimatstadt Nischni Nowgorod offiziell in Gorki umbenannt. Ausgerechnet in jenen Jahren, in denen Stalins Säuberungsexzesse ihrem Höhepunkt entgegeneilen, verliert dieser Mann, der sich unter Lenin stets eine kritische Distanz zum Regime bewahrt hatte, den wachen Blick für die Situation. Noch im Nachruf auf Lenin, den Gorki seit 1905, seit sie gemeinsam bei der Zeitschrift *Neues Leben* gearbeitet hatten, kannte, schreibt er über ihre Gespräche: »Oft hatte ich Gelegenheit, mit Lenin über die Grausamkeit der revolutionären Taktik und der neuen Zustände zu sprechen. ›Was wollen Sie?‹, fragte er mich erstaunt und zornig. ›Ist Menschlichkeit denn möglich in einem so unerhört wütenden Kampf? Ist Weichherzigkeit und Großmut bei uns am Platz?‹« Darüber stritten sie sich lang und oft. Gorki hat sich immer wieder für Gefangene eingesetzt, und er behauptet, jeder Wunsch sei ihm erfüllt worden. Trotzdem ging er lieber ins Ausland. Nach Berlin, Bad Saarow und nach Sorrent, um seine Tuberkulose zu kurieren – und dem Regime fern zu sein.

Aber auch unter Stalin, als er vordergründig ganz und gar von den Schmeicheleien und Ehrungen korrumpiert zu sein schien, hat er sich noch für verfolgte und inhaftierte Schriftsteller eingesetzt. **Isaak Babel** (1894–1940), der mit den unheroischen Berichten aus dem russisch-polnischen Krieg von 1920 in seinem Buch *Die Reiterarmee* (1926) bei Stalin längst in Ungnade gefallen war, verdankte Gorki seine – vorläufige – Rettung. Es heißt, nachdem sich Gorki bei Stalin für Babel eingesetzt hatte, habe dieser bei einem Staatsbankett geraunt, so schlecht sei das Buch von diesem Babel ja gar nicht. Daraufhin hatte der zunächst Ruhe. Doch er wusste, wem er diese Gunst verdankte, und als Gorki erkrankte, verfiel Babel in Panik. »Er ist der einzige Mensch, der auf meiner Seite ist«, rief er. Als Gorki am 18. Juni 1936 unter bis heute nicht ganz geklärten Umständen starb, schildert Erwin Schinko die Folgen in seinem Tagebuch so: »Babel betrauert Gorki, als hätte er seinen eigenen Vater verloren. Alle hier haben das schreckliche Gefühl, als sei mit Gorkis Hinscheiden ein Unheil über sie hereingebrochen, ein Unheil, das man nicht abwenden kann oder, noch richtiger: als seien sie alle auf unheimliche Weise noch stärker bedroht, seitdem es Gorki nicht mehr gibt.«

Gorki war eine Art Schutzpatron der Schriftsteller gewesen. Der Schutz war ihnen genommen, der Vater gestorben. Jetzt kannte das Regime keine Gnade mehr. Es ist beinahe überraschend, dass Isaak Babel erst im Mai 1939 inhaftiert wurde. Am 27. Januar 1940 wurde er im Gefängnis Butyrka erschossen.

Ich kenne keine traurigere, beklemmendere Geschichte eines Juden-Pogroms als jene aus Odessa, die Isaak Babel über den kleinen Talmudschüler mit »Brille auf der Nase und Herbst im Herzen« und seinen Taubenschlag geschrieben hat. Ein ganzes, kurzes Leben lang hatte er sich Tauben gewünscht. Und am Tag, als er sie endlich nach Hause trägt, bricht die Welt entzwei. Die Welt der Juden von Odessa: »Ich lag auf der Erde, und die Innereien des zerschmetterten Vogels rutschten mir die Schläfe hinunter. Sie klebten an meinen Wangen, bespritzten mich mit Blut und blendeten mich. Die zarten Innereien der Taube klebten an meiner Stirn, und ich schloß das bisher offene Auge, um diese Welt vor mir nicht zu sehen. Diese Welt war klein und grausam. Ein Kiesel lag vor meinen Augen, ein Kiesel, der zerfurcht war wie das Gesicht einer Greisin mit großem Gebiß. Ein Stückchen Schnur ringelte sich unweit von mir, und daneben lag eine Handvoll Federn, die mir zu atmen schienen. Klein und grausam war diese meine Welt. Ich schloß die Augen, um sie nicht zu sehen, und preßte mich an die Erde, die ruhig und stumm unter mir lag.«

Nicht wenige der Autoren, deren Bücher 1933 in Deutschland verbrannt wurden, sind später auch in der Sowjetunion in Ungnade gefallen. Einige konnten schon damals keine Bücher in der Sowjetunion mehr veröffentlichen. Die Lage war unübersichtlich. Jederzeit konnte alles passieren. Die Bücher eines Autors verschwanden aus den Buchhandlungen, und manchmal verschwand kurz darauf der Autor selbst. Die Geschichte der sowjetischen Autoren jener Zeit ist eine Geschichte für sich. Wie war das mit **Alexandra Kollontai** (1872–1952), die sich schon 1899 im Kampf für die Gleichberechtigung der Frau den Marxisten angeschlossen hatte, immer wieder Bücher über die notwendige sexuelle Emanzipation der Frau geschrieben hatte, von denen etwa der Band *Die Liebe der Arbeitsbienen* 1925 mit großem Erfolg auf Deutsch erschienen war. Sie war immer parteitreu und kämpferisch im Dienste der Revolution in der Welt unterwegs gewesen, arbeitete viele Jahre, noch bis 1945, als Gesandte in Norwegen, Mexiko und Schweden, ihre Bücher durften aber seit 1927 in der Sowjetunion nicht mehr gedruckt werden. Eine verbotene Autorin als Botschafterin ihres Landes. Oder **Nikolai Ognjew** (1888–1938), der nach der Revolution das erste Moskauer Kindertheater gegründet hatte, mit dem fingierten *Tagebuch des Schülers Kostja Rjabzew* (deutsch 1928) auch in Deutschland bekannt geworden war, nach seinem Tod 1938 aber in den Annalen der Sowjetliteratur für die nächsten dreißig Jahre gestrichen wurde, da sein Schüler-Tagebuch die radikale Schulreform der schülerischen Selbstverwaltung allzu kritisch geschildert hatte. **Fjodor Sologub** (1863–1927), der die hoffnungslosesten, düstersten, todesverliebtesten Novellen jener Jahre schrieb. Oder **Ilja Ilf** (1897–1937), dessen Roman *Zwölf Stühle,* den er zusammen mit **Jewgeni Petrow** (1903-1942) geschrieben hatte, ein Welterfolg wurde, aber damals schon, 1928, nicht ohne Eingriffe der sowjetischen Zensur erschienen war. Es war ein letztes großes Lachen, bevor in Stalins Reich die Kälte der Aufbaupropaganda-Romane beginnen sollte. In dem Roman verrät eine sterbende alte Dame ihrem Schwiegersohn das Geheimnis wertvoller Juwelen, die sie in einem von zwölf Stühlen aus ihrem Besitz verborgen hat. Leider verrät sie das Geheimnis nicht nur dem Schwiegersohn, und so beginnt eine wahnwitzige Reise durch das ganze Sowjetreich, denn die Stühle wurden längst in alle

Ecken des Landes verkauft. Das Buch endet mit einem treu-sozialistischen Aufbauwitz: Als der gehetzte Schwiegersohn am Ende seiner großen Suche endlich beim richtigen Stuhl angekommen ist, muss er erfahren, dass eifrige Arbeiter die Juwelen längst gefunden und einen schicken Arbeiter-Club mit dem Erlös erbaut haben.

Das Buch wurde in fünfzehn Sprachen übersetzt, und bis heute ist die Geschichte sieben Mal verfilmt worden. Ilf war ein großer Satiriker, reiste mit seinem Kompagnon Petrow durch Amerika und die Welt. Er starb früh an Tuberkulose. In seinen letzten Lebensjahren war er verzweifelt. »Wie soll man jetzt schreiben?«, fragte er Ilja Ehrenburg während seines letzten Aufenthalts in Paris. »In Zeitungsfeuilletons darf man sture Bürokraten, Diebe und Schufte entlarven. Name und Adresse genannt, na schön – eine ›Entartungserscheinung‹. Aber wehe, man schreibt eine Erzählung, da ist das Geschrei groß: Verallgemeinerung, völlig untypischer Fall, Verleumdung …« Und am Ende notiert er in sein Tagebuch: »Dieser furchtbare, eisige Frühlingsabend – Kälte und Angst beschleichen das Herz. Scheußlich, was ich für ein Pech habe.«

Ein ungeheuer erfolgreicher Vorläufer von Ilfs und Petrows satirischem Roman erschien ein Jahr zuvor in der Zeitschrift *Das Feuerchen* in einer Auflage von einer halben Million Exemplaren. Es war ein Gemeinschaftsroman von 25 Autoren, die zusammen eine große Satire auf die neue Zeit, den unbedingten Fortschrittsglauben und den Arbeitereifer unter dem Titel *Die großen Brände* (1927) geschrieben hatten. Jeder Autor schrieb ein Kapitel, der nächste baute darauf auf, bis ein phantastisches, unheimliches und herrlich komisches Untergangspanorama einer brennenden Welt entstanden war. Viele der beteiligten Autoren – Isaak Babel, Wera Inber, Leonid Leonow, Juri Libedinski, Wladimir Lidin und andere – gehörten sechs Jahre später zu den verfemten Schriftstellern in Deutschland. Die Geschichte handelt von unerklärlich ausbrechenden Bränden in einer russischen Provinzstadt. Es kann jederzeit und überall passieren. Es sind Schmetterlinge, die das Feuer bringen. Und am Ende des Buches liest man mit Schaudern: »Ich erkläre die Arbeit der Kommission zur Liquidierung des Romans ›Die großen Brände‹ für beendet. Alle Helden des

Romans, und ebenso die Einwohnerschaft der Stadt Slatogorsk, sind entlassen. Da Slatogorsk selbst nicht mehr benötigt wird, schaffe ich die Stadt ab. Die Fortsetzung der Ereignisse – lest sie in den Zeitungen, sucht sie im Leben! Verliert die Verbindung zum Leben nicht! Schlaft nicht! ›Die großen Brände‹ sind vorüber, noch größere stehen uns bevor.«

Dem großen Brand in Deutschland im Mai fielen außerdem die Bücher der sowjetischen Autoren **Nikolai Bogdanow** (1907–1972), **Fjodor Gladkow** (1883–1958), **Josef Kallinikow** (1890–1934), **Valentin Katajew** (1897–1986), **Michail Kuzmin** (1875–1936), **Alexander Newerow** (1886–1923), **Fjodor Panferow** (1896–1960), **Leonid Pantelejew** (1908–1987), **Lidija Sejfullina** (1889–1954), **Michail Soschtschenko** (1895–1958) und **Alexander Serafimowitsch** (1863–1949) zum Opfer, oder sie standen zumindest auf der Liste. Ebenso wie die Polin **Helena Bobinska** (1887–1968), die Ungarn **Béla Illés** (1895–1974) und **Andreas Latzko** (1876–1943) und der Tscheche **Ivan Olbracht** (1882–1952).

Und jetzt – blicken wir einmal kurz nach Berlin hinüber. In das luxuriöse Arbeitszimmer eines Redakteurs der *Frankfurter Zeitung*. Es ist immer noch das Jahr 1927. Ein wohlbeleibter Redakteur sitzt in seinem Redaktionsstuhl, neben ihm sitzt Joseph Roth. Die beiden haben einen russischen Roman-Autor zu Gast, dessen Ruhm in Deutschland und in der Sowjetunion gerade erst zu wachsen beginnt. Drei Romane hat er geschrieben, die gleichzeitig in der Sowjetunion und in Deutschland erscheinen und nicht unbedingt den Parteistandpunkt wiedergeben. Die *Frankfurter Zeitung* will Reportagen von ihm veröffentlichen. Der Russe ist zurückhaltend, und Joseph Roth gibt ihm in gebrochenem Russisch zwei goldene Geschäftsregeln des Journalismus an die Hand: »Sagen Sie ihm – weggestrichen werden darf nichts, und verlangen Sie mehr, die haben viel Geld.« Der russische Autor ist **Ilja Ehrenburg** (1891–1967). Er hat sich später in seinen Memoiren dankbar an Joseph Roth erinnert. Und die Lebens-, Werk- und Wirkungsgeschichte dieses Mannes lässt sich wirklich nicht mit wenigen Worten umreißen. Vielleicht beschreibt man dieses wunderliche Leben zwischen Anpassung, Protest, Schlauheit, Propaganda und Opposition am besten in dem Satz: Der Mann, der später Isaak Babel seinen besten und treuesten Freund nannte, diente in den Jahren, nachdem dieser ohne Angabe von Gründen erschossen worden war, ebenjenem Staat, der das zu verantworten hatte, mit zahllosen Propaganda-Artikeln. Ehrenburg war ein Mann unendlicher Widersprüche, ein Kämpfer für die Revolution, anfangs oft auf der falschen Seite, aber bald schon fast immer auf der richtigen, gerade so noch ungefährdeten Seite. Nach seinem Buch *Tauwetter* (1956) wurde eine ganze weltgeschichtliche Epoche benannt, er hat, sobald es möglich war, für die Rehabilitierung verfemter Schriftsteller unter Stalin gekämpft. Er besaß einen erstaunlichen Möglichkeitssinn und hat sich damit ein Leben lang aber auch korrumpiert. Und manchmal kleine Heldentaten vollbracht. Seine Memoiren *Menschen Jahre Leben* (1961–66) gehören zu den spannendsten Büchern der Epoche. Aber es finden sich darin Sätze, wie etwa in dem unglaublich liebevollen, poetischen Kapitel über Isaak Babel, die einen schaudern lassen: »Babel gehörte zu denen, die mit ihrem Kampf, mit ihren Träumen, mit ihrem Tod für das Glück kommender Generationen zahlten.« Was für ein schauderhaftes Glück sein bester Freund kommenden Generationen mit seinem elenden Tod da erkauft haben mag, wird für immer Ehrenburgs schäbiges Geheimnis bleiben.

An einer Stelle schreibt Ehrenburg wie erstaunt über sich selbst und sein wechselvolles Leben: »Es sind nicht wenige Irrtümer, die ich in diesem Buch einzugestehen habe: Allzuoft nahm ich meine Wünsche für die Wirklichkeit.«

Eine seiner Heldentaten war die Sammlung von Berichten für sein *Schwarzbuch* (1980): das erste umfassende Berichtsbuch über den Genozid an den sowjetischen Juden, das er zusammen mit dem Reporter und Schriftsteller Wassili Grossman zusammenstellte und lange Jahre nicht veröffentlichen durfte.

Es heißt, **Schalom Asch** (1880–1957), ein weiterer Autor auf der Liste der verfemten Bücher, habe ihn dazu angeregt.

Das führt uns zu den amerikanischen Autoren, die 1933 brannten. Asch wurde 1880 im polnischen Städtchen Kutno geboren. Für seine Familie gehörte die Flucht nach Amerika zum allgegenwärtigen Zukunftstraum: »Zu meinen frühesten Kindheitserinnerungen gehört das Wort ›Amerika‹«, hat er einmal geschrieben; durch die Straßen seines Heimatstädchens »wälzte sich der

Strom der jüdischen Emigration nach Amerika, die nach den Pogromen der 1880er Jahre in Russland einsetzte. Die Auswanderer mußten sich über die deutsche Grenze schmuggeln, und noch heute sehe ich sie vor mir, wie sie in den Höfen der Fuhrleute in unserer Nachbarschaft lagerten, die ihnen als Versteck dienten; auf den Gepäckstücken waren die kleinen Teekannen aus Blech befestigt. Ich hatte immer ein Vorgefühl, daß auch wir einmal an die Reihe kommen würden«, schreibt er in der Erzählung *Das Städtchen,* die 1909 auf Deutsch erschien. Asch schrieb in jiddischer Sprache. Auf Deutsch zu schreiben hatte er in frühester Jugend begonnen. Er hatte heimlich die blauen Bände der deutschen Klassiker-Ausgaben aus dem Regal des Vaters entwendet und in diesem Geiste, wie er fand, selbst geschrieben. Seine Mutter war entsetzt, und seine frühen deutschen Werke »wurden nach dem Muster der Inquisition zum Feuertod verurteilt, und ich hatte die Ehre, daß meine eigenen Schriften in demselben Feuer verbrannten wie die deutschen Klassiker. An unseren Geisteskindern sott meine Mutter einen Topf Kartoffeln gar«. Mit bitterem Spott fügt Asch im Rückblick an: »Ich sah nur zwei Möglichkeiten vor mir: entweder mir das Leben zu nehmen oder in die Welt zu gehen.« Er entschied sich für die Welt. Hermann Kesten, der auch Asch zu seinen Freunden zählte, erinnert sich in seinem Freundschaftsbuch: »Da saßen Stefan Zweig und René Schickele, Joseph Roth und Annette Kolb, und er (Asch) erzählte mit Wehmut und mit Gelächter alte und neue jüdische Legenden mit unerschöpflichen Details, als wäre er überall Augenzeuge gewesen … Er war voll von jüdischer Folklore und jüdischem Geist und war unter Juden und Christen und Antisemiten so ruhig stolz seines Judentums bewußt, als wäre alle Welt jüdisch und sollte eigentlich alle Welt Jiddisch sprechen und als wären die Juden in der Tat das Volk Gottes und die Christen in der Tat nur eine jüdische Sekte.«

Auch sein nicht mit ihm verwandter Namensvetter **Nathan Asch** (1902–1964), der Englisch schrieb, 1902 in Warschau geboren worden war und schon seit 1915 in den USA lebte, gehörte zu den verbrannten Autoren. Er hatte früh als Börsenmakler gearbeitet und kam 1923 zurück nach Europa, nach Paris. Klaus Mann druckte in seiner *Sammlung* Ausschnitte aus den deutschen

Übersetzungen seiner Romane, bevor sie im Budapester Biblos Verlag erschienen. 1936 ging Asch zurück nach Hollywood, wo er als Filmautor arbeitete.

Ansonsten hatte man sich die Stars des amerikanischen Romans ausgesucht, die als sozialistisch oder pazifistisch galten. **Jack London** (1876–1916) etwa ist einer der wenigen Autoren, die man auch nach ihrem Tod für so gefährlich hielt, dass man ihre Bücher verbrennen musste. Londons Bücher waren in Deutschland ungeheuer populär, und auch sein Austrittsbrief an die Genossen der Sozialistischen Partei Amerikas, die er kurz vor seinem Tod im Jahr 1916 verlassen hatte, war bis nach Europa bekannt geworden: »Teure Genossen, ich verzichte auf die Mitgliedschaft der Sozialistischen Partei, weil es ihr an Feuer und Kampfgeist gebricht und weil sie die Energie im Klassenkampf verloren hat …«

In diesem Ton hätte vielleicht Jahre später **Ernest Hemingway** (1899–1961) schreiben können, der mit seinem frühen Kriegsbuch *In einem anderen Land* (1929) auf die Liste gekommen war. Gerade zurückgekehrt von seinem Aufenthalt in Ronda, wo er den Essay *Tod am Nachmittag* (1932) abgeschlossen hatte, war 1933 für Hemingway ein deprimierendes Zwischenjahr, in dem er seine dunkelsten Novellen schrieb und unter dem Titel *Der Sieger geht leer aus* sammelte. Im November begibt er sich mit seiner Frau auf eine große Reise durch Afrika, wo er am 16. Januar zum ersten Mal den Schnee auf dem Kilimandscharo erblickt. Zweieinhalb Jahre später trifft Ilja Ehrenburg ihn in Madrid: »Er wohnte auf der Gran Via im Hotel ›Florida‹, nicht weit vom Telegrafenamt, das dauernd im faschistischen Feuer lag. Das Hotel hatte einen Bombenvolltreffer erhalten. Niemand blieb wohnen, nur Hemingway. Auf einem Spirituskocher brühte er sich Kaffee, aß Apfelsinen, trank Whisky und schrieb ein Stück über die Liebe.« Und Hemingway soll gesagt haben: »Ich kenne mich in der Politik nicht recht aus, und ich mag sie auch nicht. Aber was Faschismus ist, das weiß ich. Hier kämpfen die Menschen für eine gute Sache.«

Da war sich sein früherer Freund **John Dos Passos** (1896–1970), der mit *Manhattan Transfer* (1925) den modernen Großstadtroman erfunden und mit seinem frühen Antikriegsbuch *Three*

Soldiers (1921) deutsche Nationalisten gegen sich aufgebracht hatte, nicht mehr ganz so sicher. Doch, der Faschismus war schlecht und gefährlich, aber zur Zeit des Spanischen Bürgerkriegs entzweite sich der frühere glühende Sozialist Dos Passos mit seinem Freund Hemingway, schrieb vernichtende Artikel gegen den sowjetischen Kommunismus und den Roman *The Big Money* (1936), in dem er einen gläubigen, idealistischen Jungkommunisten am Betondenken der Partei zerschellen lässt.

Zu den Auszusondernden im neuen Deutschland gehörte auch das Jugendgenie **Robert Carr** (1909–1994), der im Alter von fünfzehn Jahren schon Reportagen für die großen amerikanischen Magazine schrieb und mit neunzehn mit seinem Roman *The Rampant Age* (1928) debütierte, der schon ein Jahr später unter dem Titel *Wildblühende Jugend* auf Deutsch erschienen war. Carr fiel ansonsten vor allem durch einen entschlossenen Glauben an Außerirdische und UFO-Beobachtungen auf und durch seinen starken Verdacht, dass die US-Behörden Überlebende eines UFO-Absturzes in geheimen Labors ins Leben zurückzubringen versuchten.

Außerdem standen auf der Liste der 1882 in Berlin geborene Jude **Ludwig Lewisohn** (1882–1955), der mit seiner Familie 1890 nach South Carolina ausgewandert war, und der Sozialrevolutionär **Upton Sinclair** (1878–1968), der schon 1905 mit seinem Anklagebuch *The Jungle* gegen die Arbeitsbedingungen in der amerikanischen Fleischindustrie großen Aufruhr verursacht und eine Änderung der Arbeitsschutzgesetze bewirkt hat. Gleich sein erstes Honorar investierte er in eine utopische Kommune in New Jersey, die bereits vier Monate nach Sinclairs Einstieg abbrannte. Sinclairs Bücher waren im restlichen Europa viel populärer als in seinem Heimatland. Und Sinclair war ein Idealist, der noch nach dem Zweiten Weltkrieg dem erfolglosen, träumerischen, welteinheitsfantasierenden Autor Rudolf Geist, den wir vom Anfang des Buches kennen, durch die Überlassung der deutschen Rechte seines neuesten Romans Geists Kleinverlag finanziell auf die Beine helfen wollte. Was leider auch erfolglos blieb.

Einen ›mudraker‹ – Schlammaufwühler – hatte ihn Präsident Roosevelt genannt, und Sinclair hat mehrmals versucht, mit

radikalen Anti-Armutsprogrammen aktiv in die Politik einzu-
steigen. Immer erfolglos. Und auch seine Bücher brachte er in
den USA oft genug im Selbstverlag heraus.

Auf der Liste fehlen amerikanische Autoren wie F. Scott
Fitzgerald oder William Faulkner zum Beispiel. Doch noch im
Jahr 1937 erschien in Berlin, im S. Fischer Verlag, eine Antho-
logie amerikanischer Erzähler mit Short Stories von Conrad
Aiken, Thomas Wolfe und eben Fitzgerald und Faulkner. Die
Einleitung ist beinahe euphorisch: »Stärker als je zuvor sind die
Schriftsteller der jüngsten Literaturgeneration Amerika, seiner
Erde und seinem Volk, verhaftet und empfangen von dort die
lebendigsten Impulse ihres Schaffens, und mehr als irgendeine
frühere Generation erscheint das neue Amerika dazu berufen,
Ausmaß und Tiefe des großen Kontinents in allen seinen Le-
bensäußerungen zu gestalten.«

Eine sonderbare Hymne auf die neue Macht im Westen und
ihre Schriftsteller. »Seiner Erde und seinem Volk verhaftet«, »die
Tiefe des großen Kontinents gestalten«, das war eigentlich das
Vokabular, mit dem man die vorbildliche Literatur des eigenen
Landes neuerdings bedachte. Amerika und England − es findet
sich kein einziger englischer Autor auf der Liste − wurden in
der Literaturpolitik der ersten Jahre eher freundlich behandelt.
Der Feind war die Sowjetunion und die sowjetische Literatur.
Darum vor allem ging es. Und das konnte auch die »sowjetische Literatur« aus anderen Weltteilen betreffen. Zum Beispiel
den Einzigen aus Frankreich: **Henri Barbusse** (1873−1935), Kommunist und Stalin-Biograph, der mit seinem Tagebuch-Roman
Das Feuer, aus den Schützengräben des Ersten Weltkriegs, den
er schon im Dezember 1915 abgeschlossen hatte, das Vorbild
für die später geschriebenen Antikriegsbücher aus Deutschland
abgegeben hatte. Ein Fanal gegen das Morden in Europa. Voller
Pathos des Schreckens und der Hoffnung auf eine andere, eine
bessere Welt. Und einen Tod im Feld, der vielleicht doch nicht
ganz umsonst gewesen sein kann: Wenn die Welt die Zeichen
versteht und die richtigen Lehren zieht, die aus diesem Krieg
zu ziehen sein werden. Zwei sterbende Soldaten rufen sich am
Ende die Botschaft des Buches zu: »Der Soldatenruhm ist eine
Lüge, wie alles, das im Krieg nach Schönheit riecht«, ruft der

eine, und sie fragen sich: »Aber kannst du das jemandem sagen?‹ stieß röchelnd einer hervor, dessen verdrecktes Gesicht von einer widerlichen Hand verborgen schien. ›Verfluchen, auf den Scheiterhaufen bringen würden sie dich! Sie haben um den Säbel eine Religion gebaut, die ebenso gemein, dumm und verbrecherisch ist wie die andere!‹ Er richtete sich auf, brach zusammen, richtete sich wieder auf. Unter dem Schmutzpanzer war er verwundet, Blut tropfte herab, und als er ausgesprochen hatte, sah er mit weitaufgerissenen Augen das Blut, das er zur Genesung der Welt geopfert hatte ...«

Solches Pathos war **Jaroslav Hašek** (1883–1923) fremd. Sein *Braver Soldat Schwejk* (1921–23), ein späterer Weltstar der Friedensfreunde in zahllosen Filmen, Theaterstücken, Nachdichtungen und Fortsetzungsversuchen, macht den Krieg durch seine weise, widerständige Dummheit lächerlich. »Sind Sie blöd, Schwejk?«, will der Militäroberarzt von ihm wissen und erfährt aufs freundlichste vom braven Soldaten: »Melde gehorsamst, ich bin blöd.« So ist der Schwejk, Hundeverkäufer in den Jahren vor dem Krieg, der noch dem vermischtesten Mischling einen reinrassigen Stammbaum bescheinigt, Anarchist des Herzens, der während des Krieges durch seine Treuherzigkeit und scheinbar übereifrige Pflichterfüllung die perfekt organisierte Befehlsordnung der Welt beinahe zum Einsturz bringt. Sein Erfinder ähnelte in vielem seinem Helden, musste 1915 an die russische Front. Ließ sich gefangennehmen, wechselte die Seite, kämpfte in der Roten Armee, trat 1918 der Kommunistischen Partei Russlands bei, kehrte 1920 in seine Heimatstadt Prag zurück, wo er das Schreiben am *Schwejk* begann. Der Roman erschien in wöchentlichen Folgen, und die Leser liebten ihn von Anfang an. Doch Hašek hat ihn nicht vollenden können. Er starb am 3. Januar 1923. Aber auch zehn Jahre später war der Roman noch gefährlich genug, um auf die Liste zu kommen. Denn auch sein Freund **Karel Vanek** (1887–1933), der Fortsetzung und Ende des Romans nach Hašeks Tod geschrieben hatte, kam mit auf die Liste.

Die reichte sogar bis nach Japan. Ja, ein einsamer japanischer Autor wird erwähnt. **Sunao Tokunaga** (1899–1958) war ein arbeitsloser, unbekannter Druckereiarbeiter, als er sich 1929 hinsetzte und den Roman des großen Streiks der 2000 Arbeiter in der Kyodo-Druckerei in Tokio im Jahr 1926 aufschrieb. Es ist eine sozialistische Heldengeschichte aus Japan. 2000 Mann kämpfen gegen die Einführung der Kurzarbeit in ihrem Betrieb – mit aller Macht, gegen alle Gewalt, die Arbeitgeber und die Polizei. Sie kämpfen erfolglos. Die Kurzarbeit kommt. Tausend Streikende werden entlassen. Tokunaga war einer von ihnen, und er hat der japanischen Arbeiterbewegung ihr Heldenepos geschrieben. *Die Straße ohne Sonne* hat er seinen Roman genannt. »Die Straße ohne Sonne« hat man danach die Straße in Tokio genannt, in der die Druckerei noch lange stand. In einer deutschen Ausgabe aus dem Jahr 1960, die ich gelesen habe, heißt es im Nachwort, die Druckerei stehe heute noch da. Und die Straße heiße noch heute »Die Straße ohne Sonne«.

Fliegen mit Bilsenkraut | 22

Max Barthels Wanderschaften von links nach rechts und in die Isolation. Hanns Heinz Ewers – Handschlag mit Hitler, Drogen, Hypnose und der neue Mensch aus dem Geist einer Wunderwurzel. Karl Jakob Hirsch macht Kaiserwetter und geht unter. Leo Hirsch – Kaiserliebe, Judenriten. Fritz Bley ist der Kolonialherr und König der Jagd und Arthur Rümann ein Kunsthistoriker auf Abwegen. Eva Leidmann – bayrischer Damenwitz und Harlans Autorin

Sein letztes Buch hieß *Kein Bedarf an Weltgeschichte* (1950). Es ist die autobiographische Bekenntnisschrift eines Wanderers zwischen den Welten. Die Geschichte eines frühen Kommunisten, Revolutionärs und Kriegsgegners, der schon 1916 aus dem Felde mit seinen *Versen aus den Argonnen* Gedichte gegen den Krieg geschrieben und veröffentlicht hat, am Spartakus-Aufstand teilnahm und 1920 und 1923 in die Sowjetunion reiste, in das Land seiner Träume. Und er kehrte zurück als desillusionierter Dichter mit nichts als enttäuschten Hoffnungen und einer Sehnsucht, die blieb. Es ist die Geschichte, wie **Max Barthel** (1893–1975) sie erlebt hat. Der Sohn eines Maurers hatte sich schon als jugendlicher Fabrikarbeiter dem sozialistischen Jugendbund angeschlossen. Später, nach dem Krieg, ist er unendlich viel gewandert. War immer unterwegs, in Deutschland, Österreich, der Schweiz, Frankreich und den Niederlanden, gab die Zeitschrift *Sichel und Hammer* der Internationalen Arbeiterhilfe heraus und veröffentlichte die Berichte seiner Wanderungen als großformatige Bücher im Verlag der Büchergilde Gutenberg. Und immer ist in diesen staunend tippelnden Wanderbüchern von dieser Sehnsucht die Rede; »zweites Dasein« hat er das genannt. Am Ende seines Wanderbuches *Deutschland* von 1926 heißt es: »Auch auf dem Brocken erfaßte sein Herz noch einmal die Idee vom zweiten Dasein, das der Mensch schon hier auf Erden erleben kann. Die Arbeit war das erste Dasein. Sehr oft war es überhaupt gar kein Dasein, sondern nur Sterbeangst und ein wenig Wollust vor dem Tode. Aber teilhaftig werden aller Dinge, die über der Arbeit stehen, weil sie aus ihr quellen, teilhaftig werden der Vertausendfältigung und Vergeistigung des Blutes: Aufschwung im Sozialismus – das war das zweite Dasein!« Und er endet: »Wir alle leben ja nur auf einer Wanderschaft. Es ist ein langer Weg nach Deutschland. Aber dort liegt unser Herz.« So wanderte er dahin, wurde Mitglied der Sozialdemokratischen Partei, von seinen früheren Freunden bei den Kommunisten verachtet und gehasst.

Und dann kam das neue Regime, das neue Deutschland, Barthel stand auf der Liste der undeutschen Bücher, aber Barthel wollte mitmachen. Vielleicht war das ja jetzt sein Deutschland, vielleicht war das die Verwirklichung seines Traumes vom zweiten Dasein. Und als Gottfried Benn den Emigranten hämische Briefe schrieb, schrieb Barthel mit – weniger als einen Monat nach der Verbrennung seiner Erzählung *Die Mühle zum Toten Mann* (1927): »Die über die Grenze gegangen sind, haben das Recht verwirkt, über Deutschland zu reden und zu schreiben. Sie sind viel zu schnell über die Grenze gegangen, den meisten wäre kein Haar gekrümmt worden.« Ist es nicht erstaunlich, dass in diesen ersten Monaten der neuen Macht auch ein kleiner Wanderschriftsteller sich so emporgehoben fühlt, wenn er denn mitmachen darf, bei den neuen Zeiten in dem neuen Land? So emporgehoben, dass er sich berechtigt fühlt, einem Heinrich Mann, einem Kurt Tucholsky, einem Erich Maria Remarque das Recht abzusprechen, über Deutschland zu schreiben? Was ging in diesen Menschen vor? Welche Allmachtsdrogen wurden da ausgegeben? Es ist immer wieder nicht zu glauben!

Und er fährt fort: »Und für mich als alten Sozialisten, als Sohn eines Maurers, als Menschen, der lange Jahre in den Fabriken geschafft hat, waren zwei Dinge für meine Einstellung entscheidend; erstens: die Einigung Deutschlands durch die Nationalsozialisten, und zweitens: das Zurechtrücken der Arbeit in das Zentrum der Betrachtung.«

Barthel wird für seinen Einsatz mit dem Posten des Schriftleiters bei der von den Nazis übernommenen »Büchergilde« belohnt. Doch nach einem Jahr ist der Traum aus. Barthel wird entlassen, zieht sich zurück, gibt keinerlei Kommentar zu den politischen Ereignissen mehr ab, veröffentlicht noch einige Reiseberichte und Erzählungen aus der Erinnerung heraus und lässt in dem Roman *Die Straße der ewigen Sehnsucht* aus dem Jahr 1941 den Erzähler sagen: »Im Volke findet der Einzelne die Erfüllung. Er war auch nicht mehr der junge Träumer, der blind an den Kämpfen des Volkes vorübergehen durfte. Er mußte sich entscheiden.«

Max Barthel war restlos desillusioniert. Ja, er hatte sich entscheiden müssen. Und er hatte sich wieder einmal falsch entschieden. Oder besser: Er musste einsehen, dass es eine richtige Entscheidung für ihn nicht gab.

Nach dem Krieg zog er von Dresden, wo die neuen Besatzer seine Bücher verboten hatten, in den Westen, ins Rheinland nach Bad Breisig. Er lebte dort zurückgezogen in einem kleinen Haus, schrieb Chorstücke und die Geschichte seines Lebens, in der er die Summe zog aus allem: »Kein Bedarf an Weltgeschichte«.

Acht Tage nach der Verbrennung seiner Bücher richtete der deutsche Schriftsteller **Hanns Heinz Ewers** (1871–1943) im Hotel Kaiserhof in Berlin bei einem Empfang für deutsche Schriftsteller und Verleger eine kurze Begrüßungsansprache an den Propagandaminister Joseph Goebbels. Ewers würdigte den Minister, der am 10. Mai 1933 die Feuerrede am Rande jenes Scheiterhaufens gehalten hatte, auf dem Ewers' Romane *Alraune* (1911) und *Vampir* (1920) brannten, als großen Schriftsteller und Redner. Und bat ihn und die neue Regierung, die schützende Hand über die deutschen Schriftsteller und Verleger zu halten, um die so lang ersehnte Einheit zwischen Schrifttum und Verlegertum zu verwirklichen. Am Ende seiner Rede übergab Ewers dem Minister eine vom Berliner Bildhauer Walter Wolk geschaffene Hitlerbüste.

Was für eine bizarre Szene! Eben noch verbrannt, jetzt schon wieder mit Hitlerbüste unter dem Arm Goebbels' Hände schütteln.

Will Vesper, der neue Großschriftsteller des neuen Reiches, traute seinen Augen nicht. Unter der Überschrift »Wie lange noch H.H. Ewers? – Neue Frechheiten des Schmutz- und Schundliteraten« schäumte Vesper in der Zeitschrift *Neue Literatur*: »Daß auf einer Versammlung Berliner ›Schriftsteller‹ und Verleger, wie es heißt, dem Burschen erlaubt wird, als Vertreter deutschen Schrifttums sich Herrn Reichsminister Dr. Goebbels durch eine Begrüßungsansprache zu nähern, ist ein Verbrechen, das wir im Namen aller anständigen deutschen Schriftsteller zurückweisen müssen, auch wenn Herr H.H. Ewers, offenbar zu seinem Schutze, eine Hitler-Büste im Arm hatte. Man muß den dafür Verantwortlichen immer wieder deutlich sagen, daß jede Verbindung des Namens unserer Führer mit dem schlimmsten deutschen Schund- und Schmutzliteraten auf alle anständigen Deutschen wie eine verlorene Schlacht im Kampfe gegen den Kulturbolschewismus wirkt.«

Doch Ewers fühlte sich in diesen ersten Monaten des neuen Reichs unangreifbar und sicher auf der Seite der Macht. Wie um Vesper und seine Freunde noch weiter zu reizen, diktierte er einem französischen Journalisten, der ihn zum Interview getroffen hatte, in den Block: »Die meisten der nationalen deutschen Schriftsteller sind jung, voll Talent, aber noch unbekannt. Es gibt unter ihnen nur einen von wirklich internationalem Gewicht, und das bin ich.« Man kann sich die anschwellende Halsschlagader des neuen Repräsentationsschriftstellers Vesper bei der Lektüre dieses Artikels gut vorstellen. Er wird alles dafür tun, dass dieser Mann verschwindet. Es ist dafür auch keine allzu große Anstrengung nötig. Ewers wird verschwinden. Dafür werden schon andere sorgen. Seine Bücher werden verschwinden, seine Frechheiten, seine Hybris – für immer.

Was war das für ein Mann? Was war das für ein Schriftsteller? Woher kam dieser unglaubliche Übermut, dieser Größenwahn, ja Wahnsinn fast? Vielleicht waren es ja die Drogen. Ewers hat früh, sehr früh den Drogenkonsum verherrlicht. Haschisch! Opium! Bilsenkraut! Alles, alles, alles dient der Kunst! Es kann »für ein künstlerisches Schaffen kaum einen wichtigeren Faktor geben als den durch ein Narkotikum hervorgerufene Rausch«, hat er schon früh verkündet. Und er wurde da gleich sehr konkret: »Hier sind einige Momente, die der Künstler aus dem Rausche gewinnen und später in Kunstwerke werten kann: Eminente Steigerung des Gedächtnisses, eine Erinnerung bis in die allerfrüheste Kindheit (Haschisch), Überfülle von Bildern, unerhörte Farbenskalen (Peyote), groteske Verzerrung alles Gesehenen, Entstehung toller neuer Formen (Muscarin), das tiefe Erfassen einer Stimmung, die wochenlang nachschwingt, Teilung der Persönlichkeit, Leben in zwei und mehr Ichs (Haschisch), rhythmisches Sein, Erfassen der inneren Notwendigkeit des Tanzes (Kawa-Kawa), unbegrenzte Verfeinerung aller Sinne, reichste Aufnahmefähigkeit, die den Prozeß des künstlerischen Schaffens bedingt, reines Glück (Haschisch), plastisches Sehen, unerhörte Wollust (Opium), Verschiebung des Zeitbegriffes, Fliegen, (Bilsenkraut in allen Verbindungen) usw. usw.« –

Fliegen mit Bilsenkraut! Der Mann kannte sich aus. War auch schon früh von Hypnose, Voodoo und Spiritismus fasziniert. Eine frühe spiritistische Sitzung wurde ihm fast zum Verhängnis. Es war auch in einem Hotel Kaiserhof, diesmal in Düsseldorf, der 11. Dezember 1895, die anwesende Spiritistengruppe sitzt um einen Tisch, es ist Spiritistenstimmung, der Komponist Chopin kommt herein, spricht mal französisch, mal deutsch, lässt den Tisch schweben und schließlich einen gefälschten Tausend-Mark-Schein herbeibringen. Es geht zu wie im *Zauberberg*-Kapitel »Fragwürdigstes« kurz vor dem Untergang der Vorkriegswelt im Geisterseher-Rausch. Ewers wird nach der

Sitzung des Betrugs und Bruches des Ehrenwortes zur Geheimhaltung beschuldigt. Es folgen Duell-Forderungen und Prozesse. Am Ende landet Ewers vier Wochen in Festungshaft und wird aus dem Staatsdienst entlassen. Er hatte Jura studiert, absolvierte gerade sein Referendariat in Neuss. Doch mit dem geregelten Bürgerleben ist es vorbei. Ewers beginnt zu schreiben, veröffentlicht zunächst Gedichte in der anarchistischen Zeitschrift *Der arme Teufel* und der allerersten Homosexuellen-Zeitschrift *Der Eigene*. Er wird wegen unzüchtiger Schriften zu einer Geldstrafe verurteilt, schreibt Texte für das Berliner Kabarett »Überbrettl«, heiratet seine langjährige Lebensgefährtin Ilna Wunderwald und geht mit ihr im November 1902 für zwei Jahre nach Capri, wo er entschieden die Freikörperkultur fördert und fordert. Außerdem entdeckt er die spektakuläre »Wundergrotte« – es gibt herrliche Fotos von ihm und Frau Wunderwald in der Wundergrotte, wie sie sich aus sicher fünfundzwanzig Metern hinabseilen aus der Grotte – und hier sind sie auch ausnahmsweise mal bekleidet. Sie haben die Freikörpersache ansonsten sehr, sehr ernst genommen, auf Capri, und waren da beinahe immer im Dienst. Sie wurde dann auf seinen Hinweis hin touristisch erschlossen, die Grotte. Ewers selbst und seine Frau Wunderwald hatten leider nichts davon.

So lebten sie dahin, 1904 verließen sie die Insel und reisten um die Welt, nach Südamerika und Indien, immer gesponsert von der Schifffahrtslinie Hapag, die für die Übernahme seiner Reisekosten allerdings verlangte, dass der Name der Linie in seinen Romanen und Berichten positiv erwähnt werden musste. Einer der frühesten Fälle von Product Placement in der Literatur. Es kam allerdings auch zu Verwerfungen, wenn er, wie etwa im Falle von Argentinien, die Reiseziele allzu kritisch beschrieb. Und auch Indien bot für den Geistersucher eher Enttäuschungen. Wie er in seinem Reisebuch *Indien und ich* (1911) schreibt: »Indien! Fast mit heiligem Schaudern nennt der Okkultist das Wort! Yogin! Er erschrickt beinahe, wenn er von all ihren Wundern erzählt! Aber leider – nie ist er selbst in Indien gewesen, noch hat er je einen lebendigen Yogin gesehen! – Und ganz sicher ist das so die beste Art, sich alle Illusionen zu wahren.«

Sein Welterfolg und großer Durchbruch war der mythische

Zukunftsroman *Alraune* aus dem Jahr 1911, der in Windeseile ein Bestseller und in 28 Sprachen übersetzt wurde. Es ist die Geschichte einer künstlichen Befruchtung, die Geschichte eines künstlichen Menschen aus dem Geiste der altertümlichen Alraune-Sage, die besagt, dass der letzte Same eines Gehenkten im Moment seines Todes eine Alraune entstehen lässt. Und aus ihrer Wurzel, bei Vollmond um Mitternacht ausgegraben (man muss sich die Ohren gut verschließen dabei, denn die Schreie, heißt es, bringen einen sonst um den Verstand), entsteht, wenn alles klappt, ein künstlicher, ein neuer Mensch. Den Mythos trug Ewers in die Zukunft hinein – mit riesigem Erfolg.

Auf diesem Fundament ließ sich leben, und als der Erste Weltkrieg ausbrach, war Ewers gerade in Peru. Er reiste weiter in die USA, wo er den ganzen Weltkrieg über blieb. Das hat man ihm in Deutschland nicht verziehen. Sooft er später auch betonte, eine Rückkehr nach Deutschland über den Ozean sei zu dieser Zeit beim besten Willen nicht mehr möglich gewesen. Man hat es ihm einfach nicht geglaubt.

In der Weimarer Republik kam er nie richtig an. Er setzte all seine Hoffnungen auf den Außenminister Walther Rathenau, mit dem er lange schon befreundet war. Doch nach dessen Ermordung fehlte ihm die Identifikationsfigur. Der Mann, an den er sich halten konnte. Er fand ihn bald in Adolf Hitler. »Er ist das Gewissen des neuen Staates, ist die Seele«, wird er in seinem 1931 erscheinenden Roman *Reiter in deutscher Nacht* schreiben. Schon nach dem Hitler-Putsch 1923 zeigte er sich über alle Maßen enttäuscht von dessen Scheitern.

Es passt in diesem Leben nicht viel zusammen, wenn man ihm die herkömmlichen Schablonen unterlegt. Ewers lässt zum Beispiel keine Gelegenheit aus, die Juden als vorzügliche Menschen und Volksgenossen zu preisen. Gleichzeitig ist er in allen anderen Völkerfragen ein so radikaler Rassist, wie das auch in jenen Zeiten ungewöhnlich war. Schon 1912 hatte er nach zahlreichen Reisen in die Welt geschrieben: »Ich erkenne in keiner Weise die Gleichberechtigung aller Rassen überhaupt an, ich bin mir im Gegenteil der völligen Überlegenheit meiner Rasse durchaus bewußt. Ich behandle den Gelben und gar erst den Nigger als etwas unter mir Stehendes, ja ich erkenne nicht einmal den Romanen als gleichberechtigt an, sofern er nicht, wie der Franzose oder der Norditaliener, einen sehr starken Schuß germanischen Blutes hat. Ich bin durchaus kein Chauvinist, ich habe vielmehr meinen Patriotismus erst auf langen Reisen in allen Weltteilen erworben. […] Die einzige Rasse aber, die ich der meinen als gleichberechtigt anerkennen muß, ist die jüdische.«

1931 wird er bei einem Besuch im Braunen Haus von Hitler per Handschlag in die NSDAP aufgenommen. Hitler erteilt ihm den Auftrag, einen Horst-Wessel-Roman zu schreiben. Alles nötige Material dazu stellte ihm die Partei zur Verfügung. Doch Ewers quält sich. Immer wieder greifen die Familie und die Partei in den entstehenden Roman ein. Es soll das Heldenepos der Partei werden. Ewers stöhnt, dass er nicht bei der Wahrheit bleiben darf. Die Liebe Wessels zu einer Prostituierten, über die ganz Deutschland Bescheid wusste, durfte zum Beispiel nicht erwähnt werden. Als der Roman erscheint, tobt schnell ein Kampf der Rezensenten. Es geht um das Buch, geht um die Person Ewers, seine Vergangenheit, seine Judenfreundschaft, später wird es auch um seine sehr enge Freundschaft zu Ernst Röhm gehen, mit dem Ewers, der gern in homosexuellen Kreisen verkehrte, »sehr oft gefrühstückt« hatte, wie es hieß. Goebbels, wie es scheint, schwankte in der Einschätzung von Ewers und dessen Wessel-Roman. Das Buch wurde verfilmt, Goebbels lässt sich den Film in einer privaten Voraufführung zeigen und verbietet ihn daraufhin. »Künstlerische Gründe« werden angegeben. Doch Ewers wird vom Regime fallengelassen. Der Roman wird verboten, wie später auch alle anderen Werke von Ewers.

Ein turbulentes, wahnwitziges, wundersames Leben geht leise, sehr, sehr leise zu Ende. Als er am 12. Juni 1943 in seiner Berliner Wohnung stirbt, sollen die letzten Wort an seine Sekretärin Jenny Guhl gewesen sein: »Jennylein, was war ich für ein Esel!«

Sein Verleger Samuel Fischer hat über ihn gesagt, er schreibe »das beste Deutsch, das (er) seit Fontane gelesen habe«. *Kaiserwetter* (1931) hieß der Roman, mit dem **Karl Jakob Hirsch** (1892–1952) berühmt wurde; *Kaiserwetter* war das Buch, dessen Sprache Samuel Fischer so euphorisch gelobt hatte. Kaiserwetter herrscht, als die Welt fern des Zentrums der Macht, in Hannover, auseinanderbricht.»Die aus den Fugen geratene Stadt, von Hohenzollernwetter begnadet, zeigte sich im funkelnden Licht des Junius.« Als das Buch endet, beginnt der Erste Weltkrieg mit einem Schuss. Die Kaiserwelt war vorher schon dem Untergang geweiht, eine Fassadenwelt mit Rissen überall, Betrug und Scheinmoral, hohlem Pathos und über allem: die Hohenzollernsonne. Kaiserwetter. Das Buch kam 1931 heraus, und als die Fortsetzung gerade in den Druck ging, kamen die Nazis an die Macht. Sie konnte nicht mehr erscheinen. Schlimmer noch: Sie ging verloren, wie auch das Manuskript des Originals. Der Jude Hirsch ging zunächst nach Dänemark, später nach Amerika, wo er schnell die Staatsbürgerschaft erhält und für die staatliche Briefzensur tätig ist. Er schreibt weiter Romane, die in Fortsetzungen in der deutschsprachigen *Neuen Volkszeitung* erscheinen, wo er auch eine wöchentliche Kolumne hat, doch er weiß, dass es für seine Texte, seine Bücher im Grunde keine Leser mehr gibt. »Meine Mitarbeit in der *Neuen Volkszeitung*«, schreibt er später, »brachte mir nur die Befriedigung des Bewußtseins ein, daß ich überhaupt schreiben konnte. Gewiß, es machte mir Freude, meine wöchentliche Rubrik mit dem Titel ›Es geht uns an‹ zu schreiben, aber die Wirkung meiner Sätze und Worte war für mich nicht spürbar.«

Gleich nach dem Krieg veröffentlichte Hirsch noch einmal einen Roman, das autobiographische Bekenntnisbuch *Heimkehr zu Gott* (1946), in dem er seine Konversion zum Protestantismus beschreibt: »Mein Weg als Jude führte zu Christus; freudig und ohne jedes Zögern tat ich diesen Schritt, weil ich nicht anders existieren konnte. Es ist der einzige Weg, den jeder Jude begreifen sollte.« Mit diesem Buch verlor er auch seine wenigen jüdischen Unterstützer und Freunde in den USA. Hirsch kehrte 1948 nach Deutschland zurück, wo er vergeblich versuchte, an die alten Erfolge anzuknüpfen. Nicht einmal für seine alten Romane, nicht einmal für *Kaiserwetter* fand er einen Verlag. Er schrieb ein Vorwort für die so sehr erhoffte Neuausgabe. Darin heißt es: »Ich wanderte aus, erlebte die Schrecken der äußeren Emigration, das Verlassensein, das Fernsein vom Lande der Sprache; ich erlebte den Hunger, da ich im reichsten Lande der Welt arm wurde. Ich sah und begriff; ich weiß nun, wo ich hingehöre.« So dachte es sich Karl Jakob Hirsch. So hatte er es erhofft. Doch er hatte sich getäuscht. Er wurde nicht mehr heimisch in Deutschland. Kurz nachdem er das hoffnungsvolle Vorwort beendet hatte, ist er in München gestorben.

Karl Jakob Hirsch ist später immer wieder mit Leo Hirsch verwechselt worden. Der Katalog der Akademie der Künste zum Beispiel listet die Lebensdaten jenes anderen Hirsch auf, der in Wahrheit gar nicht auf der Liste stand. Aber sein Leben und Schreiben ist so eigenartig, eigenwillig und besonders, dass ich es hier kurz erzählen will:

»Leo Hirsch lebt nicht mehr. Sein Leben wurde wie das Leben unzähliger anderer irgendwann und irgendwo ausgelöscht«, schreibt Hans-Joachim Schoeps im Vorwort des 1962 wieder aufgelegten und 1935 von **Leo Hirsch** (1903–1943) auf Schoeps' Bitte hin geschriebenen Buches *Jüdische Glaubenswelt*. Damals, 1935, war es unter dem Titel *Praktische Judentumskunde* im Berliner Vortrupp Verlag erschienen. Ein Buch unter diesem Titel zu dieser Zeit in Deutschland, von einem frommen Juden geschrieben? Was für ein Wahnsinn! Was für eine sonderbare, einzigartige, mutige, tollkühne Idee. Schoeps schreibt, es sei eine Reaktion gewesen auf die »1933 im deutschen Judentum einsetzende Welle der Selbstbesinnung auf die eigene Tradition«. Und jedenfalls konnte das Buch erscheinen. Es ist sachlich, lehrreich, aufklärend, erkennbar auch für Nicht-Juden geschrieben. Aber es liest sich natürlich trotzdem unglaublich unheimlich und beklemmend. Das Buch scheint in dem ruhigen Wissen um alles, was da kommen wird, geschrieben zu sein. Das liest man da als Nachgeborener, als Wissender jetzt mit hinein. Aber nein – es steht da drin, das Wissen um den Untergang, um die drohende Auslöschung, das hat Leo Hirsch da mit hineingeschrieben. Es ist wie ein letztes Buch, nach all den verbrannten Büchern, und vor dem Verbrennen von Menschen sollte dieses Buch noch einmal ein Wissen versammeln, bevor es zu spät sein würde. Bevor es zu spät ist.

Und so fängt es an:

»Einst hatte ein Heide, so wurde uns berichtet, den Juden den

Untergang geschworen. Er fragte einen weisen Mann, wie er ihnen am besten den Garaus machen könnte, und der Weise sagte: Du mußt nur ihren Gott von ihnen abbringen. Gut, meinte der Heide, aber wie komme ich zu ihrem Gott? Der Weise beschrieb ihm den Weg und fügte aber hinzu: Du mußt aber zu ihrem Gott kommen, bevor der Tag der Juden angefangen hat.«

Der Heide ist schnell, der Heide steht auf, als die Sonne gerade aufgegangen ist. Doch er kommt zu spät. Die Juden hatten schon früher angefangen. Er versucht es Morgen für Morgen aufs Neue. Es gelingt ihm nicht. Der Tag der Juden beginnt immer schon am Abend zuvor. »Wann also ein anderer auch kommen mag, er wird zu spät kommen, der Tag der Juden hat immer schon am Abend vorher angefangen.«

So ruhig im Ton, so gewitzt, dialektisch, selbstgewiss, lehrreich und weise ist das ganze Buch. Immer wieder sind Mutbotschaften darin, so wie diese im Kapitel über die »Todesnachricht« und wie ein Jude sie empfängt: »Im Angesicht des Todes erweist sich die jüdische Lebendigkeit.« Und am Ende, ganz am Ende: »Und wenn das Buch noch einigen Menschen zur Jüdischkeit verhilft, wenn es nur eine Brücke zum Alltäglichsten und Allgemeinen und großen Ganzen des Judentums ist, ja wenn es demjenigen, der das Judentum verwirft, nur einen Schimmer davon gibt, was er verwirft, so ist die Heimat wirklich entdeckt.«

Leo Hirsch war 1903 in Posen zur Welt gekommen, hatte in den zwanziger Jahren als Feuilleton-Redakteur beim *Berliner Tageblatt* gearbeitet, hatte 1929 einen recht rührselig-romantischen Roman über *Elisa Radziwill – Die Jugendliebe Kaiser Wilhelm I.* geschrieben, war ab 1939 Dramaturg am Theater des jüdischen Kulturbundes in Berlin und nach dessen Auflösung Bibliothekar der jüdischen Gemeinde. Irgendwann war auch das vorbei. 1942 wurde er zu Zwangsarbeit verurteilt, und im Katalog zur Bücherverbrennung der Akademie der Künste aus dem Jahr 1983 wird als Todesdatum und -ort der 6. Januar 1943 in Berlin angegeben.

Beim Listenplatz für **Fritz Bley** (1853–1931) muss es sich um ein Missverständnis handeln. Auch hier haben die Forscher, die für die Akademie der Künste im Katalog zur Ausstellung zum

Thema 50 Jahre Bücherverbrennung eine erste biographische Liste der Verbrannten aufstellten, einfach Franz Blei auf die Liste genommen. Denn Fritz Bley, der heute so gut wie unbekannt ist, war nun wirklich ein so nationalistischer, chauvinistischer Deutschland-Autor, dass er nur versehentlich darauf geraten sein kann. Aber da der Bibliothekar Wolfgang Herrmann extra noch zum Namen Bley hinzufügte »alles außer: Tier- und Jagdgeschichten«, ist andererseits eine Verwechslung nicht wirklich wahrscheinlich. Denn Tier- und Jagdgeschichten – das war Fritz Bleys Markenzeichen. Und Jagdgedichte auch: »Ein Wildgraf ist der Auerhahn, / Er haust auf steilen Höh'n, / Und hüb' im Lenz die Balz nicht an, / Wär' nie er zu erspäh'n« – aha. Bley wurde im Mai 1853 in Quedlinburg geboren, wurde im Alter von 32 Jahren Generalsekretär der Gesellschaft für Kolonisation und ging 1887 in offizieller Mission nach Deutsch-Ostafrika, kehrte aber schon nach zwei Jahren wieder nach Deutschland zurück und betätigte sich eher theoretisch in der Weiterverfolgung deutscher Kolonialfragen. Zur »Weltstellung des Deutschtums« heißt es bei ihm: »Gott, der dem Menschen seinen lebendigen Odem eingeblasen hat, denkt in uns … Er will den Kampf aller gegen alle, damit die Besten, Tüchtigsten als Sieger daraus hervorgehen. Der Starke soll herrschen. Er soll seine Eigenschaften der Nachwelt vererben, er soll zur Sippe, zur Volkheit und letzten Endes zur Menschheit sich erweitern.« Keine Ahnung, was ein aufrechter Nazi an solchem Radikal-Darwinismus auszusetzen haben soll. Und im Ersten Weltkrieg hatte er die französischen Nachbarn so bedichtet: »Der Kern des französischen Volkes ist noch immer jenes ibero-keltische Galliertum, das in seiner ganzen Minderwertigkeit schon von Cäsar erkannt ist … Dies Volk ist nur noch Ballast für die Weltgeschichte.«

In seinen späteren Jagdgeschichten hat Bley seine blutige Weltsicht der Verachtung der Schwachen von den beschriebenen Tieren hintergründig feinsinnig auf die Menschen, die Verfassung der Völker und ihrer Regierungen übertragen.

»Das Schicksal der Wisente von Bjelowitsch, das der Verfasser im Jahre 1909 erkannt hatte, hat sich inzwischen restlos erfüllt. In dem vormals Kaiserlich russischen Gehege zieht kein einziger Wisent mehr seine Fährte. Auch der Kaiserliche Schutzherr ist hingemeuchelt«, heißt es im Vorwort seiner Jagdgeschichten-Sammlung *Avalun* (1914). »Um so eindringlicher mag der dunkle Ruf des Uhu durch den Buchenwald hallen: Väterchen Zar, warum hattest du nicht einen wissenden Warner!«

Bley wusste, und Bley warnte. Doch Bley starb – ein gutes Jahr vor der Machtübernahme der Nazis. Es hätte ihn sicher auch interessiert, was die ihm vorzuwerfen hatten.

Und dann steht da noch »Rümann« auf der Liste. Einfach so »Rümann«, ohne Vorname, ohne Hinweis auf ein Werk, ein Leben, eine Verfehlung. Rümann also. Wer soll das sein? Führen die Spuren zu dem Kunsthistoriker und Kinderbuchforscher **Arthur Rümann** (1888–1963), der nach dem Ersten Weltkrieg vielbeachtete Monographien über Hans Holbein, Rembrandt und Daumier verfasst, eine Bibliographie der Werke Chodowieckis erstellt und eine große Sammlung deutscher Kinderbücher des 18. und 19. Jahrhunderts zusammengetragen hatte? Er selbst berichtet in seinem 1962 erschienenen Bildband *Schlüssel zur unbekannten Heimat* über die Kirchenbauten in der Umgebung Münchens von der Zeit seines Berufsverbots während der Nazi-Herrschaft. 1937 konnte er aber immerhin ein Werk über *Alte deutsche Kinderbücher* veröffentlichen – zum großen Teil beinhaltete das Buch Titel aus seiner privaten Sammlung. Nach dem Krieg wurde er schon im Oktober 1945 zum Direktor der Städtischen Galerie im Lenbachhaus in München ernannt. Da das Lenbachhaus – im Gegensatz zum Haus der Kunst – nicht beschlagnahmt und nicht zerstört worden war, fanden hier die ersten modernen Kunstausstellungen im Nachkriegs-München statt. Rümann erwies sich als ein moderater Förderer der künstlerischen Moderne, der zunächst vor allem die französische moderne Malerei bis zu den Werken der aktuellsten Gegenwart hinein ausstellte.

Nach seiner Pensionierung widmete er sich eher den alten Kirchenbauten und fordete seine Mitbürger emphatisch zum Besuch der historischen Orte auf: »Darum mahne ich noch einmal: Besucht die vorgezeigten heimatlichen Schätze, genießt sie richtig, dann werden sie euch nicht vergessen – sondern liebenswert erscheinen.« Und er verknüpfte auch hier die alte bayrische Baukunst mit der künstlerischen, selbsterfahrenen Moderne, wenn er berichtet: »Daß sich z. B. Wassilij Kandinsky gerade in der nahe seines Murnauer Heims gelegenen Kirche von Froschhausen und – nach einem Gespräch zwischen Gabriele Münter und mir vor ungefähr zehn Jahren – auch im Norden Münchens auf Radtouren mit diesen Marmorierungen beschäftigt hat, kann als ebenso sicher gelten wie seine Anleihen bei den Hinterglasmalereien der Murnauer Schule, die damals hundert und mehr Jahre alt waren.«

Und er schließt mit seiner Lebenslehre, der Verknüpfung von Tradition mit der Gegenwart, dem Lebendig-Halten, Fortdenken und Fortentwickeln der großen Ereignisse der Kunstgeschichte: »Denn ich möchte gerne aufzeigen, daß überall die Verbindungen zwischen Altem und Neuem zutage treten, man muß nur das Phlegma überwinden, das sich vor diese Probleme feindlich stellt, man muß in humanistischem Sinne diese Beziehungen neu durchdenken, diese Verbindungen geistig neu herstellen. Tut man es, so sieht man alles viel lebendiger, als wenn man nur historisch oder ästhetisch genießt.«

»Als ich zur Welt kam, freute sich niemand. Auch meine Mutter freute sich nicht. Nachdem alle irdischen Mittel gründlich versagt hatten, wandten sich meine Mutter, meine Großeltern, die langjährigen Dienstboten des Hofes – und vielleicht auch mein Vater, jedoch von ihm weiß ich es nicht genau – an die prominenten, in dieser Angelegenheit zuständigen Heiligen um Rat und Hilfe. Es wurde an nichts gespart; aber der Herr, der alles recht macht, hatte kein Interesse daran, mich wieder zu sich zu nehmen. Es gab um diese Zeit wahrscheinlich keine Freistelle für lebendige Kinder im Jenseits.«

So fängt es an, das verwerfliche Buch *Auch meine Mutter freute sich nicht* von **Eva Leidmann** (gest. 1938), das 1932 erschien. In meiner Ausgabe ist auf die erste freie Seite als Exlibris das Foto einer lachenden fünfzigjährigen Frau mit schiefem Hut und weißer Schleifenbluse eingeklebt. Unter jedem Arm trägt sie einen freundlichen Dackel. Die handschriftliche Widmung auf der nächsten Seite lautet: »Für den ›lieben guten Vati‹ und das liebe München! Eure Evi, April 1932«. Und wenn man da so dies geschwungene »Evi« liest, die Anführungsstriche um den »Vati« herum und dann das herrliche, glänzend gelaunte, naiv-fröhliche Kindheitsbuch einer ungewollten Tochter, die die Verlogenheit und Schönheit und Sonderbarkeit und Verruchtheit der Welt entdeckt, kann man fast glauben, dass diese Evi auf dem Bild und in der Widmung jene Eva Leidmann ist, von der man fast nichts weiß. Nur dass ihr Buch und auch das nächste gleich aus dem nächsten Jahr *Wie man sich bettet* so populär war, dass sich im September 1933 sogar ein Leser an einen Referenten im Preußischen Kulturministerium wandte, um sich über die Verbrennung von Leidmanns Werken, wenige Monate zuvor, zu beschweren: »Da ist mir ein Buch, in dem es von natürlicher Sinnlichkeit nur so knallt, zehntausendmal lieber. Mir ist es z.B. unverständlich, wie man das Buch ›Wie man sich bettet‹ von Eva Leidmann auf die schwarze Liste setzen konnte.« Aber es stand natürlich drauf, *weil* es »vor Sinnlichkeit nur so knallte«, weil das mit einem so selbstbewussten Ton, so einem freien, belustigten, männerverachtenden Durchblick geschrieben und gesehen war, dass es geradezu ein Buch gegen die neue Zeit zu sein schien.

Und doch fand Eva Leidmann offenbar Gnade. Nicht ihre frühen Bücher, nein. Aber sie schrieb jetzt heitere Gedichte wie etwa *Hoppla – Ein Schnadahüpferl-Abenteuer* (1936) – die Geschichte der ersten Reise eines Münchners nach Hamburg. Das ist so ganz lustig mit den wunderschönen Aquarellen von Erwin Espermüller, der auch schon Erich-Kästner-Kinderbücher illustriert hatte. Und Eva Leidmann lässt dichtend den Münchner an seine Frau zu Hause schreiben: »Ich teile, in Eile, / mei Weiberl! Dir mit / daß 's in ganz Hamburg / koane Knödl net gibt. / Am besten wird sein / Du schickst mir a Paket, / welches zur Hauptsach' / aus Knödeln besteht.«

Doch nach diesen Gedichten, denen man anmerkt, dass sie der schönen, freien Boshaftigkeit von früher beraubt sind, begann sie eine zweite Karriere als Drehbuchautorin. Vier erfolgreich verfilmte Drehbücher von ihr sind bekannt, darunter auch die Verfilmung der *Kreutzersonate* unter der Regie von Veit Harlan, der nur drei Jahre später den berüchtigten *Jud Süß*-Film drehte.

Ihr letzter Film hieß *Ein Mädchen geht an Land*. Er kam 1938 in die deutschen Kinos. Im selben Jahr ist Eva Leidmann gestorben.

23 Die Hölle regiert!

Stefan Zweig und Joseph Roth – eine Freundschaft in Briefen

Das ist die Geschichte einer großen Freundschaft, die Geschichte einer Liebe. Sie handelt von moralischem Rigorismus und faulen Kompromissen, von politischer Klarsicht und dem Willen zum Optimismus, sie handelt von Geld, Moral und dem unbedingten Willen zur Wahrheit, von Trunksucht, Elend, Glanz und Untergang. Es geht um Judentum als Makel und als Stolz, um zwei Leben, die entzweigingen für immer, am Tag, als in Deutschland die Bücher brannten.

Zweigs Bücher brannten vorher schon. Es war der 28. April 1933, als **Joseph Roth** (1894–1939) seinem Freund **Stefan Zweig** (1881–1942) aus Paris nach Salzburg schrieb: »Ich sehe, daß wir den Wahnsinn in Deutschland nicht übertönen werden. Ihre Bücher wurden in Breslau verbrannt. Die Kundgebung der Deutschen Studentenschaft dürften Sie gelesen haben.« In Breslau war man vorangeprescht und hatte schon ein Vorfeuer errichtet, unter anderem mit den Büchern Stefan Zweigs. Und Zweig konnte es nicht fassen. Die Geschichte der Freundschaft zwischen Joseph Roth und Stefan Zweig ist die Geschichte zweier Schriftsteller, von denen der eine sich auch nach 1933 mit aller Macht an Deutschland, den deutschen Markt, die deutschen Leser klammerte, nach Kompromissen suchte und auf ein schnelles Ende des Wahnsinns hoffte, und der andere, der von Anfang an jeden Kompromiss mit »Deutschland«, mit denen, die seit dem Januar 1933 vorgaben, Deutschland zu repräsentieren, radikal ablehnte.

Zweig und Roth, zwei Österreicher, zwei Juden. Der eine, Zweig, aus einer alten, wohlhabenden, assimilierten Wiener Fabrikantenfamilie stammend, der andere, Roth, vom äußersten

Rande der Monarchie, in Armut und größter Ferne zur Hauptstadt Wien aufgewachsen. Zweig zählte in den zwanziger Jahren zu den meistgelesenen deutschsprachigen Autoren der Welt. Die Leser liebten seine psychologisierenden historischen Biographien von Weltbeherrschern und Weltentdeckern und seine Novellen aus den dunklen Gegenden der menschlichen Seele. Roth war Journalist, einer der bestbezahlten der Weimarer Republik. Er berichtete für die *Frankfurter Zeitung* aus Berlin und aus der Welt, schrieb in einem glasklaren Deutsch die besten Feuilletons jener Jahre. Ab 1923 schrieb er auch Romane, sozialistische, im Stile der Neuen Sachlichkeit zunächst, später machte er programmatisch »Schluß mit der Neuen Sachlichkeit« und zog sich im Leben und in den Stoffen seiner Bücher immer weiter aus der Gegenwart zurück, schrieb den Schmerzensroman *Hiob* (1930) und den österreichischen Untergangsroman *Radetzkymarsch* (1932). Immer in Geldnot, immer unterwegs, immer am Cafétisch. Immer gehetzt. Der Vorabdruck des *Radetzkymarsches* in der *Frankfurter Zeitung* begann schon, als das Buch noch gar nicht fertig war. So hat er es an Stefan Zweig geschrieben. Es hatte immer etwas Genialisches, wie er sein Leben in der Wirklichkeit führte und in den Briefen an Stefan Zweig auch ein wenig inszenierte. Und Zweig liebte ihn dafür. Sein Leben hat Joseph Roth in Hotels verbracht, Stefan Zweig residierte in einem prachtvollen Haus auf dem Kapuzinerberg in Salzburg. »Ein großer Verstand – ein kleiner Wahn«, so hat Roth das Gegensatzpaar Zweig-Roth einmal charakterisiert. Der Wahn war er, der Verstand war Zweig. Doch hier, am Anfang des großen Unglücks, des Wahnsinns und des Untergangs, da war Roth der »Verstand«, der Mann, der alles sah und der Stefan Zweig mit aller Macht gleichfalls zum Sehen bringen wollte:

»Es ist keine Rede davon, daß man noch in Deutschland erscheinen kann!«, schrieb Roth an Zweig schon am 17. März 1933, und am 6. April fügte er hinzu: »Was ich Ihnen schon geschrieben habe, ist wahr: unsere Bücher sind im Dritten Reich unmöglich. Nicht einmal inserieren wird man uns. Auch nicht im Buchhändler-Börsenblatt. Die Buchhändler werden uns ablehnen. Die SA-Sturmtruppen werden die Schaufenster einschlagen.«

Genau so ist es gekommen. Doch Zweig weigerte sich, das Unglaubliche zu glauben. Am 10. Mai 1933 schrieb er einen Brief an den französischen Schriftsteller Romain Rolland, und er beginnt mit den Worten: »Mein teurer Freund, ich antworte Ihnen heute, am 10. Mai, dem Tag des Ruhms, da meine Bücher auf dem Scheiterhaufen in Berlin brennen, vor der Universität, wo ich vor 1000 Menschen über Sie gesprochen habe.« Es ist so ein Zittern in diesem Brief und eine unendlich große Fassungslosigkeit. Ein Staunen, das noch längst nicht glauben kann, was da geschieht, mit ihm, mit seinem Lebenswerk. Ein Staunen über das, was möglich ist in dieser Welt, ohne dass jemand eingreift. Ohne dass jemand das Selbstverständliche sagt, ohne dass jemand diesen Wahnsinn stoppt: »Nicht ein Protest eines deutschen Schriftstellers gegen das Autodafé von Werfel, von Wassermann, von Schnitzler, von mir! Keiner, keiner, keiner! Nicht mal in einem privaten Brief!« Ein Leben ist entzweigebrochen, ein Lebenswerk wird in Flammen aufgehen für immer, in wenigen Stunden, nur weil einige Studenten die Liste eines Provinzbibliothekars nahmen, der die Weltsekunde seiner Allmacht nutzte, um für alle Zeiten zu entscheiden, welches Werk deutsch und welches undeutsch ist: »Ich bin derselbe Mensch, derselbe Schriftsteller wie vor 14 Tagen, ich habe seitdem nicht eine Zeile veröffentlicht. Aber seit dem Moment, da ich auf der Liste dieser kleinen, 18jährigen Hanswurste stehe, wagt niemand mehr, mir zu sagen: ›Wie geht's, lieber Freund.‹« Aus Deutschland käme kein Wort, klagt er. Die Angst habe die Menschen im Griff. Und diese freiwillige Zensur der Angst sei stärker als jede offizielle Zensur, wie er sie während des Ersten Weltkriegs erlebt hatte. Er schreibt dann noch weiter, dass er sich innerlich von seinem Haus in Salzburg, seiner Büchersammlung, von Österreich verabschiedet habe; aber es ist noch ein großer Unglaube darin, ein unbedingter Wille zum Optimismus, und er endet: »Adieu nun! In wenigen Stunden flammt in Berlin der Scheiterhaufen, aber ich lebe weiter und, wie ich hoffe, auch meine Bücher!«

»Illusionen!« nannte das Joseph Roth von Anfang an. Der Streit zwischen diesen beiden Autoren ist exemplarisch für zwei Möglichkeiten, die Welt zu sehen, zwei Möglichkeiten, die politische Lage einzuschätzen, die Gefahren der Zeit und die Hoffnungen der Zukunft. Joseph Roth wusste, dass es keine Rettung mehr gab auf dieser Welt, nicht für ihn, nicht für seine Bücher, nicht in der Zeit, die er noch erleben würde. Deshalb suchte er sein Heil in der erträumten, der traumhaften Vergangenheit der österreichischen Monarchie. »Was mich persönlich betrifft: sehe ich mich genötigt, zufolge meinen Instinkten und meiner Überzeugung absoluter Monarchist zu werden«, teilte er Stefan Zweig in jenem Brief mit, in dem er ihn zuvor über die Verbrennung seiner Bücher in Breslau informiert hatte. Und mit der Entschlossenheit eines mit dem Fuß aufstampfenden Kindes verlangte er, und zwar sofort: »Ich will die Monarchie wieder haben und will es sagen.«

Das war die Illusion, die er sich erlaubte, eine Illusion der Vergangenheit, weil er die unausweichliche Macht der Gegenwart so klar und deutlich vor sich sah: »Inzwischen wird es Ihnen klar sein, daß wir großen Katastrophen zutreiben«, hatte er im Februar 1933 an Zweig geschrieben. »Abgesehen von den privaten – unsere literarische und materielle Existenz ist ja vernichtet – führt das Ganze zum neuen Krieg. Ich gebe keinen Heller mehr für unser Leben. Es ist gelungen, die Barbarei regieren zu lassen. Machen Sie sich keine Illusionen. Die Hölle regiert.«

So weit war Stefan Zweig noch nicht. Er glaubte lange Zeit, dass es eine Art Vernunft geben könne, dass die Nazis vielleicht doch nur die politisch Missliebigen, die Linken, die Kommunisten, die Kämpfer ins Visier nehmen würden, nicht die Stillen, die Zurückhaltenden. Wenn man sich nur ruhig verhielte, könne man vielleicht einen Kompromiss erreichen, könne man sich den deutschen Markt vielleicht erhalten. Wie aufgebracht reagierte Stefan Zweig, als er in den Anfangsmonaten der Naziherrschaft einmal bei einem besonders üblen Angriff mit Arnold Zweig verwechselt worden war. Ja, dachte Zweig, das könnte die Lösung sein. Klar, den Arnold Zweig greifen sie an, das war ja noch verständlich, da gab es ja Gründe: Zionist, Kommunist, politischer Kämpfer, klar, dass die Nazis so einen hassten. Und mit so einem wurde er jetzt also verwechselt. Das musste er aufklären. Ruhig, ganz ruhig hielt Roth ihn zurück und erläuterte die Grundlagen der neuen Zeit: »Man verwechselt Sie nicht, weil Sie Zweig heißen, sondern weil Sie ein Jude sind, ein Kulturbolschewik, ein Pazifist, ein Zivilisationsliterat, ein Liberaler. Jede Hoffnung ist sinnlos. Diese ›nationale Erneuerung‹ geht bis zum äußersten Wahnsinn.« Und noch deutlicher: »Man verfolgt die Juden nicht, weil sie etwas verbrochen haben. Sondern weil sie Juden sind.« Zweigs Missverständnis, über das ihn Roth so mühsam aufklären musste, war das Missverständnis vieler assimilierter Juden in Deutschland und Österreich in jenen Jahren. Das Missverständnis der Hoffnung, dass ihr Judentum, das ihnen selbst im Alltag kaum noch bewusst gewesen war, auch den Gegnern unmöglich bewusst sein konnte.

Zweig suchte noch eine Weile lang Kompromisse und verschloss die Augen vor der letzten Wahrheit. Als er sich im Herbst 1933 von Klaus Manns Exilzeitschrift *Die Sammlung* in einem Brief an seinen deutschen Verleger distanzierte, da diese in ihrer ersten Nummer, entgegen den vorherigen Zusagen Manns, einen aggressiven politischen Charakter habe, sah Joseph Roth die Zeit gekommen, den Freund vor klare Alternativen zu stellen: »Sie müssen entweder mit dem III. Reich Schluß machen oder mit mir. Sie können nicht irgendeine Beziehung zu einem Vertreter des III. Reiches haben [...] und zugleich zu mir. Ich mag es nicht. Ich kann es nicht verantworten; nicht vor Ihnen, nicht vor mir.« Es ist ein Beschwörungsbrief, der keine Alternative lässt. Roth wütet und schimpft und rast. Menschen, die heute noch in Deutschland tätig seien, seien ein »Auswurf der Hölle«, »Bestien«, »Tiere«. Immer weiter schreibt sich Roth in Rage, bemerkt es am Ende wohl selbst und fügt in einem Postskriptum hinzu: »Damit Ihnen jeder Zweifel genommen werde: ich habe Ihnen nicht im alkoholischen Zustand geschrieben. Ich trinke beinahe nur noch weißen Wein.« Und schon wütet er weiter, beschwört Zweig, mit Deutschland zu brechen, jetzt und sofort, und dem Bilde treu zu bleiben, das sich Roth von ihm gemacht habe.

Es war eine Zeit, die keinen Raum für Kompromisse ließ. Es gab da kein halbes Mitmachen in Deutschland. Es war die Zeit der Entscheidungen. Niemand hat das so böse und klar und oft unfassbar ungerecht (in diesem Brief wünscht er den Verlegern von Fischer und Insel das KZ, an anderer Stelle erklärt er, dass

Ossietzky das KZ ganz recht geschehe usw.) geschrieben wie Joseph Roth. Wie schön und für alle Zeiten wahr, auch einmal an den Elsässer René Schickele, der sich, ebenfalls auf Druck seines Verlages, von der *Sammlung* distanziert hatte: »Seit wann ist es so, daß ein Schriftsteller sagen darf: ich muß lügen, weil meine Frau leben und Hüte tragen muß? Und seit wann ist es üblich, das gutzuheißen? Seit wann ist die Ehre billiger als das Leben und die Lüge ein selbstverständliches Mittel, das Leben zu retten?«

Roth war das »Gladius Dei« im ersten Jahr der Emigration, der die Guten von den Bösen schied. »Gladius Dei«, so hat er sich sogar selbst genannt. Zweig folgte ihm bald nach. Er hatte ohnehin keine Wahl. Sein Pazifismus, sein Reichtum, sein Erfolg, seine Verehrung für Sigmund Freud machten ihn neben seinem Judentum zu einem der meistgehassten Autoren im Deutschland jener Jahre. Zunächst hatte er noch Österreich, aber der Boden schwankte auch hier immer bedrohlicher, und schließlich musste Zweig emigrieren. Er ging zunächst nach England. Die Freundschaft mit Roth war immer noch eng, sie nannten sich »Bruder« in ihren Briefen, »bester Freund«, manchmal trafen sie sich sogar, um gemeinsam zu schreiben; niemand hat den metaphernreichen Stil Zweigs so freundlich-unerbittlich kritisiert wie Roth (»Ihr schöner Reichtum an Assoziationen tyrannisiert Sie manchmal«). Zweig bewunderte Roth, gab jederzeit dessen stilistische Überlegenheit gerne zu, hörte auf seinen Rat; aber auch Roth brauchte den Rat von Zweig: »Ich kann, ohne mit Ihnen gesprochen zu haben, *absolut nichts Neues anfangen.* Ihre Güte und Ihre Klugheit muß ich haben.«

Das Exil hat schließlich beide getötet. Roth trank sich immer weiter aus dem Leben hinaus, bis er im Mai 1939 in einem Pariser Krankenhaus starb. Zweig nahm sich 1942 in seinem brasilianischen Exil Petrópolis das Leben. Zuvor hatte das Exil bereits diese große Freundschaft getötet. Sie war lange schon aus dem Gleichgewicht geraten. Roth hatte Zweig nichts mehr zu raten. Roth litt, trank, versank in der Vergangenheit und in den Gläsern mit giftig-bunten Flüssigkeiten auf seinem Tisch. Er gab das wenige Geld, das er hatte, mit vollen Händen aus. Half sofort und jedem, der Hilfe brauchte, und das waren in Paris zu der Zeit nicht wenige. Stefan Zweig wurde sein Mäzen, sein Bankier, sein Vater und Berater. Er schlug ihm Haushaltsbücher vor, Vorauszahlungen an die Hotels, Schnapsverbot in seinem Stammrestaurant, Entziehungskuren, feste Wohnung. Half alles nichts. Roth wollte keine Ratschläge. Roth wollte Geld. »Sie sind klug. Ich bin es nicht. Aber ich sehe, was Sie nicht sehen können, weil Ihre Klugheit eben Ihnen erspart zu sehen. Sie haben die Gnade der Vernunft und ich die des Unglücks. Geben Sie mir keine Ratschläge mehr, helfen Sie mir, oder handeln Sie für mich. Ich gehe unter.« So steht es nun in beinahe jedem Brief. Zweig hilft und hilft, aber es gibt da nichts zu helfen. Oder: immer nur für wenige Tage. Roth beklagt sich, dass er bei Zweigs Besuchen immer »auf dem Anklagekoffer« sitzen muss, dass er ihn zu selten besucht, zu wenig hilft. Roth lernt das hassen, immer mehr. Zweig ringt um ihn, den Roth, den er liebt: »Nein, Roth, nicht hart werden an der Härte der Zeit, das heißt sie bejahen, sie verstärken! Nicht kämpferisch werden, nicht unerbittlich, weil die Unerbittlichen durch ihre Brutalität triumphieren – sie lieber widerlegen durch das Anderssein, sich höhnen lassen für seine Schwäche, statt seine Natur zu verleugnen. Roth, werden Sie nicht bitter, wir brauchen Sie, denn die Zeit, soviel Blut sie auch säuft, ist doch sehr anämisch an geistiger Kraft. Erhalten Sie sich! Und bleiben wir beisammen, wir wenige!«

Ende 1937 gestehen sich beide gegenseitig, dass sie in der letzten Nacht Schlafmittel genommen hatten, viel Schlafmittel, und auch Zweig muss jetzt erkennen: »Es wird kein Buch von uns mehr deutsch erscheinen.«

Roth schreibt immer seltener. Die Freundschaft der beiden zerbricht. Auch wenn es Zweig einfach noch nicht glauben will: »Sie können gegen mich tun, was Sie wollen, mich privat, mich öffentlich herabsetzen oder befeinden, Sie kommen doch nicht davon los, daß ich eine unglückliche Liebe zu Ihnen habe, die an Ihrem Leiden leidet, an Ihrem Haß sich kränkt. Wehren Sie sich nur, es hilft Ihnen nichts! Roth, Freund, ich weiß, daß Sie es furchtbar schwer haben, und das genügt mir, um Sie noch mehr zu lieben, und wenn Sie böse, gereizt, voll unterirdischer Ressentiments gegen mich sind, so spüre ich nur, daß das Leben Sie quält und Sie aus richtigem Instinct gegen den schlagen, gegen den Einzigen vielleicht, der es Ihnen nicht übelnimmt, der gegen alles und alle Ihnen treu bleibt. Es hilft Ihnen nichts, Roth. Sie können mich nicht abbringen von Joseph Roth. Es hilft Ihnen nichts! Ihr St.Z.«

Doch es war vorbei. In seiner letzten Erzählung, der *Legende vom heiligen Trinker* (1939), hat Roth ein Abbild der letzten Jahre dieser großen, sonderbaren Freundschaft hinterlassen, die Geschichte des wundergläubigen Trinkers Andreas, der von einem vermögenden Herrn gesetzten Alters mehrfach aus größter materieller Not gerettet wird. Beide lagern sie unter Brücken, beide sind heimatlos, auch der gütige, wohlangezogene Herr, der Wunder in die Welt unter den Brücken bringt. Wunder und Geld. »Wen soll ich rufen: wenn nicht Sie? Sie wissen, daß Gott sehr spät antwortet, meist nach dem Tode. Ich will nicht sterben, obwohl ich den Tod nicht fürchte«, hatte Roth im Dezember 1935 an Zweig geschrieben. Und genau so, als Wundermann, Geld- und Gottesbote, lässt ihn Roth in seinem letzten Text noch einmal auftreten. Bevor er nach dem letzten Wunder endet: »Gebe Gott uns allen, uns Trinkern, einen so leichten und so schönen Tod!«

Es war der 27. Mai 1939, als Joseph Roth in einem Pariser Spital starb. Stefan Zweig schrieb gerade wieder einen Brief an Romain Rolland; er klagte, dass er in London, wo er inzwischen lebte, von einer »Flüchtlingslawine« heimgesucht werde. »Ja, man gibt Rat und Geld, aber das Hirn, das Herz vermögen diese leidvollen Geschichten nicht mehr zu ertragen.« Stefan Zweig ist sein Leben lang ein unendlich großer Mitleider gewesen mit einem – ja, das ist kitschig – Herz wie wohl kein anderer Schriftsteller dieser Zeit. Davon leben auch seine Bücher. Von dieser Liebe zu den Menschen. Diesem Alles-Verstehen. Seinen einzigen abgeschlossenen Roman, *Ungeduld des Herzens* (1939), hat er über das Mitleid, den Fluch und den Segen des Mitleids als wahres Mit-Leiden geschrieben.

Und jetzt also – der 27. Mai 1939, er schreibt weiter an Rolland, bis er plötzlich, mitten im Schreiben, abbricht, einen Strich unter das Geschriebene setzt und fortfährt: »Mein Freund, *in diesem Augenblick* erhalte ich ein Telegramm, daß mein alter und guter Freund Roth in Paris gestorben ist! In einer Woche Toller und er (der wirklich der große Schriftsteller war, aber physisch zerstört durch das Hitlertum). Wir werden nicht alt, wir Exilierten! Ich habe ihn wie einen Bruder geliebt.«

Und auch in seinem letzten Brief, den er am Todestag an seine frühere Frau Friderike schreibt, erinnert Zweig noch einmal an Roth: »Erinnere dich an den guten Joseph Roth und Rieger, wie froh ich immer für sie war, daß sie diese Prüfungen nicht zu überstehen hatten.«

Dann schreibt er noch eine letzte Erklärung, einen Dank an Brasilien, und schließt mit den berühmten Worten: »Ich grüße alle meine Freunde! Mögen sie die Morgenröte noch sehen nach der langen Nacht! Ich, allzu Ungeduldiger, gehe ihnen voraus.«

Nachwort

In einem Haus in Gräfelfing

Fünfundsiebzig Jahre ist es her. Fünfundsiebzig Jahre, seit in Deutschland die Bücher brannten und die Literatur aus diesem Land vertrieben wurde. Keiner der Autoren, deren Bücher damals auf den Scheiterhaufen geworfen wurden, ist heute noch am Leben. Die meisten hatten schon die Zeit im Exil nicht überlebt. Die, die zurückkamen, verstanden das Land nicht mehr, vertrauten dem Land und seinen Menschen nie mehr ganz. Und Deutschland und die Deutschen hatten für die meisten Zurückkehrer auch kein Interesse mehr. Es war eine neue Zeit, was sollten ihnen da die Alten noch geben?

Und so hat die Bücherverbrennung für viele, viele Autoren genau das bewirkt, was die Brandstifter von damals bewirken wollten: das Vergessen für immer. Das Streichen aus dem kollektiven Gedächtnis des Landes. Es ist beinahe so, als hätte es diese Bücher, diese Menschen nie gegeben. Natürlich gilt das nicht für die großen Stars von damals, die Besten unter ihnen. Nicht für Tucholsky, für Klaus und Heinrich Mann, für Joseph Roth und Stefan Zweig. Für diese bedeutete jener 10. Mai 1933 nicht das Vergessen ihres Werkes, nicht das Verschwinden in irgendeinem Lager, in einem Nebel für immer. Ihnen wurde »nur« – und größer können ja Anführungszeichen gar nicht sein – das Leben entzweigehauen. Sie wurden ihres Publikums beraubt, ihres gewohnten Lebens, ihres Landes, ihrer Heimat, ihres Glücks. Und schließlich meistens auch: ihres Lebens. »Wir werden nicht alt, wir Exilierten!«

Fünfundsiebzig Jahre danach sitzt ein älterer Herr auf einer braunen Ledercouch in seinem Haus in Gräfelfing bei München. Um ihn herum liegen Bücher, unendlich viele Bücher. Auf den anderen Plätzen der Sitzgarnitur, auf dem Couchtisch, auf dem Esstisch, auf dem Boden, auf den Schränken. Die Treppe hinauf zum Wohnzimmer ist vollgestellt mit Büchern. Die Küche steht voller Bücher, der Keller, die Wände, die Tische, das Arbeitszimmer. Auch hier steht ein kleines Sofa, darauf liegt ein kleiner Koffer aus Kunstleder, er steht offen, und darin sind: Bücher und sonst nichts. Er war gerade auf Reisen, sagt Georg P. Salzmann. Er hat einen Vortrag gehalten über Dichter, deren Bücher verbrannt wurden, damals, im Mai 1933, da war Salzmann drei Jahre alt. Heute ist er achtundsiebzig, und er hat die größte private Sammlung der »Verbrannten Bücher«. 12 500 Stück hat er über die Jahre gesammelt. Es ist eine exklusive, ungeheuer wertvolle Sammlung. Salzmann sammelt Erstausgaben. Sein Ehrgeiz ist es, von jedem Autor, dessen Bücher damals verbrannt wurden, das Gesamtwerk in Erstausgaben zu besitzen. Da auch er das Verwirrspiel um die damals tatsächlich verbrannten Bücher nie ganz entwirren konnte, hat er sich auf neunzig Autoren spezialisiert. Deren Werk sammelt und sammelt er.

Es ist Dezember, der Himmel ist grau. Es ist kalt in Salzmanns Wohnung, kalt und dämmrig. Georg P. Salzmann sitzt da, inmitten seiner Bücher, braune Strickjacke, zurückgekämmtes, graues Haar, grauer Schnurrbart, raucht Zigarre und erzählt. Wie das alles angefangen hat, mit ihm und den Büchern. Wie ihn das gefangen nahm, eines Tages, und nicht mehr losgelassen hat, bis heute. Ganz von vorne fängt er an. Von seinem Vater erzählt er und seinem Großvater, beide Nationalsozialisten der ersten Stunde. Er selbst wurde am Ende des Krieges noch Soldat, mit fünfzehn Jahren war er Kurier zwischen Fronttruppen und Berliner Oberkommandostellen. Im März 1945 nahm ihn sein Vater bei einem Heimaturlaub beiseite, sprach über die bevorstehende Niederlage, den Untergang Deutschlands und das Unglück, das ihnen jetzt bevorstehe. Sein Vater wollte die ganze Familie töten, am Ende des Krieges. Schließlich brachte er nur sich selber um.

Das Bild des Vaters steht heute noch als einziges Porträt, in kleinem Rahmen, auf Salzmanns Schreibtisch. Es war der Moment, damals, im Leben Georg Salzmanns, in dem beinahe alles zusammenbrach, alles, an das er geglaubt hatte. Deutschland, der Sieg, der Vater. Nach dem Krieg führte ihn ein englischer Soldat ins Konzentrationslager Buchenwald. Er hatte schon in den Jahren zuvor immer wieder Häftlinge auf dem Weg ins KZ durch sein Heimatdorf laufen sehen, hatte sie aber für gewöhnliche Verbrecher gehalten, verwahrlost, unrasiert, in Sträflingskleidung. Kein Grund zur Beunruhigung für den jungen Salzmann.

Das Gespräch, das er jetzt jedoch auf Veranlassung des englischen Soldaten mit einem der Häftlinge führen sollte, das hat ihn dann doch beunruhigt. »Mein ganzes Weltbild hat sich damals gedreht«, sagt Salzmann heute.

Aber das mit den Büchern, das kam viel, viel später. Salzmann übernahm zunächst den väterlichen Betrieb im thüringischen Waltershausen, ging aber 1953 zusammen mit seiner Frau in den Westen und arbeitete als Finanzkaufmann. Irgendwann, Mitte der siebziger Jahre, verschlug ihn die Arbeit über Monate fernab der Familie nach Bremen. Abends trank er Apfelkorn und langweilte sich mit seinem Leben herum. Bis ihn ein benachbarter Antiquar eines Abends mitnimmt, zu einer Freundesrunde, die im kleinen Kreise Vorträge halten, über unbekannte Dichter und schöne Bücher. Salzmann hört zu und bekommt den Auftrag, einen Vortrag über Ernst Weiß zu halten. Und Salzmann macht sich auf, sucht in Antiquariaten und Flohmärkten der Stadt nach Büchern des Dichters, von dem er zuvor kaum etwas gehört hat, und die Geschichte beginnt. Es ist 1976, das Jahr, in dem die Zeitschrift *Stern* die Porträts des Journalisten Jürgen Serke veröffentlicht, die Porträts der überlebenden »Verbrannten Dichter«. Salzmann ist begeistert und hat sein Lebensthema gefunden.

Von nun an nutzt er jede freie Minute und sein ganzes Geld, um Bücher zu kaufen und langsam eine Sammlung aufzubauen. Und um eine Sammlung zusammenzubekommen, wie sie Salzmann in dreißig Jahren zusammenbekommen hat, muss man geradezu besessen sein. Und ein wenig verrückt. Das gibt Salzmann gerne zu. Auch dass es für die Familie nicht sehr lustig gewesen sei, einen Vater zu haben, der statt mit Frau und Kindern in den Urlaub zu fahren, allein durchs Land reiste, um verborgene Bücher zu finden und alles Geld in seine Sammlung zu stecken. »Die anderen fuhren nach Rimini«, sagt Salzmann, »und ich war auf Flohmärkten unterwegs, während die Familie ohne mich ein bisschen wandern gegangen ist.«

Auch heute noch ist er die meiste Zeit des Jahres auf Büchersuche unterwegs. Fährt von Stadt zu Stadt, von Flohmarkt zu Flohmarkt. Das Internet nutzt er für seine Suche praktisch nicht. Für ihn gehört das Gespräch mit dem Antiquar, das Glück des unerwarteten Fundes in einer Flohmarktkiste unbedingt zum Sammeln dazu. Und jetzt sind also diese 12 500 Bücher zusammengekommen. Er wird der Berge kaum noch Herr. Es ist herrlich, mit ihm durch die Gänge zu streifen, unten im Keller am Joseph-Roth-Regal stehenzubleiben und Ausgaben zu finden, die so selten sind, dass ich sie noch nie zuvor gesehen habe. *Die Legende vom heiligen Trinker* hat er gerade für eine Ausstellung verliehen, aber *Der Antichrist* ist da und *Der Leviathan,* alles, alles, alles. Auch die Werke des Schriftstellers Georg Hermann hat er komplett, und gerade erst ist eine Doktorandin abgereist, die über Hermann promoviert hatte und erschreckt und staunend vor dem Regal stand und etwas konsterniert feststellte, dass sie sich all ihre Rechercheisen, all die Fahrten von Bibliothek zu Bibliothek, von Buch zu Buch, hätte sparen können, wenn sie geahnt hätte, dass diese Bücher hier in Erstausgaben alle zusammen sind. Und Donald A. Prater, der Biograph Thomas Manns und Rilkes und Stefan Zweigs, stand, als er vor Jahren Salzmann besuchte, erschüttert vor dem Stefan-Zweig-Regal. Die Zweig-Abteilung ist das Prunkstück von Salzmanns Sammlung. Jedes Buch, jede Rede, jeder Sonderdruck, jede Freundesgabe von Zweig besitzt er, auch die Erstausgabe der *Schachnovelle,* die 1942 in Buenos Aires in einer Auflage von 300 nummerierten Exemplaren erschien. Sein wertvollstes Buch. Allein die Rede Zweigs am Sarg von Sigmund Freud 1939 in London fehlt ihm. Aber er ist sicher, dass er sie noch finden wird.

Doch was wird aus dieser Sammlung, wenn Salzmann eines Tages nicht mehr lebt? »Ich bin fast achtzig«, sagt er, »es ist klar, dass ich mir darüber Gedanken mache.« Seine Kinder hätten für die Sammlung nicht so ganz den Sinn. »Sie sagen das nicht so, aber ich spüre es natürlich.« Und wie sollte es auch anders sein, wenn ihnen diese Bücher jahrelang den Vater raubten und das Familienleben dominierten, wie sollte da eine Liebe für diese Bücher auf die nächste Generation übergehen? Das wäre wohl zu viel verlangt. Vor acht Jahren ist Salzmanns Frau gestorben. Seitdem wächst die Wohnung mit Büchern völlig zu. »In diesem Jahr können wir nicht mal mehr die Weihnachtsgans bei mir essen«, sagt er und deutet auf den übervollen Esstisch. »Sie sehen es ja. Wo soll die Gans noch hin?«

Doch wichtiger als die Frage nach dem Ort für die Gans ist die Frage nach dem Verbleib dieser erstaunlichen Sammlung. Vor Jahren, als die Universität Erfurt neu gegründet wurde, hatte er sie aus alter Heimatverbundenheit mit Thüringen der Universität als Geschenk angeboten. Doch die Universität lehnte ab. Nein danke, man habe einen anderen Forschungsschwerpunkt und an dieser Sammlung kein Interesse.

Was wird aus der Sammlung? Was wird aus all den Büchern? Salzmann will vor allem, dass die Sammlung lebendig bleibt. Er wünscht sich eine Präsenzbibliothek mit all den Dubletten, die er gesammelt hat, als Leseexemplare frei ausliegend. Er will die Bücher lebendig halten und die Erinnerung an all die Dichter, die schon beinahe ganz vergessen sind. Mit aller Macht, allem Einsatz hat er eine Welt zusammengetragen, die verlorenzugehen drohte, verstreut in alle Welt. Er hat sie versammelt, in seinem Haus, dem Haus der verbrannten Bücher in Gräfelfing.

Jetzt ist es Zeit, sie hinauszutragen in die Welt. Die Städte Greifswald und Nürnberg haben inzwischen Interesse an der Sammlung bekundet. Nürnberg wäre Salzmann am liebsten. Der Bürgermeister, so sagt Salzmann, hat es zur Chefsache erklärt; es ist geplant, die Bücher in das NS-Dokumentationszentrum zu integrieren. Als eigenständigen Bereich der Ausstellung, mit Bibliothekar und Archivar, als lebendigen, öffentlichen Raum.

Es klingt wie ein Traum. Genau wie Salzmann es sich vorgestellt hat. Er wird, wenn alles klappt, mit den Büchern nach Nürnberg ziehen. In Gräfelfing hält ihn nichts. Er muss in der Nähe der Bücher bleiben. »Zu jedem Buch gibt es eine Geschichte«, sagt er. »Ich habe die alle nicht aufgeschrieben. Ich muss sie erzählen, die Geschichte jedes Buches. Dem Bibliothekar. Den Besuchern der Bücherei. Jedem, der etwas wissen will von dieser Welt, diesen Werken, diesen Dichtern, die verbrannt wurden, um vergessen zu werden, an jenem Tag im Mai. Und die schon deshalb nicht vergessen werden dürfen. Niemals.«

Die Autoren und ihre Werke

Brod, Max (1884–1968) → 127 f.
Die Einsamen, 1906 | *Schloß Nornepygge*, 1908
Brück, Christa Anita (1899–1958) → 62 f.
Schicksale hinter Schreibmaschinen, 1930
Carr, Robert (1909–1994) → 214
The Rampant Age, 1928, deutsch: *Wildblühende Jugend*, 1929
Döblin, Alfred (1878–1957) → 168
Dos Passos, John (1896–1970) → 213 f.
Three Soldiers, 1921 | *Manhattan Transfer*, 1925 | *The Big Money*, 1936
Ebermayer, Erich (1900–1970) → 159 f.
Doktor Angelo, 1924 | *Nacht in Warschau*, 1929 | *Unter anderem Himmel*, 1940
Edschmid, Kasimir (1890–1966) → 60 f.
Sport um Gagaly, 1928
Ehrenburg, Ilja (1891–1967) → 210 f.
Tauwetter, 1956 | *Menschen Jahre Leben*, 1961–66 | *Schwarzbuch*, 1980
Essig, Hermann (1878–1918) → 25 f.
Glückskuh, 1910 | *Der Taifun*, 1919
Ewers, Hanns Heinz (1871–1943) → 219 f.
Alraune, 1911 | *Vampir*, 1920 | *Indien und ich*, 1911 | *Reiter in deutscher Nacht*, 1931
Felden, Emil (1874–1959) → 102 f.
Königskinder, 1914 | *Die Kaninchenzucht*, 1916 | *Menschen von morgen*, 1918 | *Im Kampf um Frieden – Ein Buch für freie Menschen*, 1918 | *Der Mann mit dem harten Herzen*, 1922 | *Anti Anti*, 1923 | *Die Mäntel der Liebe*, 1924 | *Eines Menschen Weg*, 1927
Feuchtwanger, Lion (1884–1958) → 142 f.
Gespräche mit dem Ewigen Juden, 1920 | *Jud Süß*, 1925 | *Moskau 1937*, 1937
Fink, Georg, d. i. Münzer, Kurt (1879–1944) → 146 f.
Ladenprinz, 1914 | *Mich hungert*, 1929
Frank, Leonhard (1882–1961) → 177 f.
Die Räuberbande, 1914 | *Die Ursache*, 1915 | *Der Mensch ist gut*, 1917 | *Links wo das Herz ist*, 1952
Frey, Alexander Moritz (1881–1957) → 31 f.
Solneman der Unsichtbare, 1914 | *Die Pflasterkästen*, 1929
Geist, Rudolf (1900–1954) → 35 f.
Nischin, der Sibire, 1925 | *Die Weltsozietät* (unveröffentlicht)
Gladkow, Fjodor (1883–1958) → 210
Glaeser, Ernst (1902–1963) → 57 f.
Jahrgang 1902, 1928

Goll, Yvan (1891–1950) → 164 f.
  Gedicht ohne Titel
Gorki, Maxim (1868–1936) → 206
  Die Mutter, 1906
Graf, Oskar Maria (1894–1967) → 83 f.
  Kalendergeschichten. Geschichten aus Stadt und Land, 1929
Grünberg, Karl (1891–1972) → 123 f.
  Brennende Ruhr, 1928 | *Von der Taiga bis zum Kaukasus,* 1970
Hašek, Jaroslav (1883–1923) → 216
  Der brave Soldat Schwejk, 1921–23
Hasenclever, Walter (1890–1940) → 82 f.
  Der Sohn, 1914 | *Die Entscheidung,* 1919
Hemingway, Ernest (1899–1961) → 213 f.
  In einem anderen Land, 1929 | *Tod am Nachmittag,* 1932 | *Der Sieger geht leer aus,* 1933
Hermann, Georg (1871–1943) → 98 f.
  Jettchen Gebert, 1906 | *Henriette Jacoby,* 1908 | *Die Kette,* 1917–1934 | *Weltabschied (für meine Kinder bestimmt),* 1935
Hirsch, Karl Jakob (1892–1952) → 224 f.
  Kaiserwetter, 1931 | *Heimkehr zu Gott,* 1946
Hirsch, Leo (1903–1943) → 226 f.
  Elisa Radziwill – Die Jugendliebe Kaiser Wilhelm I., 1929 | *Jüdische Glaubenswelt,* 1935
Hofbauer, Josef (1886–1948) → 194 f.
  Der Marsch ins Chaos, 1930 | *Wien, Stadt der Lieder,* 1934
Hoffmann, Richard (1894–1943) → 196 f.
  Frontsoldaten, 1927
Holitscher, Arthur (1869–1941) → 105 f.
Weiße Liebe, 1896 | *Der Golem,* 1908 | *Amerika heute und morgen. Reiseerlebnisse,* 1912 | *Lebensgeschichte eines Rebellen,* 1924 | *Mein Leben in dieser Zeit* 1907–1925, 1928
Hotopp, Albert (1886–1942) → 157 f.
  Fischkutter H. F. 13, 1930
Ilf, Ilja (1897–1937) → 208
  Zwölf Stühle, 1928
Illés, Béla (1895–1974) → 210
Jacob, Heinrich Eduard (1889–1967) → 120 f.
  Blut und Zelluloid, 1930 | *Sage und Siegeszug des Kaffees,* 1934 | *Sixthousand Years of Bread,* 1944 | *Wie ich Sachbuchautor wurde,* 1964

Johannsen, Ernst (1898–1977) → 175 f.

Brigadevermittlung, 1929 | Vier von der Infanterie, 1929 | Fronterinnerungen eines Pferdes, 1929 | Station 3 – Ein Kommandeur, sechs Mann und vier Maschinen, 1931

Kästner, Erich (1899–1974) → 172 f.

Notabene 45, 1961

Kallinikow, Josef (1890–1934) → 210

Katajew, Valentin (1897–1986) → 210

Kaus, Gina (1893–1985) → 75 f.

Der Aufstieg, 1920 | Und was für ein Leben, 1979, als Taschenbuch unter dem Titel *Von Wien nach Hollywood. Erinnerungen von Gina Kaus,* 1990

Kellermann, Bernhard (1879–1951) → 93 f.

Der Tunnel, 1913 | Ingeborg, 1906 | Das Meer, 1910 | Der 9. November, 1920 | Totentanz, 1948

Kerr, Alfred (1867–1948) → 179 f.

Kesten, Hermann (1900–1996) → 129 f.

Ein ausschweifender Mensch, 1929 | Meine Freunde, die Poeten, 1953

Keun, Irmgard (1905–1982) → 188 f.

Gilgi – eine von uns, 1931 | Das kunstseidene Mädchen, 1932 | Nach Mitternacht, 1936 | Kind aller Länder, 1938

Kisch, Egon Erwin (1885–1948) → 85 f.

Hetzjagd durch die Zeit, 1926

Kläber, Kurt (1897–1959) → 67 f.

Passagiere der III. Klasse, 1927 | Die rote Zora und ihre Bande, 1941, unter dem Namen Kurt Held

Köppen, Edlef (1893–1939) → 42 f.

Heeresbericht, 1930

Kollontai, Alexandra (1872–1952) → 208

Die Liebe der Arbeitsbienen, 1925

Kurtzig, Heinrich (1865–1946) → 155 f.

Fidele Landpartie, 1886 | Ostdeutsches Judentum, 1927 | Dorfjuden, 1928 | Die Odyssee, 1934

Kuzmin, Michail (1875–1936) → 210

Lampel, Peter Martin (1894–1965) → 63 f.

Jungen in Not, 1928 | Verratene Jungen, 1929 | Packt an! Kameraden!, 1932

Latzko, Andreas (1876–1943) → 210

Leidmann, Eva (gest. 1938) → 230 f.

Auch meine Mutter freute sich nicht, 1932 | Wie man sich bettet, 1933 | Hoppla – Ein Schnadahüpferl-Abenteuer, 1936

Leitner, Maria (1892–1941) → 70 f.

Hotel Amerika, 1930 | Eine Frau reist durch die Welt, 1932

Lernet-Holenia, Alexander (1897–1976)   → 71 f.
   Die Standarte, 1934 | *Mars im Widder,* 1941 | *Germanien,* 1946
Lewisohn, Ludwig (1882–1955)   → 214
Liepman, Heinz (1905–1966)   → 135 f.
   Das Vaterland, 1933 | … *wird mit dem Tode bestraft,* 1935
Linck, Otto (1892–1985)   → 184 f.
   Kameraden im Schicksal, 1930 | *Sankt Martin,* 1941
London, Jack (1876–1916)   → 213
Ludwig, Emil (1881–1948)   → 181 f.
   Juli 14, 1929 | *Der Mord in Davos,* 1936
Mann, Heinrich (1871–1950)   → 166 f.
   Henri Quatre, 1935/38
Mann, Klaus (1906–1949)   → 191 f.
   Escape to life, 1939, zusammen mit Erika Mann
Meyer-Eckhardt, Viktor (1889–1952)   → 125 f.
   Das Vergehen des Paul Wendelin, 1922 | *Dionysos,* 1924 | *Menschen im Feuer,* 1939 | *Apollon,* 1941
Meyrink, Gustav (1868–1932)   → 27 f.
   Des deutschen Spießers Wunderhorn, 1913 | *Der Golem,* 1915
Michael, Friedrich (1892–1986)   → 147
   Die gut empfohlene Frau, 1932 | *Der blaue Strohhut,* 1942
Neumann, Robert (1897–1975)   → 199 f.
   Mit fremden Federn, 1927 | *Unter falscher Flagge,* 1932
Newerow, Alexander (1886–1923)   → 210
Ognjew, Nikolai (1888–1938)   → 208
   Tagebuch des Schülers Kostja Rjabzew, deutsch 1928
Olbracht, Ivan (1882–1952)   → 210
Ottwalt, Ernst (1901–1943)   → 148 f.
   Ruhe und Ordnung, 1929 | *Denn sie wissen was sie tun,* 1931 | *Deutschland erwache! Geschichte des Nationalsozialismus,* 1932
Panferow, Fjodor (1896–1960)   → 210
Pantelejew, Leonid (1908–1987)   → 210
Petrow, Jewgeni (1903–1942)   → 208
   Zwölf Stühle, 1928, zusammen mit Ilja Ilf
Pinthus, Kurt (1886–1975)   → 116 f.
   Menschheitsdämmerung, 1919
Plievier, Theodor (1892–1955)   → 131 f.
   Des Kaisers Kulis, 1930 | *Stalingrad,* 1945 | *Moskau,* 1952 | *Berlin,* 1954
Regler, Gustav (1898–1963)   → 65 f.
   Das Ohr des Malchus, 1958

Remarque, Erich Maria (1898–1970) → 51 f.
Im Westen nichts Neues, 1929 | Der Weg zurück, 1931 | Drei Kameraden, 1937 | Arc de Triomphe, 1945 | Zeit zu leben, Zeit zu sterben, 1945 | Der Funke Leben, 1952 | Der schwarze Obelisk, 1956

Renn, Ludwig (1889–1979) → 43 f.
Krieg, 1928 | Nachkrieg, 1930

Ringelnatz, Joachim (1883–1934) → 89 f.
Geheimes Kinder-Spiel-Buch, 1924

Roth, Joseph (1894–1939) → 232 f.
Hiob, 1930 | Radetzkymarsch, 1932 | Legende vom heiligen Trinker, 1939

Rubiner, Ludwig (1881–1920) → 92 f.
Der Dichter greift in die Politik, 1912 | Die Gewaltlosen, 1919

Rümannn, Arthur (1888–1963) → 229 f.
Alte deutsche Kinderbücher, 1937 | Schlüssel zur unbekannten Heimat, 1962

Sanzara, Rahel, d. i. Bleschke, Johanna (1894–1936) → 96 f.
Das verlorene Kind, 1926

Schaeffer, Albrecht (1885–1950) → 95 f.
Elli oder Sieben Treppen, 1919 | Helianth, 1920

Schirokauer, Alfred (1880–1934) → 136 f.
Die siebente Großmacht, 1914

Schlump → 163 f.
Schlump – Geschichten und Abenteuer aus dem Leben des unbekannten Musketiers Emil Schulz, genannt ›Schlump‹, von ihm selbst erzählt, 1928

Schnitzler, Arthur (1862–1931) → 113 f.
Leutnant Gustl, 1900 | Professor Bernhardi, 1912 | Traumnovelle, 1926

Schröder, Karl (1884–1950) → 104 f.
Aktien-Gesellschaft Hammerlugk, 1928

Seghers, Anna (1900–1983) → 186 f.
Das Siebte Kreuz, 1942

Sejfullina, Lidija (1889–1954) → 210

Serafimowitsch, Alexander (1863–1949) → 210

Sinclair, Upton (1878–1968) → 214 f.
The Jungle, 1905

Sochaczewer, Hans (1892–1978) → 174 f.
Sonntag und Montag, 1927 | Groß ist Deine Treue, 1959

Soschtschenko, Michail (1895–1958) → 210

Sologub, Fjodor (1863–1927) → 208

Suttner, Bertha von (1843–1914) → 186
Die Waffen nieder!, 1889

Tetzner, Lisa (1894–1963) → 67 f.
Vom Märchenerzählen im Volke, 1919 | *Hans Urian oder die Geschichte einer Weltreise,* 1928 | *Die Kinder aus Nr. 67,* 1933–1949 | *Die schwarzen Brüder,* 1941

Thomas, Adrienne (1897–1980) → 50 f.
Die Katrin wird Soldat, 1930 | *Ein Fenster am East River,* 1945

Tokunaga, Sunao (1899–1958) → 216 f.
Die Straße ohne Sonne, 1960

Toller, Ernst (1893–1939) → 79 f.
Die Wandlung, 1919 | *Das Schwalbenbuch,* 1924 | *Eine Jugend in Deutschland,* 1933

Traven, B., d. i. Marut, Ret (gest. 1969) → 201 f.
Die Baumwollpflücker, 1925 | *Der Karren,* 1930 | *Die Regierung,* 1931 | *Der Marsch ins Reich der Caoba,* 1933

Tucholsky, Kurt (1890–1935) → 151 f.

Türk, Werner (geb. 1901) → 145 f.
Konfektion, 1932

Ulitz, Arnold (1888–1971) → 143 f.
Ararat, 1920 | *Testament,* 1924 | *Worbs,* 1930 | *Geschwister,* 1941

Unruh, Fritz von (1885–1970) → 100 f.
Offiziere, 1911 | *Louis Ferdinand Prinz zu Preußen,* 1913 | *Opfergang,* 1916 | *Ein Geschlecht,* 1917 | *Rede an die Deutschen,* 1948

Vanek, Karel (1887–1933) → 216

Wassermann, Jakob (1873–1934) → 111 f.
Mein Weg als Deutscher und Jude, 1921 | *Der Fall Maurizius,* 1928 | *Joseph Kerkhovens dritte Existenz,* 1934

Wedding, Alex, d. i. Weiskopf, Grete (1905–1966) → 56
Ede und Unku, 1931

Wegner, Armin T. (1886–1978) → 37 f.
Am Kreuzzug der Welten, 1930

Weiskopf, F. C. (1900–1955) → 55 f.
Der Staat ohne Arbeitslose, 1931 | *Abschied vom Frieden,* 1950

Werfel, Franz (1890–1945) → 118 f.
Der Weltfreund, 1911 | *Verdi. Roman der Oper* 1924 | *Barbara oder die Frömmigkeit,* 1929 | *Der Veruntreute Himmel,* 1939 | *Das Lied von Bernadette,* 1941 | *Stern der Ungeborenen,* 1946

Wöhrle, Oskar (1890–1946) → 49 f.
Der Baldamus und seine Streiche, 1913 | *Querschläger. Das Bumserbuch. Aufzeichnungen eines Kanoniers,* 1929

Zweig, Arnold (1887–1968)   → 45 f.
  Der Streit um den Sergeanten Grischa, 1927 | *Das Beil von Wandsbek*, 1943
Zweig, Stefan (1881–1942)   → 232 f.
  Ungeduld des Herzens, 1939 | *Schachnovelle*, 1942

Textnachweise

Beer-Hofmann, Richard; *Schlaflied für Miriam,* in: *Werke I.* © Igel Verlag, Hamburg
Brecht, Bertolt; *Als das Regime befahl,* in: *Werke. Große kommentierte Berliner und Frankfurter Ausgabe, Band 12, Gedichte 2.* © 1989 Suhrkamp Verlag, Frankfurt/M.
Geist, Rudolf; *Die letzten Tage.* © Till Geist
Goll, Yvan; *ohne Titel,* in: *Die Lyrik in vier Bänden. Band II. Liebesgedichte 1917–1950,* hg. u. kommentiert v. Barbara Glauert-Hesse im Auftrag der Fondation Yvan et Claire Goll, Saint-Dié-des-Vosges. © 1996 Argon Verlag GmbH, Berlin, S. 372. Alle Rechte bei und vorbehalten durch Wallstein Verlag, Göttingen
  Ode an Berlin, in: *Die Lyrik in vier Bänden. Band I. Frühe Gedichte 1906–1930,* hg. u. kommentiert v. Barbara Glauert-Hesse im Auftrag der Fondation Yvan et Claire Goll, Saint-Dié-des-Vosges. © 1996 Argon Verlag GmbH, Berlin, S. 372. Alle Rechte bei und vorbehalten durch Wallstein Verlag, Göttingen
Kurtzig, Heinrich; *Liebes- und Irrfahrten nach Homers Odyssee.* © Gustav Engel Verlag, Leipzig
Meyer-Eckhardt, Viktor; *Die Weihe* (9.10.1920), in: *Dionysos,* Diederichs Verlag, Jena. © Heinrich-Heine Institut, Düsseldorf
Plievier, Theodor; *Des Kaisers Kulis.* © 1930, 1981 Verlag Kiepenheuer & Witsch, Köln
Toller, Ernst; *Gesammelte Werke in 5 Bänden,* hg. von John M. Spalek und Wolfgang Frühwald. © 1995 Carl Hanser Verlag, München
Werfel, Franz; *Der schöne strahlende Mensch,* in: *Das Lyrische Werk,* hg. v. Adolf D. Klarmann. © 1967 S. Fischer Verlag GmbH, Frankfurt/M.

Dank

Meinen Eltern, Angelika, Stefan, Anika und Georg Loef und Luise Schreiber. Cornelia Beisser und Gero und Isa. Matthias Landwehr. Frank Schirrmacher. Marcel Reich-Ranicki. Helge Malchow und Olaf Petersenn, Jutta Person und Michael Cramm. Robert Wentrup und Martina Nagel. Hans Jörgen Gerlach für seine Heinrich-Eduard-Jacob-Forschungen, Georg P. Salzmann für seine Gastfreundschaft und die Leidenschaft des Sammelns ein Leben lang. All den Forschern und Bewahrern der Lebensspuren der verbrannten Bücher und ihrer Autoren, auf deren Arbeit ich für mein Buch zurückgreifen konnte. Allen meinen Sonntagsfreunden. Und Freia und Mascha und Franz für das Glück meines Lebens.

Volker Weidermann, geboren 1969 in Darmstadt, studierte Politikwissenschaft und Germanistik in Heidelberg und Berlin. Er ist Literaturredakteur und Feuilletonchef der »Frankfurter Allgemeinen Sonntagszeitung« und lebt in Berlin.

Mit »Lichtjahre. Eine kurze Geschichte der deutschen Literatur von 1945 bis heute« feierte er im Frühjahr 2006 einen phänomenalen Erfolg beim Publikum und löste eine leidenschaftliche Debatte im Feuilleton aus.